Cartas a María Regina

Cartas a María Regina

María Regina Avila

Simon & Schuster
Libros En Español

Simon & Schuster
Rockefeller Center
1230 Avenue of the Americas
New York, NY 10020

Diseño de Irving Perkins Associates
Producido por K&N Bookworks

Hecho en los Estados Unidos de América

1 3 5 7 9 10 8 6 4 2

Datos de catalogación de la Biblioteca del Congreso: puede solicitarse informacion.

ISBN 0-684-82354-3

Algunas partes de este libro han sido publicadas en *El Nuevo Herald*, The Los Angeles Times Syndicate International, y United Feature Syndicate, Inc. y son reimprimido con permiso.

"¿Me Puede Dar un Consejo?"

Yo creo que yo he oído en mi vida más confidencias que un sacerdote, un sicólogo o una cartomántica. Todavía estoy buscando a alguien que me explique qué es lo que hace a los demás acercarse a mí y contarme sus problemas. Y esto no es nada nuevo, pues, como bien pronosticó mi mamá siendo aún yo una niña, yo debería tener un consultorio amoroso: mi habitación siempre estaba llena de amigas que, desde jovencitas, venían a mí buscando consejos sobre qué hacer con tal enamorado que las atormentaba, cómo hacerse novias del chico de sus sueños, etc.

Esto no cambió a medida que pasaron los años, sino que se hizo aún más frecuente: si iba a una tienda a comprar ropa, la empleada, por un impulso que aún no puedo entender—¿me pareceré yo a Dear Abby?—, empezaba a confiarme sus tribulaciones amorosas y familiares. Yo, ante tantas historias distintas de penurias y desconciertos, poco a poco fui familiarizándome con las situaciones más frecuentes que se presentan en una relación sentimental, y en el hogar en general. ¡Y lo curioso era que siempre daba en el clavo con mis consejos!

La situación no ha cambiado con el paso del tiempo: si voy en un avión, extrañamente siempre acabo sabiendo la vida y milagros de mi compañera o compañero de viajes. Y aquí las edades no importan: imagínense que en un viaje de Los Angeles a Miami me tocó en suerte un niñito de siete años que me contó, punto por punto, todo lo que le sucedía en su aula de primer grado ... Esto, por lo menos, era simpático, porque casi me hizo llorar el presidente de una importante cadena de hoteles internacionales que, mientras íbamos volando sobre el Atlántico, ¡me confesó que él sabía que su esposa se estaba acostando con su mejor amigo!

Hace alrededor de diez años, cuando yo dirigía una clínica para bajar de peso—porque, después de todo, ¡todas estas consultas siempre han sido gratis y me he tenido que buscar el pan de alguna otra manera!—, fui a una estación de radio para promocionar mi establecimiento y dar consejos sobre nutrición. A los pocos días me ofrecieron un programa en la radio para hablar sobre el mismo tema. Cuál no fue mi sorpresa cuando vi que los oyentes querían hablar más de sus problemas sentimentales que de su exceso de libras. Así fue, como por acto de magia, sucedió lo de siempre, pero esta vez a través de las ondas sonoras: ¡la gente empezó a llamar para contarme cómo su marido las engañaba o por qué no les gustaba el novio que tenían!

Poco después, este espacio de orientaciones sobre el matrimonio, el sexo, las relaciones, los hijos, etc. se convirtió en otro programa al cual le puse el mismo nombre que mi madre, en broma, había pronosticado cuando yo era aún una niña: "Consultorio Sentimental." Fue una experiencia interesante y muy enriquecedora para mí (y espero que para las radioescuchas), pero nada nuevo: a fin de cuentas, eso es lo que había estado haciendo durante años en todas partes, desde la peluquería hasta la cola del mercado, desde el mostrador de una tienda hasta un elevador (donde, una vez, por cierto, una señora me confesó, entre el tercero y el séptimo piso de un edificio, que a su esposo le encantaba hacer el amor en los elevadores).

Estos contactos directos confirmaron aún más mi certeza acerca de cuán necesitada está mucha gente de poder desahogarse, de que alguien escuche sus problemas, de recibir una orientación sencilla, cariñosa y humana que les sirva de luz en medio de la confusión en que viven. A veces nos ahogamos en un vaso de agua, a veces hacemos de un incidente minúsculo una tragedia griega, pero otra veces sí se nos presentan problemas grandes en la vida. Casos de todos esos tipos se me presentaban en mi consultorio del aire, y a todos trataba de dar solución aplicando lo que considero mi "varita mágica": experiencia, sentido común y comprensión.

A partir del éxito de este programa, que se mantuvo durante más de dos años en el aire, surgió la idea de escribir una columna diaria, "Cartas a María Regina," en *El Nuevo Herald,* la versión en español de *The Miami Herald.* Acepté encantada y con la confianza que me habían dado mis numerosos programas en la radio. Esta vez a través del papel, pude sentirme contenta nuevamente de comprobar la habilidad que tenía para ayudar a tanta gente que se siente sóla y que no saben a dónde dirigirse para que les den una orientación, tal vez un sencillo consejo que permita traer orden a sus vidas.

Sería una falsa modestia si no reconociera que "Cartas a María Regina" se convirtió, y ha sido durante todos estos años, en una de las secciones más populares de *El Nuevo Herald,* tanto que en estos momentos la columna se publica en otros cincuenta y cuatro periódicos a través de toda América.

En el año 1988, los lectores pudieron verme por primera vez—¡y en colores!—a través de mis tres participaciones semanales en los programas *TV Mujer* y, luego, *Hola América,* por la cadena Unvisión, además de apariciones frecuentes en populares espacios como *Cristina, María Laria* y *Pedro Sevcec,* entre otros. El siguiente programa de televisión donde aparecí fue totalmente mío: *Cartas a María Regina* alcanzó uno de los mejores niveles de audiencia de la cadena Telemundo en 1993–94; asímismo, cuando fui la presentadora del espacio "Cine en su casa con María Regina," hubo días en que recibí hasta trescientas cartas pidiendo consejos. ¡Mi oficina se había convertido en un verdadero correo sentimental!

Este es mi primer libro y en él les presento un pequeño número de las miles y miles de cartas que me han llegado a través de los años. Espero que las respuestas que encuentran aquí sirvan de ayuda a muchas personas que están pasando por situaciones similares a las que plantean estas cartas. He tratado de cubrir todos los aspectos de una relación, y en ellas encontrarán temas y situaciones que van de lo sublime a lo ridículo ...

Pero, ¿qué les puedo decir? Así es el mundo, así somos todos, con nuestros ideales sublimes y nuestras ridículas tragedias. Uno de mis mayores orgullos en la vida es haber podido, a través del radio, la prensa y la televisión, servir de ayuda a tantas personas que han encontrado en mis palabras una esperanza en el camino hacia la felicidad, que es, después de todo, lo único que debemos buscar con afán en la vida. Yo la he buscado ... y espero que usted me permita ayudarle a buscar la suya.

Materias

Capítulo 1

Los Celos ... Ese Monstruo del Amor

Hace poco leí en una revista que sólo hay tres grupos de individuos que están inmunes al "virus de los celos": una tribu hindú llamada Toda, otra tribu en el Brasil ... y la tercera persona de un triángulo amoroso (esto último, por cierto, parece probar prueba aquello de que "el esposo, o la esposa, es el último que se entera"). Nunca he conocido a nadie que pertenezca a esas tribus y no se nada de sus costumbres, pero si se de muchas personas que se han visto envueltas en un ménage à trois (que es la manera francesa de decir "enredo amoroso entre tres") y les puedo asegurar, al contrario de lo que dice la mencionada revista, que **donde hay amor, hay celos**.

Shakespeare habló de los celos—precisamente en una obra donde el celoso marido acababa matando a su mujer—como de "ese monstruo de los ojos verdes" ... pero, en realidad, los celos pueden tener los ojos de cualquier color, un color compuesto de dos tonos: desconfianza e inseguridad. No hay cosa que haga María que a Pablo no le parezca que tiene posibilidades de ser parte de un plan para engañarlo; cada llamada que Juan recibe, a Elena le parece que es de alguna mujer que se entiende con él; si Luisa dice que va a ver a una amiga, René tiene la seguridad de que se va a encontrar con otro hombre; cuando Pedro le dice a Susana que llegó tarde porque se puso a conversar con un amigo, ya ella se está imaginando una escena de amor ilícito entre su marido y una rubia contundente en uno de esos motelitos de amor ...

Los celos son un sentimiento tan fuerte y humano, que hasta los amantes—los que están teniendo una aventura con alguien que ya tiene dueño o dueña—también se creen con derecho de sentir celos. Claro, cuando una persona se convierte en el tercer punto en una relación, sus expectativas casi siempre son más limitadas. Pero eso no quita que se muera de celos cada vez que se imagina a su amado o amada compartiendo el lecho—el lecho que le pertenece, al menos según la ley y la religión—con su pareja.

¿Una Pasión Irremediable?

En fin, que los celos no tienen remedio por mucho que usted quiera enfrentarlos con la verdad. Es como el alcoholismo: no importa que usted le diga a alguien que tiene un problema de alcoholismo y que lo debe atender; hasta que él mismo no se de cuenta y sufra las consecuencias, seguirá pensando que él sólo disfruta la bebida como todo el mundo y que puede parar de tomar cuando quiera. Quizás también, como en el alcoholismo, las personas celosas necesitan "tocar fondo" para aprender.

Pero hay que saber diferenciar entre lo que podríamos clasificar como los tres tipos básicos de celos:

1. los celos cotidianos
2. los celos paranoicos
3. los celos patológicos

El primer tipo de celos se manifiesta sólamente en situaciones de crisis y constituyen esa parte del léxico cotidiano de muchas parejas; inclusive, para muchas mujeres y hombres, este tipo de "celitos" es importante en la relación y si no lo sienten les parece que su pareja ha dejado de prestarles atención.Este tipo de celos puede resultar hasta coqueto en ocasiones y, si no se exagera, es un arma—un poco infantil, naturalmente—para demostrar atención hacia la pareja.

El celo paranoico es desesperante. Quien lo padece se aprovecha de la más pequeña excusa que le brinde la realidad (una llegada tarde, un olor a perfume, una llamada por teléfono de un extraño, el seguir a una persona con la mirada en la calle—para crear situaciones en las que se manifiesta la inseguridad vital de esas personas: que su pareja les traicione. Estas gentes sufren sin haber encontrado pruebas de infidelidad y sólo una reacción fuerte de su pareja—como un divorcio o una separación—podría hacerlos reaccionar.

El celo patológico, desgraciadamente, no tiene remedio, porque forma parte de una condición de enfermedad de la mente de quien lo padece. No importa lo que haga la otra persona, no importa que no haya ninguna circunstancia que haya dado motivo al celo: el celoso patológico tiene los engaños y las traiciones de su pareja dentro de su mente; no tiene necesidad de enfrentarse a la realidad, porque él o ella misma la construye. Las parejas de estas personas son siempre víctimas que, muchas veces, terminan mal y el único remedio de ellas consiste en darse cuenta, antes de ligarse definitivamente con esa persona, que no deben establecer una relación con alguien desequilibrado en este sentido—aunque funcione normalmente en todos los otros aspectos de su vida—que les va a hacer miserable la vida.

Celos con Razón y sin Ella

Durante años creí que yo era una celosa empedernida y me cuesta confesarlo. He aconsejado a tantas parejas que me avergüenza decir que a mí también me ha mordido esa víbora, pero con el tiempo comprendí que si te dan motivos y no estás en estado de coma, o sea, inconsciente, es perfectamente normal sentirse celosa de vez en cuando. ¿Qué pasaría si tu pareja llega tarde en la noche, con olor a un perfume que no es el tuyo o con creyón de labios en la camisa? De seguro que esa noche los celos te provocarían un ataque al corazón. ¡Y con razón!

Pero hay una gran diferencia entre un celo bien justificado y lo que se siente cuando no te dan motivos y todo está en tu mente. Si tu pareja se porta bien, llega a tiempo a la casa, comparte contigo sus ratos libres y te demuestra su amor, y aun así tú insistes en que tiene aventuras sexuales con otras personas, entonces los celos se convertirán en tu peor enemigo y pronto te verás persiguiendo a tu compañero o compañera, revisándole los bolsillos y la billetera a escondidas en busca de recibos de hoteles, restaurantes o regalos que nunca te hicieron. De esa manera, no pasará mucho tiempo en que la persona más querida por ti se convierta, también, en la más odiada.

Poniendo otro ejemplo de Shakespeare, no olviden que los celos destruirían hasta el amor que sentía Romeo por Julieta. Imagínense a Romeo subiendo por el balcón del palacio, amarrado con una cuerda para ver a su amada y que cuando lograra llegar arriba, Julieta en vez de recibirlo llena de pasión, le registrara la ropa y le dijera que le pareció verlo besándose con otra. Si esa escena se repitiera todas las noches, entonces Romeo también terminaría suicidándose como en el libro, pero no de amor precisamente, sino por cansancio.

Origen y Remedio de los Celos

Si bien los combustibles de los celos son la desconfianza y la inseguridad personal (posiblemente provocada por circunstancias creadas en la infancia), sus dos antídotos son la comunicación y la confianza. Una persona insegura de sí misma puede, inclusive, llegar a sentirse segura de su pareja, siempre y cuando exista entre ellos comunicación de sentimientos (expresada tanto a través de acciones físicas como de palabras) y una confianza mutua. Es más, esa confianza y esa comunicación puede ser las piedra sobre la que se construya una mayor autoseguridad personal. Los celos no son más que una forma de autocastigo que, la mayoría de las veces, acaba haciendo pagar a una familia entera las consecuencias de un problema personal.

Es muy triste dejar morir una relación que pudo hacernos felices sólamente por el hecho de no poder controlar los celos. Algo parecido le estaba pasando a "Teresa," una celosa que parecía ya haber rebasado el nivel de resistencia de su marido:

QUERIDA MARÍA REGINA:

Mi esposo se quiere divorciar después de dieciocho años de matrimonio. Me dice que yo no me estimo lo suficiente y que no soporta más mis celos. Aunque no me ha dado motivos, me paso la vida sospechando de todo y de todas. Lo que pasa es que me parece que todas las mujeres que él conoce son más bonitas y más inteligentes que yo y pienso que el preferiría estar con ellas que conmigo. Él me ha dicho que ya a mi edad no voy a cambiar y ahora que estoy a punto de perderlo, me siento desesperada, ya saqué una cita para ver a un sicólogo la semana que viene, a ver si de esa manera logro conservar mi matrimonio y curarme de esta enfermedad.

TERESA

Como verán, Teresa ya acabó con la paciencia de su esposo. Donde antes hubo amor, ahora sólo hay rechazo. La causa de los celos incontrolables de Teresa es que ella no se valora lo suficiente a sí misma y no se cree merecedora del amor de su esposo.

Siempre encontraremos personas más bonitas y más inteligentes que nosotras, pero no por eso vamos a perder el amor de nuestra pareja. Es muy posible también que Teresa haya tenido alguna experiencia en su niñez que la haya vuelto tan insegura, pero tiene que aprender a aceptar que su presente es diferente y que si su esposo la escogió no es por pura casualidad, sino porque la estima y la ama. Aunque Teresa todavía está a tiempo de salvar su matrimonio, por desgracia en otros casos, la situación ya ha empeorado demasiado por culpa de los celos, como le sucedió a Mindy y a su novio:

QUERIDA MARÍA REGINA:

Mi novio es extremadamente celoso, no me deja ir sóla a ningún lugar ni salir con mis amigas. Incluso cuando salgo con mis padres, lo he visto persiguiéndome a escondidas. No le he dicho nada porque me da vergüenza, pero no creo que yo pueda soportar mucho más tiempo esta situación. En todo lo demás es excelente, pero sus celos me han hecho perderle parte del cariño y el respeto que le tenía.

MINDY

Este es un ejemplo de una relación dañada por los celos, pues con su actitud el novio de Mindy sólo ha logrado alejar a la mujer que ama; esto sucedió hace seis meses, así que me imagino que de esa relación no quedan ni cenizas. El noviazgo es la antesala del matrimonio, el momento en que ambas personas empiezan a conocerse. Por suerte, Mindy descubrió a tiempo que no podría soportar los celos de su novio y creo que difícilmente haya optado por casarse con él y tratar de formar una familia.

Celos, Locura del Amor

El celo, como otros sentimientos, es en gran parte irracional, por lo que no me asombré cuando recibí esta carta de un señor que se celaba ... ¡hasta de los fantasmas!:

QUERIDA MARÍA REGINA:

Hace un tiempo conocí a una mujer un poco mayor que yo, nos enamoramos y nos casamos. Todo iba bien hasta que un día vi unas fotos de ella y su ex-esposo, con el que estuvo casada por diez años. Parecían muy enamorados y desde ese día esa imagen me acompaña a toda hora. Me paso el tiempo imaginando como sería su vida con él, como hacían el amor y no puedo dejar de pensar que a lo mejor ella aun lo ama. A veces, sin darme cuenta, cuando mi esposa me habla, le respondo en mala forma y la recriminó por cosas que no ha hecho. Últimamente, cada vez que viene al caso le pregunto sobre su pasado y si ella recuerda algo con agrado, me pongo tan celoso que no lo puedo disimular. Sé que si continúo así la voy a perder y no quiero que eso suceda porque la amo profundamente. Lo que más me preocupa es que nunca antes me había sucedido nada semejante y no sé que hacer.

ROBERTO

El pobre Roberto padece de "celos retrospectivos," o sea, que se cela del pasado, de una época en la que incluso ni conocía a su esposa. A veces es difícil aceptar que quien uno ama tuvo una vida anterior con otra persona y que pudo haber sido muy dichosa, pero Roberto, como todos los celosos del pasado, no tiene otra alternativa que aceptar esa verdad si quiere ser feliz. Si usted es de ese tipo de celoso o celosa, converse con su pareja y cuéntele lo que le pasa; de esa manera su pareja evitara hacer comentarios sobre el pasado que puedan ser molestos y guardara objetos y fotos que recuerden épocas anteriores. Esta manera de "meter el pasado bajo llave" es un buen método, pero sólo temporal, hasta que el celoso recobre la confianza y vea que el pasado, pasado está.

Las personas muy celosas hacen y piensan cosas que los "normales" no podemos ni sospechar y a veces esos celos tienen raíces profundas en los años de infancia:

QUERIDA MARÍA REGINA:

Desde niña he sido una persona muy celosa: si alguien celebraba a uno de mis hermanos y a mi no me decía nada, me ponía tan celosa que a la menor oportunidad hacía alguna maldad para vengarme de la "ofensa" recibida. Cuando tenía como diez años, me tragué una lagartija viva para que no le celebraran el cumpleaños a una hermanita mía que consideraba más linda que yo. Me da vergüenza contarle esto, pero soy así ... Ahora tengo veinticinco años y mi mal, en vez de disminuir, ha aumentado. ¡Imagínese que rompí con mi novio de toda la vida que era guapo e inteligente, porque no podía soportar que todos lo admiraran! Ahora estoy comprometida para casarme con un señor que puede ser mi padre y que además (vamos a admitirlo) es bastante feo. Ni me gusta ni lo amo, pero esa es la única forma de estar segura de que él será solo mío.

LUISA

Tengo que confesar que, después de leer esta carta, dejé de tomar en serio mis ocasionales sospechas acerca de la fidelidad de mi esposo y comprendí que era normal sentirse un poquito celosa de vez en cuando. En el caso de Luisa, sus celos estaban acompañados de un sentimiento de envidia que los hacían más negativos y peligrosos. Una persona que padece de ese mal con tal intensidad puede llegar hasta a dañar físicamente a la persona que ama, como le sucedió a la que me escribió la siguiente carta:

QUERIDA MARÍA REGINA:

Estoy casada hace doce años con un hombre que tiene muchas virtudes, pero que tiene dos defectos muy grandes: es celoso y envidioso. Al principio la cosa no era tan grave, le molestaba que saliera sóla y si él llegaba y yo no estaba en la casa, se disgustaba conmigo y se pasaba días sin hablarme. Además, todo lo que hacía le parecía mal y siempre trataba de menospreciarme delante de los demás; pero yo andaba tan ocupada en la crianza de mis hijos y en las labores domésticas que no le hacía mucho caso. El tiempo pasó y la situación se fue empeorando. Ya no sólo se disgustaba conmigo por cualquier cosa y me humillaba delante de todos o se ponía celoso, sino que comenzó a pegarme. Aguanté durante años por mis hijos, pero el otro día me dio una golpiza que me mandó para el hospital. Después, me pidió disculpas, de rodillas y con lágrimas en los ojos, y me prometió que nunca más lo volvería a hacer ... Pero ya no creo en sus promesas y temo que si lo perdono, me vuelva a pegar.

LA GOLPEADA

El esposo de La Golpeada es uno de esos casos extremos que necesitan atención siquiátrica: sus celos, su envidia y su actitud machista lo han llevado a abusar físicamente de su esposa, quizás buscando la reafirmación de una falsa hombría.

Un "Confundido" Falto de Celos

La Golpeada es una inocente víctima a quien le aconsejé que se alejara de su marido si el no buscaba ayuda, pero hay otras mujeres—como la que conoceremos a continuación—que se buscan los líos ellas solitas ... y a veces se merecen lo que se pasa:

QUERIDA MARÍA REGINA:

Mi esposa es muy coqueta; siempre le presta mucha atención a los hombres que se le acercan y se deshace en atenciones con todos. Los mira mucho y ellos se aprovechan de eso para hacerle bromas que a mí no me gustan nada. Hablándole sinceramente, la verdad es que yo no confío en ella. Muchas veces se pierde durante horas y cuando le pregunto donde estaba, me dice que se fue de compras con una amiga. También me he dado cuenta de que me miente, no en cosas importantes, pero las mentiras son muestra de que me esconde algo. Cuando le digo lo que pienso, me dice que esas son ideas mías y que lo que me pasa es que soy muy celoso. ¿Cree usted que de verdad lo soy?

EL CONFUNDIDO

En este caso, mi amigo El Confundido tenía razones de sobra para estar celoso de su esposa, ¿no lo cree usted? El comportamiento de ella provoca que él desconfíe de su fidelidad y no se sienta seguro de su amor. Para que una relación perdure necesita un ingrediente: respeto. Es muy posible que detrás de la actitud de la esposa de El Confundido no haya otra cosa que inmadurez e inseguridad, pues a las personas inmaduras les gusta sentirse deseadas por todos. Pero ése es un mal camino para el amor.

Es muy difícil eliminar por completo los celos de nuestra vida, pero se puede tener control sobre nuestras emociones si vemos la vida de forma realista. Y lo mejor que se puede hacer es tener el valor de reconocer que uno es víctima de los celos. El paso siguiente, será tratar de cambiar:

QUERIDA MARÍA REGINA:

Hace dos años mantengo relaciones con un hombre que me quiere y la verdad es que no deseo perderlo, porque yo también lo amo. El problema es que soy celosa (sin motivo alguno) y esto nos ha traído algunos disgustos. ¿Existe alguna forma de que yo pueda ser distinta, tratar de sentir menos celos?

DECIDIDA A CAMBIAR

Cuando una reconoce que tiene un problema, como fue el caso de "Decidida a cambiar," ya está en el camino de resolverlo. Es muy importante que nos demos cuenta de que estamos cometiendo un error, pero eso no es suficiente. Si usted se reconoce en estas situaciones y cree que su relación amorosa peligra a causa de los celos, no se quede con los brazos cruzados: busque la ayuda de un especialista, recuerde que todo en la vida tiene solución y que vale la pena encontrarla.

Pero, asómbrese, que tengo buenas noticias sobre los celos: esos sentimientos no son sólamente emociones negativas, siempre y cuando se sepan controlar. Una secretaria bonita, un compañero de trabajo guapo o una vecina muy bien dotada podrían ponernos en acción si vemos la competencia como algo saludable. Quizás sin darnos cuenta nos hemos dejado vencer por la rutina y nos falta un toque romántico en nuestro matrimonio. Si vemos que hay alguien cerca que podría ser un rival, esto funciona como una sirena de alarma: tal vez es el momento para volver al gimnasio o a la peluquería, llegar más renovados y creativos a la alcoba o comenzar a prestarle más atención a la persona que comparte nuestra vida.

CAPÍTULO 2

Amores Complicados

"¡Ah, el amor, el amor!," suspiran las jovencitas, y las que no lo son tanto, cuando leen una novelita de romance con el rubio Fabio en la cubierta o ven una película en la que Mel Gibson está apretando fuertemente a la mujer por la que ha enfrentado a una banda de delincuentes. Pero, por suerte o por desgracia, la vida no se parece en nada a las películas ni a las historias románticas y, en la existencia diaria, para apreciar el amor hay que rescatarlo entre los miles de obstáculos que surgen a su alrededor. Lo más curioso de todo es que—como ya no vivimos en la época de Romeo y Julieta ni en la de los matrimonios arreglados—ahora quien ponemos las trabas al amor no es tanto la sociedad como nosotros mismos ... Es por eso que la muchas de las historias reales que podrían ser románticas, están plagadas de problemas innecesarios.

Por ejemplo, ¿cómo se le ocurre a una mujer que es novia de un hombre ultradominante que ella va a ser feliz en su matrimonio con él? ¿O por qué vamos a preocuparnos de lo que dirán los demás si establecemos una relación permanente con un buena persona de otra raza, una persona que nos quiere y a la que queremos? Ya aquí tenemos dos casos de personas que se buscan problemas por sí sólas: la primera por meterse en una relación destinada a fracasar (a no ser que ella decida anular su propia personalidad convertirse en una esposa gris y sumisa) y la segunda por preocuparse por algo que a nadie le incumbe, como es el color, la religión o el país de la persona que has decidido hacer compañero de tu vida.

Claro, que no todos los problemas del amor los causamos nosotros mismos, porque a veces las complicaciones nos caen de donde menos las esperamos. Como por ejemplo, cuando la que se consideraba como una "fiel amiga" se enamora de nuestro hombre o cuando un empleado empieza a flirtear con la mujer de su mejor compañero de trabajo. Estos casos no son raros, pero sí dignos de ser tratados con delicadeza, poniendo la presión sobre el culpable (la mala amiga, el compañero traicionero) y no sobre el esposo o la esposa que no, idealmente, han tenido nada que ver con el asunto.

A veces podemos tener la culpa, por ejemplo, de que el amor se acabe en una relación—ya sea por nuestra frialdad o falta de interés—, pero otras veces el fuego de la pasión se apaga hagamos lo que hagamos. Es el destino, la vida, el tiempo, la inconstancia de la otra persona ... lo que sea. Pero es importante que en estos casos no nos amarguemos aún más la existencia pensando en lo que habremos hecho mal y echando sobre nosotros la culpa de todo. Si usted siente que se enfría cada vez más su relación y que está a punto de fracturarse para siempre, haga lo posible por salvarla, pero si no puede ser ... deje que la vida siga su curso. Usted examine lo que hizo mal y lo que hizo bien, saque sus cuentas y échese las culpas hasta donde es justo, pero tampoco deje que su pareja le haga pensar que todo salió mal porque usted no supo hacer las cosas. De todos modos, las cosas en las parejas van a casi siempre al 50 por ciento.

Por fortuna, la liberalidad de nuestra época permite determinar con más precisión, casi siempre, dónde se encuentra el fallo de una relación. Ya las mujeres pueden irse de la casa y quejarse, ya el divorcio no es el tabú tan grande que era antes y ya las personas están menos forzadas a empatarse con parejas que no les gustan. Ahora hay de todo para todos y en esta nueva independencia de las últimas décadas se han dado muchos descubrimientos maravillosos.

Tomemos por ejemplo la relativamente reciente moda de la preferencia de los hombres jóvenes por la maduritas. Antes, el hombre era el único que podía darse el lujo de salir con una mujer menor que él. Se decía que, como (supuestamente) la mujer envejecía más rápidamente que el hombre, los hombres se iban en busca de belleza y juventud. A la inteligencia, no se le daba mucha importancia. Pero los tiempos han cambiado y ahora la cosa es más pareja. Muchos jóvenes del presente encuentran que una mujer mayor es más segura de sí misma y más sofisticada. Esto significa también que el hombre, por primera vez en siglos, le está dando más prioridad a la inteligencia y a la belleza interna, que a la belleza exterior. Los "sesos huecos," definitivamente, ya no están de moda y hasta los chistes de las "rubias tontas" se han vuelto anticuados.

Sin embargo, esto también, si se lleva al extremo, puede convertirse en un problema del amor, pues las relaciones donde hay demasiada diferencia de edad casi nunca llegan al matrimonio, porque las parejas de diferentes edades tienen necesidades contradictorias siempre. Esto no quita que, según las estadísticas, los matrimonios más estables son aquellos en los que la mujer es madura y el hombre es ocho años menor que ella. Pero ocho años no es mucha diferencia. No hay nada mejor que estar con una mujer que realizada, vibrante y que sepa lo que está buscando. ¡Eso sólo se adquiere con los años! Como dice el refrán "más sabe el diablo por viejo, que por diablo."

Parecería que en el amor, cuando no hay problemas, nos los buscamos de todas maneras, pues la excitación y la intranquilidad es para muchas personas el alimento de su pasión. ¿Qué me dicen de la chica linda, rodeada de enamorados, que, sin embargo, sólo piensa y sueña con Luis Miguel, sabiendo que tiene una posibilidad entre diez millones de empatarse con él? ¿O el señor de setenta y cinco años que, aparte de no tener un centavo ni ser un tipo encantador, está encaprichado con la vecinita quinceañera? Las obsesiones y los amores descabellados pueden parecer cómicos cuando se habla de pasada de ellos, pero pueden convertirse en situaciones de patética frustración.

Y junto a aquellos que no saben amar—esas personas que, aunque no son malas, están incapacitados para brindar amor—tenemos en este mundo a los que tienen tanto erotismo que no se conforman con una pareja, sino que tienen que tener la adoración de dos o tres al mismo tiempo. En vez de invertir todo su esfuerzo amoroso en una sóla persona, no tienen capacidad de decisión (en el fondo son tan egoístas que lo quieren todo) y reparten su cariño entre varios. Así le toca poco a cada uno y no es raro que estas personas que estuvieron "jugando en varias" bases simultáneamente acaben sin anotarse un buen tanto en el partido de la vida ...

He aquí algunos de esos casos de "amores complicados" y veamos lo que puede usted hacer—si acaso reconoce su problema en alguna de estas cartas—para salir del problema y para tratar de disfrutar un poco más de ese amor que se ha convertido en un tormento ...

¿De Qué Color Es el Amor?

QUERIDA MARÍA REGINA:

Soy un joven de veinticuatro años, de origen venezolano y llevo tres trabajando para la misma compañía en los Estados Unidos, donde me he criado. Mi problema—y casi mi tragedia, podría decir—es que me he enamorado locamente de una compañera de trabajo, de mi misma edad, y nos queremos casar. Esto no tendría nada de complicado si ella no fuera de raza negra, como lo es. Mis padres están totalmente opuestos y, por desgracia, ¡los de ella también! Mi novia, a quien adoro, es una magnífica muchacha con grandes valores morales, cosa difícil de encontrar en estos tiempos, creo yo. Estoy cansado de conocer a muchachas que no tienen ni siquiera tema de conversación. ¿Usted cree que un matrimonio así pueda funcionar?

ORESTES

ESTIMADO ORESTES:

Todo en la vida es posible y todo depende de cuánto se amen. Sin embargo, es mi deber informarle de lo que dicen las estadísticas: según las encuestas, un matrimonio tiene más oportunidad de triunfar cuando las dos personas tienen crianzas similares y esto quiere decir que tengan las misma cultura, educación, color racial y religión. Con esto no le estoy queriendo decir que no se case, sino, sencillamente, que tenga esto en cuenta. Los seres humanos no somos números ni estadísticas y si los sentimientos

de ustedes dos son tan grandes como dicen, es muy posible que logren separar las cosas que los separan. Claro, las oposición de ambas familias es algo muy molesto que influye sobre la relación. Cada uno de de ustedes debe pensar bien el asunto, escuchar y sopesar las opiniones de sus padres (que siempre quieren lo mejor para sus hijos) y considerar seriamente si son capaces, por amor, de superar todas las dificultades. Yo sé de varias parejas de razas diferentes que son muy felices, sé también de otras que se han tenido que separar por no haber sido capaces de enfrentar la presión familiar ni sus diferencias culturales, y sé también de parejas de la misma raza que son perfectamente infelices.

QUERIDA MARÍA REGINA:

Tengo veintidós años y por, primera vez en cinco años, me he enamorado de un muchacho con buenos sentimientos que me ha demostrado que me quiere. El problema es que yo soy de la raza blanca y de padres cubanos y él es bastante oscuro de piel. Su mamá es de la República Dominicana y su papá de Hawaii, ambos personas encantadoras. Mis padres no saben nada de esto y no me atrevo a decírselos, pues sé que no lo aceptaran. Ya nuestras relaciones han llegado a "lo máximo" (espero que me entienda), él me ha pedido en matrimonio y yo ya le di el "si." Estoy decidida a casarme con él aunque mis padres se opongan. María Regina, mi pregunta es: ¿cómo se lo digo a mis padres? ¿Se los informo antes o después de la boda?

ALICIA

ESTIMADA ALICIA:

Creo que tus padres se van a sentir menos dolidos si se los dices antes de la boda. De todas formas, tú ya sabes que ellos no iban a estar contentos con la noticia, así que es preferible que pasen el trago amargo lo más pronto posible. Sería una maravilla que tus padres aceptaran la situación por el simple hecho de saber que tu

eres feliz ... ¡y a lo mejor la aceptan y podemos decir aquello de que ustedes "fueron felices y comieron perdices"! Pero tienes que estar preparada para la posibilidad de que ellos no tengan la capacidad de entender algo así. Así que prepárate para cualquier eventualidad. Puedes empezar diciéndoles que respetas lo que ellos piensan, pero que tú estás muy feliz con tu decisión y que te va a doler mucho que ellos no compartan contigo el día más importante de tu vida. Los padres tienen un sexto sentido y, por mucho que se opongan ellos a que te cases con una persona de otra raza, si ellos ven que el muchacho es bueno y te quiere, van a ponerse por encima de sus prejuicios con tal de que tú seas feliz. Yo creo, sinceramente, que es la persona lo que cuenta y no el color. Pero cada cual tiene su forma de pensar y no te queda otra que aceptar la de tus padres ... aunque no los obedezcas respecto a ese matrimonio.

Amor "a la Méxicoamericana"

QUERIDA MARÍA REGINA:

Soy una mujer mexicana casada con un norteamericano. Lo amo y sé que él a mí también. Pero, en nuestra vida diaria tenemos diferencias en cuanto a las comidas, la manera de ser y, principalmente, el idioma. Sé que este problema lo han de tener personas que, como yo, se casan con extranjeros. Primeramente, a él le gusta la comida americana y a mí la mexicana. ¿Usted cree que yo debo dejar de comer lo que a mí me gusta? Yo no me puedo dar el gusto de hacer comidas diferentes para cada uno. Segundo, él tiene un comportamiento que, aunque no quiera herirme, a veces lo hace. Por ejemplo, hace bromas ligeras sobre los latinos que a mí no me gustan o se exaspera cuando yo llego tarde a algún lugar, aunque sea unos minutos. ¿Cómo puedo hacerle cambiar su manera de ser? Tercero, él se empeña en que yo hable inglés todo el tiempo y me presiona (siempre tratándome cariñosa, pero firmemente) para que lo haga. A mí no me gusta que me presionen, y entonces me rebelo y hablo español. Yo quiero que él aprenda español—del cual sabe muy poco—o al menos, que aprenda al mismo nivel mío de inglés, que es aceptable. ¿Usted cree que debo hablar inglés todo el tiempo y olvidarme del español? ¿O será mejor hablar mitad inglés y mitad español? Yo no quiero poner en peligro mi felicidad matrimonial, pues nos queremos y formamos una buena pareja ... ¡pero tampoco quiero perder mi individualidad!

LETICIA

ESTIMADA LETICIA:

Para empezar, déjeme decirle que el matrimonio entre personas de diferentes culturas no es fácil. Pero si las personas se quieren y están dispuestas a *ceder de vez en cuando,* pueden durar juntos igual que cualquier otro matrimonio donde las personas comparten las mismas costumbres. La relación de ustedes se tiene que negociar, es decir, hacer un poco de lo que quiere uno y un poco de lo que quiere otro, como hacen los que quieren resolver algo en política internacional. Un día se come como a él le gusta y otro como te gusta a ti. Presta atención a no exagerar la mano en aquellos aspectos que son demasiado diferentes, como por ejemplo, tener mucho cuidado con el picante, ya que él, seguramente, no tiene el paladar acostumbrado y le puede resultar un tanto desagradable. Estoy segura de que si usas la cabeza, poco a poco tu "gringo" se irá acostumbrando a comer comida mexicana y tú, comida americana, que también es muy sabrosa. No lo lleves todo a los extremos. Lo mismo que te digo con la comida, te lo repito con respecto al idioma. A ratos le hablas en inglés (cosa que te viene muy bien para que lo practique) y en otros momentos le hablas en español y así él lo practica (cosa que a el también le viene muy bien). Si estás con amigos que hablan sobre todo inglés, no te pongas a hablar en español, pues eso se ve muy mal. Referente a su trato contigo, cada vez que su comportamiento te hiera, habla con él, pero sin pelear y con mucho tacto. Explícale que lo que te dijo te molestó y que prefieres que no lo repita. Aquí lo único importante es que se sien-

ten y analicen cuanto tienen en común y cuanto tienen que cambiar en favor de la relación. Aunque la de ustedes parece ser una relación que funciona, a veces, cuando alguien que se va a casar con una persona de nacionalidad distinta y me ha comentado que tienen costumbres demasiado diferentes, les he dicho que si los cambios que tienen que hacer en sus vidas son demasiados y muy profundos, tal vez no valga la pena llevar a cabo la relación. Uno está dispuesto a cambiar un tiempo, pero jamás a renunciar a dejar a ser uno mismo toda la vida. Por otra parte, recuerda que los hombres se "doman" con cariño y, sobre todo, con mucha inteligencia y perspicacia, pues ellos son siempre niños grandes. Tú lo que no puedes hacer es llevar las cosas a los extremos ni volverte una fanática de tus costumbres. Estoy segura de que si los dos se quieren van a poner cada uno de su parte para complacerse mutuamente.

Que el Amor Sea Ala y No Cadena

QUERIDA MARÍA REGINA:

Desde hace nueve meses estoy involucrada en una relación sentimental bastante intensa. A pesar del corto tiempo, hemos experimentado muchísimas cosas juntos. Los dos somos divorciados; yo tengo treinta y un años y él cuarenta y seis. Todo va bien, excepto por el hecho de que ahora él me dice que me he vuelto muy dependiente. Yo no sé si eso de "muy dependiente" es cierto, pero la verdad es que le consulto todas mis cosas y le pregunto casi sobre cada paso que doy. Me gusta mucho saber que cuento con alguien a la hora de resolver un problema y creo que, precisamente, esa es una de las ventajas de tener una pareja en la que una confía. Ahora él sólo me quiere ver dos veces por semana, pues me dice que esto quizás me ayude a soltarme y a él le la posibilidad de pensar las cosas. Temo que quiera terminar nuestra relación, aunque cuando nos vemos, ménos que antes, es tan amoroso como siempre. ¿Qué puedo hacer para que esto no suceda y como lo puedo convencer para continuar como antes?

ELENA L.

ESTIMADA ELENA:

Él te está pidiendo que le des espacio, sencillamente. Necesita sentirse un poco más libre y no debes insistir en que se vean dos, tres o cuatro veces, ni en ponerle horarios, ya que esto lo haría sentirse aún más ahogado. Recuerda que todos estamos dispuestos, de vez en cuando, a hacer cosas por la persona amada. ¡Pero todo tiene su límite! ¡Hija, tanta dependencia aburre hasta al más enamorado! Dile que se tome todo el espacio y tiempo que necesite, que usted lo quiere, pero que va a continuar con su vida. Que no está enojada y que entiende como él se siente. Cuando la quiera ver, que él la llame. Déjele toda la responsabilidad de la relación a él. Si hace lo contrario, se va a sentir presionado y nunca se va a dar cuenta que la quiere y que desea continuar con usted. Recuerde que él ha salido de un divorcio y tal vez está buscando un poco de independencia, al menos por un tiempo. Siento decirle que usted no puede hacer más nada. Esta es la mejor postura que puede tomar por el momento.

QUERIDA MARÍA REGINA:

Mi novia, con la que tengo relaciones desde hace dos años, es lo que yo llamo "demasiado independiente." Me gustaría mucho casarme con ella, pero tiene ideas muy liberales para mi forma de ser y pensar. Es muy buena persona, pero a veces pienso que tiene una vida aparte de la mía, que no participo demasiado en sus cosas. Le gusta mucho salir ir de compras e ir cine con las amigas. Confío en lo que me dice, pero no la entiendo, pues yo quisiera estar con ella siempre. Me gustaría saber cuál es su sabia opinión.

GASTÓN

ESTIMADO GASTÓN:

En las relaciones hay que dejar espacio para que las personas respiren ... ¡y hay quienes necesitan más aire que otros para respirar! Los celos y la dependencia excesiva son dos armas muy destructivas en una relación. Me parece que usted le esta exigien-

do a ella—que parece ser una mujer muy de nuestra época—demasiada atención. El cariño consiste en darle libertad a la persona amada y tener la certeza profunda de que contamos con su amor y su respeto, aunque se encuentren lejos de nosotros. Tal vez usted necesita a su lado una mujer un poco menos independiente, alguna que le de a usted un poco más de seguridad personal y que le acompañe durante más tiempo. ¡Eso sí, después no se queje de que la tiene pegada a usted como la hiedra a la pared! Ser excesivamente exigente resulta dañino y llega a cansar a la otra persona. Si sigue con su novia actual, le recomiendo que se busque algún "hobby" para que no se aburra cuando ella salga de compras con las amigas y que usted también cultive su propia independencia.

Donde Hubo Fuego, ¿Cenizas Quedan ... ?

QUERIDA MARÍA REGINA:

Tengo veintiseis años y soy vicepresidente de un banco extranjero en Miami. Como soy soltero y no tengo hijos, me paso de tres a cuatro meses fuera de mi casa, pues mi trabajo me lleva a todas partes del mundo. Hace dos años me separé de una novia que tenía, con la cual estuve cerca de un año. Ahora, cuando no tengo que viajar o estoy en la ciudad, la llamo por teléfono y platicamos, pero siempre como amigos. Este verano pasado, me enteré que se había separado de un hombre con él que estaba compartiendo su vida. Yo, sinceramente, lo sentí, pues quiero lo mejor para ella. Hace un mes que me enteré que está con un nuevo novio. Desde hace tiempo yo quiero que ella venga a trabajar conmigo, cuidándome la casa mientras estoy de viaje y llevándome mi cuenta bancaria. Yo tengo miedo que el nuevo novio se dé cuenta de nuestro pasado y se ponga celoso. Sin embargo, ¡le digo que sólo somos buenos amigos! Pero hoy en día, los hombres creen que no puede existir la amistad entre el hombre y la mujer, sin el tema del sexo. Precisamente, sé que la separación de su último novio fue por culpa mía, pues él pensó que ella seguía enamorada de mí. Esto me lo dijo una amiga de ella, pues ella nunca me lo confesó. María Regina, ¿cree usted que sea buena idea ofrecerle el trabajo sabiendo que puede perjudicar su nueva relación? ¿Es posible que exista una sana amistad entre un hombre y una mujer? La saluda,

J.M.

ESTIMADO J.M.:

Creo firmemente que existe la amistad entre una mujer y un hombre. Algunos de mis mejores amigos, son hombres. Pero cuando hablo de amistad, me refiero a una relación en la cual *nunca* ha habido atracción física. Son esos casos en que las personas se caen bien, tienen cosas compatibles, se confían sus secretos, pero nada más. Jamás pensarían en tener nada sexual. O sea, hay cariño, pero no química erótica. ¿Me entiende? También creo que para muchas personas (y este parece ser su caso) cuando se acaba una relación, se acaba de verdad. Claro, tenga en cuenta que no siempre las dos partes ven, en la película de su amor, el letrero de "The End" con la misma claridad.... Casi siempre tenemos el que "deja" y el "dejado." El que "deja" ya no siente nada, pero la historia del "dejado" es bastante diferente. El que "deja," dejó porque de verdad ya no quería a la otra persona. El "dejado"... ¡se quedó con las ganas! Y, "dejado" al fin, mantiene, en el fondo de su corazón, el deseo de continuar la relación.

Así que no es poco común que un hombre—o una mujer—se sienta celoso de un "ex." Es más, me parece que esto es normal, sobre todo cuando se trata de ese "dejado" del que hablamos. Aunque no tengo suficiente información sobre lo que pasó entre ustedes, me parece adivinar que su novia todavía siente algo por usted, aunque le finja una amistad sincera. Si ella fuera sólo su amiga, le habría confesado por qué se peleó con el otro novio. Si de verdad la aprecia tanto, dígale la verdad. Explícale que le gustaría que trabajara con usted, pero que no quiere causarle ningún problema. ¡Ah, y mucho ojo! Puede que sus llamadas y su sincero ofrecimiento de empleo la hagan creen a ella que hay espe-

ranzas de reconciliación. El hecho de que ella se muestre amistosa no quiere decir que todavía no sienta nada por usted, pues las mujeres somos muy hábiles para esconder esas cosas.

De Amigas Así ... ¡Líbreme Dios!

QUERIDA MARÍA REGINA:

Le voy a contar brevemente mi historia para que mi experiencia sirva de lección a otras mujeres: En una fiesta conocí a una pareja. Ella, una muchacha alta, muy simpática y habladora. Él, un poco tonto, pero buen tipo. En seguida hicimos amistad y ella llegó a ser mi mejor amiga. Hoy "mi mejor amiga" ¡está casada con mi esposo! Moraleja: No confíe en sus amigas, pues casi siempre lo que quieren es quedarse con su esposo. ¿Qué mejor manera para atraparlo, que meterse en su casa?

DECEPCIONADA

ESTIMADA DECEPCIONADA:

Siento que hayas tenido tan mala experiencia, pero no creo que esto descuente a todas las buenas amigas del mundo. En realidad, yo creo que muy pocas llegan a tanto. Además, esa mujer no era tu amiga; quizás tú te hiciste la idea de que lo era, pero no viste por qué camino venía. ¿No sería también falta de perspicacia por tu parte? Te diría que la moraleja de esta historia es otra: ten un sexto sentido cuando se trata de hacer amistades ... ¡y búscate un marido que tenga vergüenza!

QUERIDA MARÍA REGINA:

Tengo treinta y seis años de edad y quince de casada. Estoy sumamente feliz en mi matrimonio, mi esposo me ama y tengo tres niños. Tengo una amiga en la cual siempre he confiado mucho, la conozco ya hace varios años y la quiero como a una hermana. Pero tuve la desdicha de contarle ciertas intimidades de mi matrimonio, sobre todo que mi esposo es un hombre con un gran apetito sexual. Como consecuencia, ¡ahora mi amiga parece interesada en mi esposo! Y esto no es idea mía, pues ha sido mi propio esposo, que es un santo, quien me lo ha dicho. Él me advierte que no quiere nada con ella porque es una atrevida y que no quiere verla por la casa. ¿Cree usted que debo llamarle la atención? La verdad es que no se está comportando como una amiga de veinte años. Lo que es peor: ella también es casada y tiene dos hijos. Aconséjeme, por favor.

LA AMIGA TRAICIONADA

ESTIMADA AMIGA TRAICIONADA:

Su marido tiene toda la razón: su "amiga"—que no es tal—no se está comportando correctamente. Puede que ella este teniendo dificultades en su matrimonio, que se siente insegura y hace esto para llamar la atención. Como usted parece tenerle cariño, hable con ella y sea sincera. Dígale que últimamente la ve demasiada interesada en su esposo, y que le extraña que se comporte así, ya que usted la quiere como a una hermana. Si está teniendo algún problema, que se lo diga para ayudarla. Trate, inclusive, de mantenerla más alejada de su casa, pero sin hacerlo de una manera obvia. Si usted es capaz de perdonarla esta vez, pero ella continúa "sacándole fiesta" a su marido, ¡búsquese otra amiga! Ah, y conózcala bien antes de contarle sus intimidades ...

QUERIDA MARÍA REGINA:

Durante casi veinticinco años fui muy feliz en mi matrimonio, pero hace poco empecé a sospechar que mi esposo me es infiel con una mujer que creí que era mi amiga. Ella tiene cuarenta y uno, y mi esposo más de cincuenta años de edad. Cuando le hablo me dice que todo es un producto de mi imaginación. Sin embargo, mi marido les dice a sus amigos que tiene otra mujer. Siempre anda perdido y creo que hasta me mira con cara de odio. Por si a mí me quedaran dudas, hace poco él me dijo que iba a la tienda a comprar una pelota de béisbol para nuestro hijo y que después me veía en la casa. Lo seguí y vi que acabó en un pequeño café donde se reunió con mi "amiga." Fue tanto mi coraje y mis celos al verlos juntos platicando de lo más felices, que me les fui encima y les entré a golpes allí mismo. Mi esposo también me golpeó, me agarró de los cabellos y me sacó de la tienda. Pero a pesar de todo esto me dice que no es cierto lo que pienso de ellos.No se si le deba poner un detective para tener más pruebas. Con todas estas peleas le estamos dando un pésimo ejemplo a nuestro hijo. Mi esposo me dice delante de él que estoy loca.

CELOSA Y DESCONFIADA

ESTIMADA CELOSA Y DESCONFIADA:

Su esposo lo que quiere es hacerle creer que está loca y así quedar bien delante de sus hijos. No le veo ningún futuro a su matrimonio ya que han perdido lo más importante, que es el respeto. No le recomiendo que invierta su dinero en un detective, porque lo va a perder. ¿Qué más pruebas quiere? Usted ya tiene pruebas bastante claras y los ha agarrado "con las manos en la masa." No desperdicie su tiempo ni su dinero en buscar hechos que ya tiene. Utilícelo mejor para consultar a un abogado y ver cuáles son sus derechos si se divorcia.

El Amor Se Acaba ...

QUERIDA MARÍA REGINA:

Después de treinta años de matrimonio, mi esposo me dejó. Un buen día me dijo que ya no me quería, hizo sus valijas y se fue de la casa. No me explico como, después de treinta años, una persona te puede dejar de querer de la noche a la mañana. Nos hemos pasado la vida trabajando para sacar adelante a nuestros hijos, y por fortuna ya todos tienen carrera universitaria y están casados. Siempre pensé que éramos una familia feliz. Me parece que en todos estos años he estado viviendo en otro mundo. No entiendo nada y quisiera que usted me ayudara a entender que fue lo que pasó. ¡Estoy desesperada y no sé que hacer!

P.L.

ESTIMADA P.L.:

Aunque el amor no muere de repente—sino que se apaga, como una velita, después de un largo proceso—me da pena decirle que es muy cierto lo que dice la canción de José José: "El amor se acaba ..." Lo que nos pasa muchas veces es que no percibimos bien ese proceso, ya que casi nunca esto ocurre por nada específico. A lo mejor ambos se casaron para llenar necesidades que desaparecieron con el tiempo. Tal vez, ustedes tenían la intención de crear un hogar, pero, al crecer los hijos e irse de la casa, esta necesidad desapareció. Posiblemente, a ustedes les ha pasado como a esas parejas que viven muy involucradas con la familia, pero no el uno con el otro. Me dice que ustedes trabajaron mucho juntos para darles una educación a sus hijos; ¿no ha pensado que, quizás, no se hayan dado a ustedes mismos el tiempo que necesitaban para apreciarse y quererse mutuamente? Sin embargo, hay matrimonios que hacen lo mismo y duran para siempre. También la sociedad en que vivimos tiene un poco de culpa, y contra eso nadie puede luchar, pues ahora cada día se valoriza menos el compromiso matrimonial. Usted está angustiada y dolida, y con razón. Este es un momento en el que necesita la compañía de los demás. También la actividad es otro ingrediente esencial del proceso curativo. Haga cualquier cosa por recuperarse, pero no pierda el tiempo haciéndose la víctima ni hablando mal de su ex. Si tiene creencias religiosas, éstas le ayudarán a darle la fortaleza necesaria para sobreponerse a esta pena por la que está pasando.

Esos Que No Saben Amar

QUERIDA MARÍA REGINA:

Tengo treinta y seis años, mi esposo es anglo y tiene treinta y ocho. Llevamos diez de matrimonio y tenemos dos niños. Mi matrimonio va de mal en peor hasta el punto de que estoy pensando seriamente en el divorcio. El problema es que mi esposo no sabe dar cariño y creo esto es algo que viene desde su niñez. El nació en New York y fue dejado en un hogar de niños, pero al cabo del tiempo se vino a dar cuenta que la señora que lo visitaba era su verdadera mamá. Pienso que ahí se basa su falta de comprensión y amor hacia nosotros. El no saca tiempo para los niños ni pone atención cuando le hablan. Nunca falto a los deberes del hogar y siempre trato que quede satisfecho, pero él vive quejándose. El tomaba de ocho a diez cervezas diarias y por, indicaciones del médico, ya no toma ni deja que entren bebidas alcohólicas a nuestro hogar. Él y yo fuimos a las sesiones de Alcohólicos Anónimos, pero no noto ningún cambio de parte de él. Así que pienso que sus problemas vienen de su niñez. Imagínese que la madre murió y nunca le dijo quien ni de donde era su padre. Quiero que reciba ayuda profesional, pues él es de buen corazón, aunque he aguantado muchas ofensas suyas. Sólo estoy esperando que los niños salgan del colegio para abandonarlo, pues ya no resisto más esta situación. Estoy dispuesta a volver a quererlo y ayudarlo, pero no sé a quien recurrir. Quiero que se llegue a conocer a sí mismo, que se aprecie como persona, que cuide su aspecto personal, ya que tiene hijos por quien vivir.

LATINA TRISTE

ESTIMADA LATINA TRISTE:

Efectivamente, su esposo no puede dar algo que nunca recibió. Me complace mucho saber que usted es una persona noble y, sobre todo, muy comprensiva. Los grupos de Alcohólicos

Anónimos ayudan a la persona a asumir la responsabilidad por su propia felicidad y nos ayudan a crecer espiritualmente. Opina que su esposo merece otra oportunidad, aún más, sabiendo que usted comprende su problema. Él, sin duda, necesita ayuda profesional para que pueda ponerse en contacto con esos sentimientos que ha estado reprimiendo durante todos estos años. Eso lo ayudará a disipar su enojo y a entender mejor las necesidades de su familia. Estoy segura que la relación mejorará notablemente una vez que busque ayuda profesional, pero háganlo ya. Claro, tiene que contar con él para ello, así que plantéele el problema con mucho tacto. Tal vez cuando él se vea ante la posibilidad de que usted lo va a abandonar si no cambia, él se decida dar el paso para ayudarse a sí mismo. ¡Suerte!

Amor por Partida Doble

QUERIDA MARÍA REGINA:

Soy una chica muy atractiva que tiene relaciones (no sexuales) con dos hombres al mismo tiempo. Uno es mi jefe y el otro es un chico que conocí en la universidad. Tengo veintisiete años, mi jefe cuarenta y uno, y el chico de la universidad, veinticuatro. Ninguno de los dos está casado. Ya esta situación lleva seis meses andando y al principio era algo muy divertido, pero ahora es una pesadilla. ¡El problema es que amo a los dos! Ambos son perfectos, pero en diferentes maneras: mi jefe es un hombre de mundo, atento, inteligente y me ofrece la seguridad que nunca he tenido; el otro es simpático, lleno de vida, muy buen bailador y de buenos sentimientos. Tampoco sé como los dos me resisten, ya que ellos conocen lo que está pasando. He querido ser sincera y por eso les conté la verdad. Pero en vez de arreglar esta problema, me parece que lo he complicado, pues los dos quieren formalizar la relación ¡¡y a los dos les he dicho que sí!! En estos momentos los dos andan comprando el anillo de compromiso y hasta he tenido pesadillas donde los veo entrando en la misma joyería o caminando con los dos hacia el altar. Estoy muy nerviosa y pienso que si no tomo una decisión me voy a enfermar de los nervios. Es que los dos son tan buenos ... ¡y a los dos los quiero tanto ... ! Yo no les quiero hacer daño, pero tampoco quiero deshacerme de ninguno. Ayúdeme, por favor.

DESESPERADÍSIMA EN MIAMI BEACH

ESTIMADA DESESPERADÍSIMA:

Querida amiga, sin que quiera darle poca importancia a su problema, déjeme decirle que se me parece usted al personaje de la película *Doña Flor y sus dos maridos,* una viuda que amaba a su marido actual, pero que también tenía relaciones sexuales con el fantasma del muerto. Hablando más seriamente y de acuerdo con los expertos, es posible amar a dos hombres a la misma vez, pero todo depende del concepto del amor que tenga cada cual. No creo que los puedas amar a los dos *por igual,* pero si en formas diferentes. Tú lo que estás sintiendo es un enorme sentimiento de culpabilidad debido a que, para estar con cada uno de tus amados, tienes que cambiar de sentimiento, ya que con cada uno reacciona con una emoción distinta. Esto demuestra inmadurez y una gran falta de seguridad de tu parte y muestra que eres una persona que no sabes decir que no, ni, mucho menos, tomar decisiones. Recuerda que para que una relación sea buena es suficiente que nuestra pareja llene algunas de nuestras necesidades más importantes, aunque no las tiene que llenar absolutamente todas. Tal vez hay valores en uno de ellos a los que vas a tener que renunciar, pues no puedes convertirte en una bígama. Es imposible encontrar a una persona que las llene todas, así que tienes que decidirte por él que más te guste, pero teniendo en cuenta que siempre has de hacer sacrificios. El mejor consejo que te puedo dar es que rompas con los dos hasta que pongas tus sentimientos y prioridades en orden.

QUERIDA MARÍA REGINA:

Tengo un año y medio de casada y en este tiempo mi esposo ha cambiado mucho conmigo. Él me da todo lo que quiero, menos lo más importante para mí, que es amor. Hace como ocho meses conocí al mejor amigo de mi esposo. Fuimos entrando en confianza poco a poco, hasta que un día él me confesó que me quería. Desde entonces, lo que me faltaba con mi esposo, me lo proporciona su amigo. Mi problema es que me he enamorado profundamente de este hombre, sin dejar de amar a mi esposo. No quiero dejar a ninguno de los dos, ya que mi esposo es una persona humilde y sencilla, lo cual me gusta mucho. Su amigo es cariñoso, me halaga y me dice cosas muy bonitas que me hacen sentir querida. Quisiera saber quién me conviene más de los dos. ¿Puede usted ayudarme?

LA CONFUNDIDA

ESTIMADA CONFUNDIDA:

Me alegra mucho saber que por los menos se va a decidir por uno de los dos. Si cree que el verdadero amor lo ha encontrado con el "supuesto" amigo de su esposo, sea valiente y enfrente la situación. Su esposo, aunque sea humilde y sencillo, no merece que lo engañen más. Por otro lado, recuerde que las palabras bonitas se las lleva el viento. ¿Le ha ofrecido algo ese señor? En su carta usted no menciona cuales son las intenciones de él. ¿Esta segura de que su pretendiente estaría dispuesto a mantener un relación exclusiva con usted? ¿No le hace desconfiar alguien que enamora a la esposa de su mejor amigo? Tome en consideración que quizás su esposo por ser serio y de pocas palabras, es firme en sus sentimientos y decisiones, por lo que nunca la va a dejar plantada ... y eso vale más que mil palabras halagadoras. No le quiero decir que su amigo no la ame o que no valga la pena probar con una relación nueva y más satisfactoria en su vida, pero sí le recomiendo que piense bien las cosas antes de tomar una decisión.

¡Un Verdadero Ménage à Trois!

QUERIDA MARÍA REGINA:

Soy casado y tengo dos hijos. Los quiero mucho y a mi esposa, también ... así como a mis dos amantes. Con mi esposa vivo los cinco días de la semana y con una amante los sábados y domingos. Pero en las tardes me veo con otra mujer. A las tres las quiero y no sé si seguir así o decidirme por una. Mi amante sabe lo de mi esposa, mi esposa no sabe lo de mi amante y ninguna de las dos sabe que existe la de la tarde; ésta, sin embargo, sabe de mi esposa, pero no lo de mi amante. A veces, pienso confrontarme con las tres y ver si quieren todas vivir conmigo, pero sé que esto es una fantasía. Creo que si mi esposa me ama, aceptará. Yo creo que nosotros los hombres podemos tener varias mujeres por derecho; siempre ha sido así, la historia lo dice. El refrán dice que "para cada hombre hay siete mujeres y un homosexual." ... A mí me interesan las siete (pero no el homosexual). Espero que no se enoje con mi forma de ser.

EL TRIPLE FLECHADO

ESTIMADO TRIPLE FLECHADO:

Bueno, ¿y qué quiere que le diga? ¿Qué es tremendo macho y que su historia me ha dejado impresionada...? Por favor, mi amigo, ¡bájese de esa nube! O mejor, salga de la caverna y descubra el siglo XXI, que ya está a las puertas. Si su mujer acepta, es porque no está verdaderamente interesada en usted, ya que ninguna mujer que quiere realmente y está en sus cabales acepta compartir a su pareja con otras mujeres. Entérese de que la época del machismo y la supremacía absoluta del marido pasó hace mucho tiempo. Espero que usted sea rico, porque para mantener a tres mujeres contentas, hace falta mucho, pero mucho dinero. Mire, Sr. Superman, recuerde que siempre es mejor quedar bien con una, que no mal con dos o, en su caso, tres. Usted podrá ser como quiera ser (y hasta le acepto que las quiera a las tres), pero eso no quiere decir que se lo van a aceptar. Recuerde que "él que mucho abarca, poca aprieta." Lo único que le puedo aconsejar es que no se confunda de horarios ni de quien sabe qué cosa entre sus mujeres, porque usted tiene formado tal enredo que en cualquier momento lo descubren. Y si eso sucede, cuidado no se quede sin ninguna odalisca en su harem ...

Cupido No Tiene Edad

QUERIDA MARÍA REGINA:

Soy una viuda de cincuenta y ocho años y me siento atraída por mi vecino, quien tiene sesenta y cinco y es viudo también. Desde que mi marido murió, él no se atreve a entablar una conversación, pero me saluda y es muy amable, pero yo siento que se reprime. Los dos somos personas decentes, de un mismo nivel económico. Él vive con su hija divorciada que tiene dos hijos y no trabaja; él los mantiene, y yo vivo con mi hija casada. Ya no estoy joven, pero tampoco soy fea. Mi deseo no es volver a casarme, pero si tener un compañero, un amigo con quien compartir, pues me siento muy sola. Mi esposo era muy frío, nunca me decía frases de cariño, no tenia sentido del humor, no le gustaba salir. Y, para colmo, me era infiel, pero aguanté para que mis hijos tuvieran un padre y un hogar. ¿Cree usted que no debo hacerme ilusiones?

LA OTOÑAL CONFUNDIDA

ESTIMADA OTOÑAL CONFUNDIDA:

Creo definitivamente que no hay nada más hermoso en esta vida que tener una ilusión, y usted todavía está llena de vida y deseosa de disfrutarla. Así que ármese de valor e intente aquellas tretas y coqueteos que usted ya conoce y practicó en su juventud. Puede empezar por invitarlo a alguna reunión familiar. O dígale que le regalaron dos entradas para ir al teatro y cómprelas de antemano. Una mentirita de vez en cuando no le hace daño a nadie, así que use su imaginación. En fin, busque una excusa para conocerlo mejor. Si acepta sus invitaciones, esto será una prueba de que tiene interés en compartir con usted. Este señor parece ser un buen hombre para usted, pues se preocupa por su hija y por sus hijos, no tiene ningún compromiso amoroso y seguramente también desea una compañera para salir de vez en cuando. Así que no lo piense más, actúe y disfrute, tal vez, de un romance maduro, pues también las rosas se dan en otoño ...

Amores Imposibles ... ¿o Patéticas Fantasías?

QUERIDA MARÍA REGINA:

Soy una mujer de veintisiete años, dos veces divorciada y con cuatro niños. Mi problema es que estoy enamorada de un doctor que tiene cincuenta años, es casado, pero no tiene hijos. Trabajo de doméstica en su consulta y ya llevo un año locamente enamorada de él. Nunca he conseguido que me diga algo, aunque le he dado ciertas indicaciones de que me gusta. Pero él bromea conmigo pero nada más. Este amor imposible hace que no me fije en ningún otro hombre. ¡Aconséjeme!

DOMÉSTICA ENAMORADA

ESTIMADA DOMÉSTICA ENAMORADA:

Mi amiga, déjeme informarle que se ha ilusionado usted con un sueño falso ... Y no es nada aconsejable vivir en un mundo de fantasías que no la va a llevar a ningún lado. Yo pienso que usted está tratando de evadir el tener una relación madura con otra persona, o también puede que sea esta la forma en que usted deja de hacerle el frente a las dificultades del mundo. Entre ustedes no parece haber nada que los una y todo lo que pueda separarlos: él le lleva el doble de la edad, es un profesional, es casado y, para colmo, ni siquiera ha mostrado interés en usted. Y usted sabe que los hombres siempre lo piensan doble antes de fijarse en una mujer con hijos (yo creo que primero se fijan en una casada, que en una con hijos). Para ser feliz en la vida hay que ser realista y yo creo que usted se está atormentando por culpa de su fantasía. El vivir así le impide sacarle provecho a las verdaderas oportunidades que, tal vez, tiene delante de sus ojos y no puede ver. No se conforme con sólo una broma del médico. Búsquese un hombre que la quiera, que la respete y con quien pueda contar—más allá de las fantasías.

Querida María Regina:

Soy soltero y tengo cincuenta y nueve años. Vivo en una casa donde también vive una muchacha que tiene dieciséis años. Me siento locamente enamorado de ella y ya se lo he dicho varias veces. Ella es muy coqueta y enamorada, pero me rechaza. Dice que me quiere, pero sólo como si fuera su tío. Me siento sólo y triste, no como, ni duermo y sufro mucho con sus rechazos. Me dan deseos de irme de su casa y ver si la puedo olvidar. ¡Estoy confundido y no sé que hacer ni a donde ir! ¿Qué me aconseja?

Triste y Decepcionado

Estimado Triste y Decepcionado:

Usted no puede esperar que una niña, que puede ser su nieta, se enamore de usted. Esa muchacha lo que quiere es salir con muchachos de su edad, ir a discotecas y hacer cosas propias de la juventud. No le robe la niñez a esta muchacha, ni tampoco permita que ella juegue con usted, pues a lo mejor eso es lo que está haciendo, ya que usted mismo dice que es "muy coqueta y enamorada." Usted se ha enamorado de un imposible, pero si sigue chocando contra esa pared, se va a hacer una lesión dolorosa desde el punto de vista emocional. ¿Será ésa una manera de evitar tener un relación madura y permanente con alguien de su edad? Aunque hay quienes lo llamarían "viejo verde," yo creo que usted es sincero en su amor, pero lo noto muy deprimido y confundido. Aléjese del tormento mental en que usted mismo se ha colocado antes de que se haga más daño. Yo no sé en que condiciones está viviendo usted en esa casa, pero creo que debe hacer algo por alejarse de allí, antes de que lo suyo se convierta en una obsesión malsana. ¿Por qué no aprovecha para sublimar esos impulsos amorosos con alguien que se avenga más con usted?

Querida María Regina:

Soy una mujer de cuarenta y tres años, con muy buena posición económica, divorciada hace años y con un hijo de dieciséis años. Últimamente, he estado involucrada—con unos más íntimamente que con otros—con varios hombres que me han gustado y que fluctúan entre los veintitrés y los treinta y ocho años de edad. Yo me he enamorado del que tiene veintitrés, pero resulta que, después de haberme hecho muchísimas ilusiones, he descubierto él ésta enamorado de una de mis secretarias, una chica de diecinueve años. Ella dice que no le interesa y que me lo regala ... pero él es el que no se deja regalar. Tuve relaciones con él, pensé que le gustaba y que se había olvidado de mi secretaria, pero después le confesó a ella que sólo había tenido relaciones conmigo para darle pruebas a ella de que era todo un hombre. Sé que ella no está interesada en él, porque está muy enamorada de otro muchacho. ¿Me podría usted aconsejar como logro que él se olvide de ella y se enamore de mi?

ENAMORADA Y TRAICIONADA

ESTIMADA ENAMORADA Y TRAICIONADA:

Usted no puede hacer nada para que este muchacho se enamore de usted y, ya usted ve cómo funciona la ley de la vida: él prefiere salir con muchachas de su edad. Mi amiga, sus expectativas respecto a él son pocos realistas y no lo digo por la diferencia de edad (que sí puede ser un problema), ya que ahora hay muchos jóvenes que se han emparejado con mujeres mayores, sino porque, sencillamente, ¡él no la quiere! Y contra eso no hay nada que usted pueda hacer ni aprender. Por favor, ponga rápidamente los pies sobre la tierra si quiere, algún día, llegar a ser feliz al lado de un hombre. Si usted sigue forzando la relación con ese chico y si, por cansancio (o por conveniencia económica, o por darle en la cabeza a la mujer que lo rechaza), él la acepta a usted como pareja, no creo que esa relación tenga futuro. Mi recomendación es que se olvide de este muchacho y se fije en otros hombres, algunos de esos otros enamorados que tiene. Seguramente entre ellos hay alguno que tiene sentimientos más sinceros por usted. Sería ideal que se emparejara con el de treinta y ocho años, pues siempre las edades afines tienden a producir parejas más estables

(y no lo digo yo, lo dicen también las estadísticas). Sea un poco más real en sus pensamientos y analice las cosas constructivamente y con más miras al futuro. Si usted quiso tener la experiencia erótica de estar con un hombre en la flor de la vida ya la tuvo, dese por satisfecha. Pero tómelo sólo como eso: una aventura sexual interesante, aunque tal vez un poco peligrosa. Yo creo que esta pequeña obsesión a usted se le va a pasar y la experiencia la ayudara a ver con quien vale la pena tener una relación y a quien conviene mantener la distancia. Verá cuanto sufrimiento, tiempo y energías se va a ahorrar.

Obsesiones Que Matan

QUERIDA MARÍA REGINA:

Aunque algunas personas consideran mi problema como algo menor, pero hay otras, como yo, que lo creen importante. Hace algunos años me convertí en fanática de un artista que es muy famoso hoy día. Ahora, a mis diecisiete años, la admiración que sentía por este artista se ha convertido en un amor obsesivo hasta el punto de no dejarme ser como otras chicas de mi edad. No me gusta salir con muchachos, no tengo novio, sólo escribo cosas sobre mi ídolo, oigo sus canciones noche y día, no duermo pensando en él y hasta he llegado a llorar por él. Sé que es algo que nunca podré tener y ésa es mi mayor angustia. Reconozco que eso no es normal, por lo que trato de distraerme, de salir, de hacer otras cosas que me llamen la atención, pero es inútil. También he tratado de salir con amigos y amigas para ver si esta obsesión que me esta matando disminuye, pero esta situación me ha llevado a un estrés tal que hasta he pensado en el suicidio. Le pido que me ayude porque no tengo con quien consultar este problema, además de que temo que se burlen de mí.

SUSANA

ESTIMADA SUSANA:

La adolescencia es una etapa donde se pueden dar conductas muy extremistas que se salen de lo que se considera normal y parece que ese es tu caso. Has alimentado tanto tu mente con información sobre ese artista que lo has llegado a idolatrar sin saber siquiera como es él en la vida real. Si lo llegaras a conocer cabe la posibilidad de que te desilusiones. Estás viviendo en un mundo que no es real y a lo mejor lo que estás buscando es no tener una relación con otros adolescentes. O tal vez estás decepcionada o frustrada y esta fantasía te ayuda a escapar de tu vida cotidiana. Analiza si estás contenta en la escuela, con tu familia, contigo misma. Esto es muy importante para sentir que participas en el mundo real. Veo por tu carta que eres una muchacha inteligente, que comprendes perfectamente lo que está pasando. Si pones un poquito más de tu parte, esta obsesión que tanto te hace sufrir ahora, va a pasar y encontrarás a un muchacho que te puede hacer más feliz y que te puede hacer conocer lo que es el verdadero amor. ¡Por favor, deja de pensar en boberías! Tu vida vale mucho para que la desperdicies por algo que no es real. ¡Suerte y que Dios te bendiga!

QUERIDA MARÍA REGINA:

Mi problema es éste: estoy obsesionado por la atracción sexual y los deseos hacia una mujer ... y esta mujer es mi cuñada, con la que llevo teniendo fantasías sexuales desde hace cuarenta años. Yo me interesé al principio por ella, pero en esa época ella estaba comprometida con un hombre rico al que ella no amaba, pero que la mantenía como una reina; por eso yo acabé casándome con su hermana, creyendo que el tiempo borraría esta ilusión. Pero, desgraciadamente, no ha sido así. Siempre que he realizado el acto sexual, involuntariamente pienso en ella. Su imagen me sirve de ilusión y me provoca deseos. Cuando era joven (ya tengo sesenta años) recorría varias millas para verla; ella era la más grande satisfacción que experimentaba. Y la cosa no ha cambiado, pues me transformo al oír su nombre o ver su rostro. Todo lo que se relaciona con ella me emociona. Pero ella me rechaza y debido a eso he decidido evitar verla, porque no puedo controlarme en su presencia. ¿A qué se debe esta idolatría que he tenido toda mi vida por esta mujer que no se puede alcanzar y que ni siquiera es atractiva?

NICANOR

ESTIMADO NICANOR:

Su caso es sencillo: esa idolatría se debe a que nunca ha podido estar con ella. Es muy probable que si ahora estuviesen casados, sus sentimientos serían bien diferentes. Usted ha idealizado aquella muchacha que fue su primer amor y olvido que ella estaba comprometida, pero no por amor, ¡sino por dinero! Me parece que su heroína ha demostrado ser bastante interesada. El vivir así no la ha dejado sacarle provecho a las cosas buenas que la vida real le ofrece. A ver, ¿por qué no ha tratado de ser feliz con su mujer? Quítese la venda de los ojos y haga lo posible por sentirse dichoso con su esposa. Nunca es tarde para cambiar y poner los pies sobre la tierra.

QUERIDA MARÍA REGINA:

Soy un hombre de treinta años de edad y llevo seis casado con una mujer a la que adoro. Hace tres años tuve un romance con una muchacha a la que no le importó que yo estuviera casado y tuviera hijos, pues me dijo que de todas maneras me quería para ella. Me asusté tanto con la pasión de ella, que traté de salirme de la relación, pero fue difícil, pues ella estaba enfermizamente obsesionada conmigo. Esta mujer a veces se me parecía al personaje de la película *Fatal Attraction*, aquella loca que quería a Michael Douglas sólo para ella y por poco acaba con toda su familia. Mi amante también a veces parecía desquiciada en su afán de posesión y eso me asustaba, temiendo que a mí me pasara lo mismo que a Michael Douglas ... Yo acabé diciéndole la verdad a mi esposa para que ella me ayudara a resolver el problema y, gracias a Dios, pudimos hacerlo. Luego la muchacha me dijo que estaba embarazada y posteriormente dio a luz a un niño muy lindo. Ahora la situación se está complicando aun más porque mi esposa no quiere que yo sepa nada del niño. Me siento muy triste, porque aquel hijo es igual a los otros que yo tengo. La realidad es que a mí no me interesa la madre, pero el niño no tiene la culpa de su desdicha. No quiero hacer nada a espaldas de mi esposa, ni tampoco quiero entrar en contacto con una mujer que me trajo tantas complicaciones a mi vida. Como amo a mi esposa sobre todas las cosas, quisiera que usted me ayudara a encontrar la solución correcta.

ARTY

ESTIMADO ARTY:

Ha sido muy dichoso en tener una esposa que sea tan comprensiva frente a esa situación. ¡Muy pocas mujeres hubieran reaccionado con la madurez que su esposa lo hizo! Comprendo lo desagradable que tiene que ser para ella tener que aceptar un hijo que fue producto de un engaño, pero ella tiene que entender que el niño no tiene la culpa de nada de lo que pasó. Sea como sea, ese niño es su hijo y usted tiene que ocuparse de él. Trate de hacer las cosas legalmente, pues ésa es la única forma en que usted va a poder tener el derecho de sacar al niño de la casa de la madre y llevarlo a la casa que comparte con su esposa. A su esposa no le puede agradar que usted esté visitando esa casa, así que trate de que el niño visite la suya. Converse con su ex amante exclusivamente sobre los problemas que atañen al niño y muéstrele que usted quiere ocuparse de él, pero sin tener nada que ver con ella. Cuánto menos la vea, mejor. Pero eso no es excusa para que no se ocupa de su hijo; ayúdelo económicamente y vaya a un abogado para ver cuáles son sus derechos como padre. Trate de ver a su hijo en presencia de su esposa. Es de la única forma en que va a poder evitar los problemas.

Romances de Otoño y Primavera

QUERIDA MARÍA REGINA:

Soy soltera, tengo treinta y cinco años y hace un año que tengo relaciones con un hombre nueve años menor que yo. Él demuestra quererme mucho y yo a él, más aún. Pero, me acompleja terriblemente el ser mayor que él. Él dice que no le importa y que desea casarse conmigo. En las reuniones me siento mal ya que sus amistades son de su misma edad. Pero él es maravilloso conmigo y ha demostrado que me adora. ¿Qué consejo me da?

LINA MARÍA

ESTIMADA LINA MARÍA:

¡¡Por favor, no le prestes atención a los años ni a lo que digan los demás!! Estoy segura que tu novio ve cosas en ti que no tienen nada que ver con la edad. Lo importante es que él te quiera y sea bueno contigo. No te compares con nadie y empieza por gustarte un poquito más a ti misma. Esa diferencia de edad entre ustedes, si se quieren, no tiene ninguna importancia. Además, tú eres todavía una mujer joven, estás en los mejores años de tu vida y creo que ambos pueden ser complementos perfectos: él con su vitalidad a flor de piel y tú con tu experiencia. ¡Aprovéchalo!

QUERIDA MARÍA REGINA:

Soy un joven de treinta y un años y estoy muy confundido, pues resulta que desde muy temprana edad me fascinan las mujeres de avanzada edad. Pero no se imagine que hablo de mujeres maduras, sino de aquella que tienen de sesenta años en adelante. ¡Imagínese que tuve un romance con una señora de ochenta y cuatro años cuando yo sólo tenia veinticinco! Sexualmente me siento muy complacido con ese tipo de mujeres y en la intimidad experimento algo que no siento con las más jóvenes. María Regina, mi pregunta es la siguiente: ¿Cree usted que lo mío es una enfermedad sicológica, una aberración sexual? Estoy muy preocupado porque yo quiero formar un hogar, tener hijos y esto sería imposible con una mujer de avanzada edad. Por favor, ayúdeme, pues a veces pienso que me estoy volviendo loco.

CONFUNDIDO

ESTIMADO CONFUNDIDO:

Tengo que admitir que su comportamiento es poco usual. Usted está buscando a una mamá y no a una mujer. Es más, yo diría que lo que usted busca es una abuela ... ¿Cómo fue su relación con su abuelita? ¿Acaso hubo una mujer anciana en su infancia que lo marcó de manera especial? Por ley de la vida, las personas tienden a acercarse y a gustar de aquellas de su misma edad, más o menos. Yo no encontraría extraño que usted se enamorara de mujeres maduras, pero la diferencia de edad de que me habla es, realmente, fuera de lo normal. Usted necesita algo que no puedo darle por cartas: ayuda sicológica periódica por parte de un profesional que le ayude a explorar la razón por la cual usted tiene este problema. Un experto dedicado a estos problemas sexuales lo ayudará a investigar la causa profunda de por qué usted actúa así y por qué tiene esos sentimientos. En sus trabajos con el sicólogo, él o ella le ayudará a cambiar y a sentirse más adecuado en compañía de mujeres de su misma edad.

QUERIDA MARÍA REGINA:

Tengo veintiocho años, me he casado cuatro veces y siempre con hombres mayores que yo. Ahora estoy volviendo a salir con un señor que me lleva treinta y dos años. Para serle sincera, yo a veces me aburro con él, pero prefiero salir con alguien de mi edad. Mi mayor problema reside en que, como estoy pasada de peso y no soy atractiva, me siento insegura con muchachos de mi edad, mientras que para los hombres mayores soy una reina. ¿Qué piensa usted de la diferencia de edad entre dos personas?

ISABEL

ESTIMADA ISABEL:

Yo pienso que la edad es importante sólo si el hombre quiere tener hijos y la mujer no puede por su edad, o si la pareja no goza de la misma salud y energía. Pero tu caso no es diferencia de edad, sino de falta de autoestima. Debido a que no te aprecias a ti misma, evitas tener una relación adulta normal. Por eso tus relaciones siempre han sido de "hija/padre" y no has tenido la habilidad de escoger parejas apropiadas. En vez de buscarte personas que te den seguridad, lo que tienes que hacer es darte esa seguridad a ti misma. Si tanto te molesta tu figura, baja de peso y cuida más tu apariencia física. Junto estos cambios exteriores, trata también de investigar el motivo por el cual nunca has podido tener una relación duradera y con éxito con alguien de tu propia generación.

QUERIDA MARÍA REGINA:

A veces leo en su columna cartas de señoras que se quejan porque su novio o esposo es muy joven. Opino que en la guerra y en el amor todo se vale. Además muchos hombres jóvenes desean de verdad mujeres que sean mucho mayores que ellos. Hablando con honestidad, hay algunas señoras que se conservan tan bien, que yo no las cambiaría por dos de veinte. Próximamente, yo voy a a cumplir treinta años y mis ojos y me mente están centrados en un mujer que tiene cincuenta años. Cada vez que tengo relaciones con ella, me quedo pensando en ella durante días enteros y me produce unas sensaciones, físicas y espirituales, como no las he sentido con mujeres mucho más jóvenes. Pero esto no es nada nuevo para mí, pues desde que he sido niño he sido un loco admirador de las mujeres mayores. ¡Hay algunas que son capaces de parar el tráfico!

RAMÓN

ESTIMADO RAMÓN:

Es que para un hombre joven y sin mucha experiencia, el estar con una mujer mayor es casi como descubrir el océano. Según las

investigaciones, los hombres más jóvenes tienden a ser más abiertos emocionalmente con las mujeres mayores, y las consideran más como su igual que a una joven. Para los hombres que adoran a las maduritas, nada hay más excitante que estar con una mujer que esté ya realizada, que haya resuelto sus conflictos, que sea vibrante y segura de sí misma. Aunque parezca mentira, se han hecho estudios que afirman que los matrimonios más estables son aquellos entre una mujer madura y un hombre ocho años menor que ella. Según las estadísticas, este tipo de parejas constituye el grupo con la tasa más baja de divorcios en Estados Unidos.

QUERIDA MARÍA REGINA:

Soy una fiel lectora de su columna y me gustaría que me aconsejara. Tengo veinte añitos y desde ya hace bastante tiempo estoy viviendo con un hombre que tiene nada menos que sesenta y tres primaveras. Nosotros nos llevamos de lo mejor, tenemos una vida sexual muy activa, nos comprendemos mucho y, sobre todo, lo adoro y estoy segura de que a él le pasa lo mismo. El único problema es que se la pasa diciendo que no quisiera llegar a los setenta porque tiene miedo que para esa época yo sólo esté con él por lástima. Yo estoy segura que esto no será así, porque lo amo y creo que eso es lo que vale. ¿Usted cree que sea verdad lo que él dice? Le voy a firmar como me llaman sus amigos ...

LA NIETA

ESTIMADA NIETA:

Debido a la gran diferencia de edad que existe entre ustedes, es normal que tu novio se preocupe. No tengo una bola de cristal para poder decirte como va a estar la relación de ustedes dentro de siete años ... pero en siete años pueden pasar muchas cosas. Recuerda que los intereses de ustedes en la vida son bien diferentes: él ya va de retirada y a ti te falta todavía mucho por experimentar y vivir. Por otra parte, ¿no has pensado en tener familia? Casi siempre las parejas que tienen edades tan diferentes como las de ustedes tienen necesidades opuestas todo el tiempo, lo cual

crea mucha inestabilidad. Mientras el más joven usualmente está aprendiendo y explorando todas las oportunidades que la vida le brinda, el más viejo ya pasó por eso y quiere emplear mejor su tiempo en otras cosas. También me gustaría que analizaras tu vida y pensaras si este hombre no representa para ti una relación paternal no resuelta en la niñez. De todas formas, en la vida no hay garantías, ni con viejos ni con jóvenes, y yo creo mucho en la fuerza del amor. Si ahora te sientes feliz y los dos se quieren, disfruten el momento. El futuro es incierto ... aun para aquellas relaciones que lo tienen todo para ser exitosas.

CAPÍTULO 3

Cuando la Mujer Es un Objeto

Cada vez que hablamos de abuso, lo primero que nos viene a la mente es el hombre que maltrata físicamente a la mujer. Esto no está nada lejos de la verdad, pues millones de hombres en todo el mundo maltratan físicamente a sus mujeres. Esto sucede a todos los niveles de la sociedad, sin importar raza, nivel social o educación. Tal vez esa pareja de profesionales que ganan buen dinero y que lucen a aparentemente felices, son protagonistas de un caso terrible y secreto de abuso físico, sexual o verbal. Cualquiera de los tres, hace añicos la vida del matrimonio, creando cicatrices que duran para siempre, mucho después de la separación.

Para las parejas donde existe el abuso, la separación es, por lo general, lo mejor que puede pasar, pues se ha comprobado que muy pocos abusadores cambian de manera de ser, al menos en el mismo matrimonio. Tal vez a esos hombres les es necesario que la mujer, cansada de sus abusos, los deje y ellos tengan que buscarse otra. Otra que, quizás aguante sus abusos o que sea lo suficientemente fuerte como para darse a respetar. Por desgracia, las mujeres que se enredan con hombres que abusan fsicamente de ellas tienen todas las de perder, pues estos tipos (aparte de que son casi siempre más fuertes) no soportan que una mujer reclame sus derechos.

El hombre abusador casi siempre fue un niño que fue, a su vez, víctima de abuso y nadie lo defendió ante la persona que abusaba de él. Ahora, en su vida adulta, él aplica este mismo patrón a los demás como una forma de dominación. Tal vez no fue él mismo la víctima de abuso, sino que vio ese comportamiento en su familia y considera que el maltratar a una mujer es parte de la vida diaria de vivir en pareja. Pero sea cual sea su origen, ninguna forma del abuso debe ser tolerada, ni aún en mínimas dosis. Lo peor de esta situación es que muchas mujeres son víctimas de abuso y casi ni se dan cuenta, ya sea porque esto se ha convertido en parte esencial de la relación desde el principio o debido a que, cuando eran niñas, ése fue el patrón en el cual vió comportarse a sus propios padres.

El abuso que no es físico o sexual no sólo radica en insultos, sino que también se puede abusar en total silencio, o tal vez abusar con una mano mientras con la otra se da una caricia. Los hombres que tratan de controlar la libertad de movimiento de sus parejas, los que las aislan por celos o egoísmo (aunque las llenen de comodidades), los que no las dejan trabajar ni tampoco les dan dinero, los que las llenan de temores e inseguridades con sus palabras, también son abusadores. La vida junto a cualquiera de ellos se hace insoportable y la relación imposible. Mire en las cartas que les muestro a continuación los consejos que les brindé a algunas mujeres de éstas que, en los albores del año 2,000 y en medio de un mundo de computadoras, todavía viven como si estuviéramos en la época de las cavernas.

Esclavas del Siglo XX

QUERIDA MARÍA REGINA:

Llevo treinta y cuatro años de matrimonio y tengo cinco hijos. Todos se han casado, menos la niña, que tiene quince y vive conmigo. Desde que me casé he sufrido insultos, terror y humillaciones por parte de mi esposo de tal forma que no ha habido felicidad para mí. Mi esposo es muy machista y ha bebido toda la vida. Siempre he pensado en dejarlo, pero mis hijos y mi situación económica me han hecho abandonar la idea. En varias ocasiones lo he dejado, llevándome a los niños, pero él me busca, me pide perdón, me dice que va a cambiar ... y al poco tiempo vuelve a lo mismo. Él nunca ha querido que yo tenga nada que ver con mi familia o amistades. Cuando éramos más jóvenes, a veces salíamos a bailar y cuando más feliz me sentía, él formaba un problema y me dejaba plantada. Después que mis hijos crecieron, me sentí atrapada y comprendí que esa no era forma de vivir. Cuando hablo con él, acaba rompiendo cosas en la casa, le da puñetazos a la pared, como si fuera una bestia descontrolada. Lo peor es que todo esto pasa delante de la niña. Hace tres años fui a la escuela para tomar un curso de peluquería y aunque lo terminé, se me ha hecho difícil pasar el examen. Ahora estoy yendo a la universidad para tomar un curso que ya casi estoy terminando. Mi esposo y yo vivimos juntos como dos extraños. Yo le he pedido que vaya a ver a un médico, pero él no quiere ir, porque dice que no está enfermo. Me estoy volviendo loca y a ratos lo único que deseo es morirme. Mis hijos están de acuerdo en que lo deje, pues saben lo que yo he sufrido. Sin embargo, no puede negar que él adora a sus hijos, sobre todo a la niña. Pero lo que es a mí, no me puede hacer feliz. Por favor, María Regina, necesito que me ayude a determinar que es lo que debo hacer. Siento que no hay salida.

ISABEL

ESTIMADA ISABEL:

Tu esposo se podría ganar el nada envidiable título de "abusador ideal," pues ha sido un abusador en todo los sentidos: económico, físico, moral, emocional, familiar, etc. Él ha sido muy hábil para poder mantenerte bajo su puño, pues ha controlado todos los aspectos materiales del hogar de forma que tú tengas cerradas todas las salidas. Esto es abuso económico del peor. También te ha maltratado emocionalmente, logrando destruir tu amor propio. Tú, por lo que me dices, y has vivido como una verdadera esclava en pleno siglo XX, viviendo junto a un hombre que, por haberse casado contigo, piensa que te ha comprado en cuerpo y alma. La técnica tan malévola con la que él te ha intimidado sicológicamente, es digna de un torturador; con él tú has sido víctima de un verdadero "lavado de cerebro," cambiando tu forma de pensar de forma que llegues a sentir la mismo morboso apego que sienten los rehenes por los secuestradores que los maltratan y mantienen prisioneros. Y además de todo esto, ¡él es alcohólico! Esta conducta agresiva y brusca se debe al machismo. Tu esposo (que no

es digno de tal título, pues más bien parece tu carcelero) cree que eres su propiedad, lo mismo que un sofá o una mascota, y sabe muy bien que, por no tener ni dinero, ni trabajo, ni habilidades laborales, estás atrapada junto a él. Y perdóname si tomo eso de que él "adora a sus hijos" con un poco de incredulidad, pues él no ha tenido consciencia del daño que les ha hecho, un daño irreparable que ahora es la niña la que lo está experimentando. ¿Tú crees que eso se puede llamar amor? Si te he contestado tan largamente y señalando en detalle tu situación es porque, por desgracia, tu caso es mucho más frecuente de lo que la gente piensa. Hay miles de mujeres que, aún a finales del siglo XX, viven como verdaderas esclavas y atormentadas porque no encuentran salida a su situación. Por lo pronto, tú tienes que sacar fuerzas de flaquezas y terminar con esa situación, aunque sea por la felicidad de tu hija. Ella no se puede seguir criando en ese ambiente violento y sin amor. Yo creo que tú debes terminar esa relación desastrosa antes de que sea demasiado tarde. Los hombres como tu esposo sólo cambian si buscan ayuda profesional, pero, aunque no quiero ser pesimista, yo creo que ya él está más allá de toda ayuda. Ya que él ha decidido no salvarse, sálvate tú y salva a tu hija. Tienes que entender que ya tú no puedes hacer nada más para tratar de cambiarlo a él; por el contrario, pon tu esfuerzo en tratar de cambiarte a tí misma. Te tienes que empezar a ver de otra forma, dándote más valor propio y tratando de recuperar el control de tu vida. Pero junto a ese hombre no lo vas a poder lograr.... Existen centros de ayuda para la mujer maltratada, donde puedes ir a refugiarte y donde te muestran los pasos que debes seguir para lograr alejar a tu esposo de tu vida. También hay libros dedicados a este tema. Ya que ellos se muestran de tu parte, habla con tus hijos y pídeles que te ayuden económicamente hasta que te encamines. Sea cual sea tu plan, tu objetivo debe ser llegar a sentir tu valor como ser humano, algo que tu esposo te ha hecho olvidar por completo.

Querida María Regina:

Cuando llegué de México, mi país de origen, hace cinco años, al poco tiempo me casé con un hombre que se ha convertido en la pesadilla de mi vida, me obliga a hacer el amor con él todas las noches y las veces en que no lo complazco, él logra su deseo a la fuerza. Esta situación ha hecho que yo le pierda a él el amor que le tenía. Imagínese si es un salvaje, que cuando le entran "las ganas," no respeta ni que yo esté dormida, pues me despierta y me obliga a tener relaciones sexuales. Esto me ha ido poniendo mal de lo nervios y hasta se nota en mi trabajo (yo trabajo en una maquiladora), pues me paso el día con sueño; cuando él me fuerza a hacer el amor—si es que se puede llamar amor a eso—me quedo muy frustrada y nerviosa y no puedo dormir. Pero lo peor de todo es él me ha amenazado con que si me niego o me voy de su lado, él nos va a poner en al calle a mí y a los cuatro hijos que tenemos, el mayor de los cuales tiene seis años. Estoy asustadísima y desesperada, pues veo que no puedo continuar esta situación, pero no hallo manera de salir de ella. ¿Cuál es su consejo?

AMADA A LA FUERZA

ESTIMADA AMADA A LA FUERZA:

En primer lugar, quítese de la cabeza la idea de que él la puede dejar en la calle, pues si tiene hijos, la ley la va a proteger a usted. ¡Es posible que si tienen una casa, el que se quede en la calle sea él! Usted no puede continuar viviendo como esclava sexual de ese hombre que la trata como a un objeto. Sin duda el hecho de que tenga cuatro hijos con él le hace más difícil desaparecer de su vida, pero por el bien de los propios niños, usted no puede permitir criar a su familia en ese ambiente. Primero, trate de hablar con él de la mejor manera, busque la intervención de un familiar, de un amigo común que le haga entender que la forma en que la está tratando deja mucho que desear. Pero si esto no se resuelve, le aconsejo que busque (sin que él se entere) la dirección de un refugio para mujeres que son víctimas de abuso, pues aunque usted no me dice que él le pega, lo que le está haciendo es casi peor que una golpiza, pues se trata de una violación sexual diaria.

Hombres Que "Hablan" con Golpes ...

QUERIDA MARÍA REGINA:

Tengo veintitrés años y llevo seis meses de casada. Desde el primer mes de matrimonio, mi esposo me abusa físicamente, algo que hizo una vez durante el noviazgo, pero en ese momento se lo perdoné. Ahora que estamos casados, lo he descubierto como realmente es: ¡un verdadero monstruo! El otro día, faltó poco para que me matara. Como ya le dije, él también me abusaba cuando éramos novios, pero yo sinceramente pensé que al casarnos las cosas iban a mejorar y que mi cariño iba a domarlo. Sin embargo, las cosas han empeorado y mi amor se ha ido convirtiendo en miedo, aunque a veces tengo esperanzas de que cambie, de que yo puedo descubrir la manera de comportarme que no despierte su ira. Pero también tengo temor de que, si algún día tengo familia, él abuse de nuestros hijos de la misma forma. ¿Qué puedo hacer para ayudarlo?

F.M.

ESTIMADA F.M.:

Hija mía, sinceramente te digo que no sé que puedas hacer para ayudar a ese anormal que tienes de marido, pero sí te diré qué puedes hacer para ayudarte a tí. Si me dijeras que llevas diez años de matrimonio, que ya tienes familia y que tu esposo ha comenzado a portarse de esa manera abusiva, mi consejo sería diferente. Pero te voy a dar mi opinión y tal vez lo que te digo no te va a gustar. Desgraciadamente, como se dice la frase popular, ésta es una verdad tan grande como la Biblia: en tu matrimonio las cosas no van a mejorar, sino que van a empeorar progresivamente. Por eso te recomiendo que no continúes en esa desafortunada relación. Antes de seguir tratando de querer a ese hombre que no te respeta y abusa de tí, tienes que aprender a quererte un poquito más a tí misma. Tú (y todas las mujeres que están en tu caso) deberías haber terminado con él desde el primer día en que te levantó la

mano. Lo siento, pero tengo que decirte que hiciste muy mal en casarte con un hombre que, ya siendo novio, demostró que era un abusador. Ni él te respeta, ni tú lo necesitas. Yo estoy segura de que puedes lograr una vida mejor para ti alejada de ese hombre. No pierdas tiempo y sal de esa relación antes de que sea demasiado tarde, es decir antes que te acostumbres poco a poco al abuso (como cuando dices que quisieras portarte de forma que no incurras en su furia), antes de que salgas embarazada ... o antes de que acabes en el hospital o en el cementerio por culpa de sus abusos.

QUERIDA MARÍA REGINA:

Tengo un sobrino que se ha divorciado dos veces y siempre han sido debido a su mal carácter. Él ha maltratado a sus esposas física y verbalmente. Al poco tiempo de estar divorciado por segunda, empezó a salir con una muchacha y también tuvo problemas por el mismo motivo. Cuando esto sucedió, él lloró muchísimo, y a mí me parecía sincero en su dolor. Dice que a él siempre lo dejan, pero no se da cuenta de que es él el que se comporta como un abusador. Yo siempre lo estoy aconsejando, le digo que vaya a ver a un sicólogo, pero no me hace caso. Ahora conoció a una muchacha muy sumisa, la cual hasta ahora hace todo lo que él quiere, lo cual es perfecto para él ... hasta el día que ella le diga que no a algo y entonces él abuse de ella. A mí me da miedo por él y por ella, pues pienso que todo puede acabar muy mal. Sin embargo, ellos piensan casarse pronto. ¿Cree usted, como yo me imagino, que esta muchacha pase por la misma pesadilla que pasaron las otras mujeres?

LA TÍA

ESTIMADA TÍA:

¡Por favor, que no le quepa a usted la menor duda de que esta muchacha también se va a convertir en otra víctima de su sobrino! Existe una causa, que no adivina, por la cual ese sobrino suyo esta frustrado o disgustado con la vida y busca una excusa para dirigir su cólera en contra de la víctima que tiene de turno. Es

ideal si es una mujer, claro está (estoy segura de que él no abusa de los hombres, ¿verdad?). Puede haber muchos motivos por el cual su sobrino no tiene control sobre su carácter, que van desde trastornos neurológicos hasta desórdenes sicológicos o traumas sexuales o de la infancia ... o hasta puro descaro y desconsideración. Su sobrino necesita de inmediato una evaluación hecha por un sicólogo, un siquíatra o un neurólogo. Como bien dice usted, por muy sumisa que sea esta muchacha, tiene que ser tonta para nunca contradecir en algo a su esposo. Con el tiempo, por complaciente que sea y por mucho abuso que aguante al principio, ella llegará a cansarse de su sobrino, y él se frustrará una vez, echándole a los demás las culpas de su problema. Usted, en la medida de sus posibilidades, tiene que convencerlo de que, si quiere llegar a ser feliz, tiene que poner de su parte y buscar ayuda profesional.

Su Infancia lo Persigue

QUERIDA MARÍA REGINA:

Soy una persona que ha tenido éxito en los negocios, aunque esto lo logré superando grandes traumas personales, pues fui abusado por mis padres físicamente y emocionalmente cuando era niño y adolescente. Yo me he creado una personalidad en el mundo de los negocios y socialmente funcionó bien, pero íntimamente siento que nadie me quiere, no sólo las mujeres de las que he estado enamorado, sino también los amigos y familiares. Esto hace que en muchas ocasiones traté de ser demasiado complaciente con los demás, de dar todo lo que tengo. Una amiga a quien estimo y que creo que me aprecia me dijo una vez que a veces era como si yo quisiera "comprar" el cariño de los demás. Sin embargo, por más que doy, me parece que la gente siempre abusa de mí y que no llegan apreciarme por lo que realmente soy. Ahora mismo, me acabo de pelear con mi novia y, al cabo de casi dos años, me doy cuenta de que he sido yo quien lo ha dado todo en esta relación, siempre con el miedo de ser rechazado. Pero esto no me ha servido para ganarme el cariño de ella. ¿Qué me recomienda que haga para sobreponerme a este problema?

JUAN MIGUEL

ESTIMADO JUAN MIGUEL:

Le aconsejo que, como primer paso, se alegre, pues usted tiene la mitad de la batalla ganada, ya que conoce su problema. Hay por ahí millones de personas que sufren y batallan con sus personalidades sin tener la menor idea de dónde salen las complicaciones. Después, su próximo paso es dejar de depender de esa necesidad de ser aceptado. Su carta deja ver que es usted una persona inteligente y considerada, dispuesta a luchar por su felicidad aunque eso le tome efectuar grandes cambios en su forma de ser. Eso es importante para tener éxito en lograr lo que quiere. Usted sabe que es una persona capaz de tener éxito, lo cual debe servirle de estímulo para comprender que usted no tiene necesidad de medir a cada momento la aceptación de los demás. A todos nos gusta ser reconocidos, claro está, pero recuerde que el mundo funciona de manera muy egoísta, cada uno prestando atención, sobre todo, a sus propios intereses. Muy pocas personas (sólo aquellos que lo quieren mucho) van a dedicar su tiempo a hacerle ver cómo le aprecian. Por otra parte, si usted fue víctima de abuso en su infancia, eso hace que se haya desarrollado en usted un trauma que le dificulta ver las reacciones positivas de los demás hacia usted. La infancia es básica en el desarrollo de las emociones y la forma en que se comporten con nosotros nuestros padres será la forma en que, más o menos, sentiremos que el mundo se comporta con nosotros en el futuro. Es lógico que si su crianza fue tan dura, usted desconfíe del cariño y las buenas intenciones de los demás. Pero tenga en cuenta una cosa: los años han pasado y la persona que es usted en el presente ya no es el mismo niño del pasado. Sus padres puede que hayan sido abusadores con usted, pero fueron ellos los que se perdieron lo bueno que usted les podía ofrecer. Muy posiblemente, un sicólogo le ayude a reconstruir los años de su infancia y ver por que sus padres lo trataron así. Pero mientras tanto, ponga todo el pasado atrás y aprenda a darse su lugar. Decir "no," a veces, puede ser la mejor manera de dar a conocer lo que usted vale ...

Cuando las Palabras Duelen

QUERIDA MARÍA REGINA:

Me siento controlada por mi esposo. Durante mucho tiempo me he quedado callada aguantando su abuso verbal y sus tácticas para manipularme. Hasta ha hecho que mis dos hijos me falten el respeto. Me siento muy deprimida y no sé que hacer.

REBECA

ESTIMADA REBECA:

Usted me va a perdonar que se lo diga tan directamente, pero nadie más que usted tiene la culpa de lo que está sucediendo. No necesito que me cuente la historia de su vida para saber que ha sido usted quien ha enseñado a su esposo y a sus hijos a que la traten de esa forma. Si usted hubiera reaccionado de manera diferente la primera vez que su esposo demostró tener un comportamiento abusivo, le aseguro que ahora las cosas serían distintas. Seguramente usted permitió que las cosas continuaran así después de los primeros meses y la cosa se hizo costumbre. Ahora probablemente su esposo siente que los insultos son parte esencial de la relación. Pero por muchos años que hayan pasado, eso no es excusa para que la situación continúe. Me doy cuenta que esto la debe estar afectando horriblemente, pero es usted quien tiene que dar el paso decisivo. Hable con él, váyase de la casa, lo que sea, pero no permita que ese patrón destructor se mantenga. Si no lo hace su depresión irá aumentando cada vez más. Hay libros que la pueden ayudar a entender su problema y

que le sugieren técnicas sobre cómo enseñarle a la gente a tratarla a usted de manera adecuada.

QUERIDA MARÍA REGINA:

Durante un año tuve relaciones con un muchacho que ahora me ha dejado. La última vez que hablé con él me dijo que no quería verme jamás, que deseaba que me muriera, que yo no servía para nada ... en fin, fue muy cruel conmigo. Pero a pesar de todo lo que me hizo, yo no dejo de pensar en él. ¿Por qué me cuesta tanto trabajo olvidarme de él? ¿Tendrá esto algo que ver con el hecho de que mis padres también fueron muy crueles conmigo y me decían cosas muy desagradables?

LEONOR

ESTIMADA LEONOR:

Usted está empezando a desarrollar ese síndrome de las mujeres abusadas que, después que el marido les ha entrado a golpes, dicen "El lo hizo sin querer." Como ya usted ha sido abusada verbalmente por sus padres, en el fondo cree que su novio tuvo razón para tratarla mal. Yo creo que lo mejor que le puede haber pasado es que ese tipo de hombre saliera de su vida, pues no le iba a traer nada bueno, sólo una confirmación del patrón de abuso al que usted ya está acostumbrada desde su infancia. Yo creo que no estaría nada mal que usted buscara la ayuda de un sicólogo para limpiar a su mente de esos traumas de la niñez que la impulsan a tener relaciones con personas que la tratan mal. Aleje su cuerpo y su pensamiento de ese hombre que no se la merece y cuando esté interesada en iniciar una nueva relación, fíjese bien en que sea con una persona que la considera, alguien que la respete por todo lo que usted vale. Le repito, trate de olvidarlo (y creo que usted puede hacerlo, pues posiblemente su atracción hacia él no proviene de verdadero amor, sino de un trauma sicológico). Un hombre así no merece el amor de ninguna mujer.

¿Esposas u Odaliscas del Harem?

QUERIDA MARÍA REGINA:

Mi marido es tremendamente machista y ya estoy confrontando un problema con él debido a su actitud. A pesar de que yo jamás le he faltado ni en acto ni en pensamiento, él no me tiene confianza y no me deja salir ni a la esquina con mis amigas. Cuando me quedo sóla en el departamento, me encierra con llave. Para todo le tengo que pedir permiso, el cual me niega en la mayoría de las ocasiones. Por lo demás, él me proporciona de todo y me tiene viviendo como una reina ... sólo en el sentido material, porque espiritualmente me da muy poco. Pero no me acostumbro a la idea de que yo le tenga que pedir permiso a mi marido para hacer algo que yo creo que está bien. Cuando viene del trabajo siempre está de mal humor. Ya he pensado varias veces en irme y dejarlo. Cada vez que trato de decirle que está en un error con eso de tenerme encerrada, me dice que me parezco a la "fulana." Esa "fulana" de quien habla era su novia, una muchacha en quien él tenía puesta toda su confianza y que, según él, lo traicionó con su mejor amigo. Por otra parte, tampoco puede lograr que en mi soledad él me acompañe, pues es lo que se llama un "trabajólico," es decir un adicto al trabajo que se va de la casa a las cuatro y no regresa hasta por la noche., de lunes a domingo (él tiene su propia empresa). ¿Usted cree que es malo o desconsiderado de mi parte que le pida que me dedique algún tiempo?

CARMEN, LA PRISIONERA

ESTIMADA CARMEN, LA PRISIONERA:

Me recuerda usted el cuento chino del pajarito en la jaula de oro que dejó de cantar y murió de tristeza porque, a pesar de que lo tenía todo, no podía volar. Usted dice que "lo tiene todo," pero según mi criterio usted no tiene nada, pues más importante que las cosas materiales para un ser humano es su independencia.

Usted, como toda mujer, tiene derecho a tomar sus propias decisiones y a que la traten con cariño y consideración. Usted se equivoca si piensa que está en una relación. Usted, en realidad, está de rehen en una cárcel con un hombre que es más que machista, ¡es un terrorista! Yo, sinceramente, no puedo entender el motivo que la hace continuar al lado de un hombre así. No quiero hacerme pasar por adivina, pero estoy segura de que su marido no va a cambiar, sino que por el contrario, cada vez le va a ir quitando a usted más libertad. Quién sí puede cambiar todavía es usted, pues veo que, a pesar de las comodidades de que dice que disfruta, sigue teniendo las ansias lógicas de libertad. Pero para hacer eso tiene que empezar a verse a sí misma de otra forma y llegar a sentir que tiene su valor propio. Trate de conseguir un libro de autoayuda de los varios que venden ahora, pues ellos le pueden sugerir ideas muy precisas para aumentar su autoestima. Una vez que usted tenga más conciencia de lo que usted vale, encontrará más absurdo que alguien la quiera tener encerrada y hallará más valor y más argumentos para enfrentarse a su marido.

Los Tacaños del Amor

QUERIDA MARÍA REGINA:

A pesar de que la situación económica de mi familia no es apretada yo me siento como una pordiosera, pues imagínese que mi esposo (con el que llevo catorce años casada) no me da dinero para nada. La excusa es que él me lo da todo, y es cierto que él es el que se encarga hasta de comprar los productos en el supermercado. Él se arregla en eso con la cocinera que tenemos, una señora mayor que nos sirve desde que nos casamos. Yo en casa no hago casi nada y aunque él no me prohíbe salir (siempre que yo vaya con alguna amiga), es una situación penosísima ir a las tiendas y no tener un centavo para comprar ni un caramelo o tener siempre que aceptar que la amiga me tenga que pagar un refresco. Yo he querido trabajar—antes de casarme me había graduado en un curso de secretaria legal—, pero él se opone por completo a esto y me ha dicho que el día en que yo comience a trabajar, ése será el día en que él se vaya de esta casa para siempre. A usted tal vez le parezca extraño, pero yo lo quiero, pues él, a no ser por ese afán de control y esa avaricia, es un buen hombre y nuestras relaciones sexuales son buenas. Sin embargo, últimamente he empezado a tomarle como cierto resentimiento, debido a las situaciones vergonzosas en que me hace estar por no darme ni un centavo. ¿Qué me aconseja usted?

SIN DINERO

ESTIMADA SIN DINERO:

Como dice el refrán, siempre hay alguien que está peor que nosotros, y dentro de tu infelicidad tú tienes la fortuna de, al menos, tener una profesión. Hay mujeres (¡muchas mujeres!) que viven en tu misma situación de no contar con un centavo propio, pero con el agravamiento de que el marido abusa de ellas físicamente y de que, como ellas no tienen profesión alguna, si se quedan sólas caen en la más absoluta miseria. Tu situación, por mucho que lo quieras a él, es inadmisible y sólo es culpa tuya que haya durado tanto tiempo. Claro, tú puedes decirle a él que si no te da dinero, eres tú la que se va a ir, pero yo creo que lo que más te conviene es hacer tu propia vida profesional, ejerciendo tu oficio de secretaria legal (algo que siempre está en demanda). Mejor si él lo acepta y puedes trabajar, tener tu propio dinerito y seguir casada con el hombre al que pareces querer. Pero si, como él te amenaza, se va de la casa si tú no lo obedeces, ¡peor para él! Si te quiere, se dará cuenta de que eso es lo mejor que puede suceder en tu vida y que la relación se enriquecerá si tú tienes tu independencia. Si no, ¡que vaya a comprar muñecas de adorno en la juguetería!

CAPÍTULO 4

El Arte Maravilloso de Conquistar

Como todo en la vida, el conquistar o el hacer que otra persona se enamore de ti es una especialidad. Unos jamás llegan ni a la primera base, mientras que otros tienen tanta astucia que donde ponen el ojo, ponen la bala. Y eso se aplica lo mismo para el hombre que como para la mujer. Unos dicen que es suerte, otros se los achacan al destino y los más exitosos son aquellos que tienen su propia táctica. No puedo hablar de lo que hacen los demás, pero sí les puedo contar de lo que a mí siempre me ha dado resultado ...

Para conquistar a un hombre y retenerlo (conquistarlo es fácil, pero mantenerlo interesado por mucho tiempo es bastante difícil) lo mejor es no mostrarse desesperada, ni regalarse como si uno estuviera en rebaja. Hay que tomar una actitud como si te gustara sólo para que fuera tu amigo y tratarlo como uno trata a aquellos que no nos interesan. Si se fijan bien, esta táctica no falla, pues aquellos que no nos interesan casi siempre son los que más nos caen atrás y más nos llaman para invitarnos a salir. Así que esa indiferencia mezclada con amistad hace que el hombre se interese. Recuerde que el hombre por naturaleza es cazador y hay que dejarlos pensar que ellos fueron los que nos cazaron a nosotras.

Los hombres usan todo lo que pueden para conquistar y llevarse a la mujer a la cama. Desde hacerles creer que tienen mucho dinero, hasta proponerles matrimonio (sin tener la intención de hacerlo). Y recuerden que "prometer hasta conseguir, y después de conseguido, nada de lo prometido." Pero posiblemente no hay nada que asuste más a un solterón empedernido que darse cuenta de que la mujer en la que ha puesto sus ojos lo quiere llevar al altar.

Ahí es donde entra a jugar la intuición femenina, que no siempre está mejor desarrollada en las mujeres más bellas físicamente. Por eso es que algunas veces, cuando vemos a uno de esos hombres renuentes al matrimonio celebrando su boda, nos preguntamos, ¿qué puede tener esa mujer que no tenga yo? Digamos, que ... ¡una buena táctica de conquista!

Cómo Retenerlo

QUERIDA MARÍA REGINA:

Aunque me considero una mujer bonita y atractiva, nunca logro conservar por mucho tiempo al mismo hombre a mi lado. Todas las relaciones que he tenido han comenzado muy bien, pero al poco tiempo me dejan como "una papá caliente." Ahora estoy saliendo con un muchacho muy guapo y no quisiera cometer los mismos errores que hasta ahora, para poder mantenerlo interesado. ¿Cuáles son las cosas que más desilusionan a un hombre de nosotras las mujeres?

TERESITA

ESTIMADA TERESITA:

Los hombres no pueden vivir sin nosotras las mujeres, pero la mayoría no nos conocen para nada. Y reaccionan como los niños, que cuando no conocen una cosa se asustan de ella. Procure no hablar demasiado, y sobre todo, evite temas escabrosos como el dinero y las joyas, su mala salud o sus defectos físicos. ¡Y ni se le ocurra mencionar a sus novios anteriores! Podría imaginarse que constantemente lo está comparando con ellos y se sentirá incómodo. Sea presumida y no llore para manipularlo. Trate de estar a tiempo siempre que vaya a recogerla. No hay cosa que desespere más a un hombre que la impuntualidad femenina. Tampoco haga que la vea demasiado vulnerable o indefensa, demostrando tenerle

miedo a una cucaracha, a ver sangre o otros temores que no tienen sentido. Demuéstrele que se sabe valer por sí sola y nunca se muestre sorprendida cuando le hablen de algo que no sabe. Pero trate de desarrollar temas interesantes de conversación, porque un hombre nunca perdona a una mujer aburrida.

¿Quién le Pone el Cascabel al Gato?

QUERIDA MARÍA REGINA:

Yo trabajo de secretaria para un abogado hace cinco años. Cada día se me hace más difícil el trabajo, ya que estoy locamente enamorada del él. Él es divorciado y yo nunca me he casado. Nuestra relación siempre ha sido de trabajo, me paga bien y me respeta mucho. ¿Cree usted que le debo de decir cómo me siento?

ENAMORADA

ESTIMADA ENAMORADA:

Me da mucha pena decirte esto, pero si él estuviera interesado en ti, te aseguro que ya te hubieras enterado. ¿Qué podría impedirle insinuarte algo o invitarte a salir si, como dices, no está comprometido con otra mujer? Si quieres mantener tu trabajo, no le digas nada. Después te vas a sentir apenada y él incómodo con tu presencia.

Un Cortito ... de Palabras

QUERIDA MARÍA REGINA:

Soy soltero y tengo veintiséis años. Salgo a bares y a discotecas con bastante frecuencia, pero a veces no sé ni qué decir para empezar una conversación. Pienso que ya todo está gastado. ¿Tiene alguna frase nueva que pueda usar?

GEORGE

ESTIMADO GEORGE:

Me imagino que ya todas están inventadas o más bien gastadas. No he oído nada nuevo que haya salido al mercado. La que a mí más me gusta es un simple "hola," saludas a la persona y no te comprometes a nada. A veces una sonrisa vale más que mil palabras, y de acuerdo con la expresión de la cara con que te contesten ese saludo, podrás darte cuenta de si "te darán entrada" para continuar la conversación o si no les interesará hacerlo. El Dr. Chris Kleinke, sicólogo, hizo una encuesta donde le pidió a 650 hombres y 831 mujeres que evaluaran 200 comentarios y encontraron que las mejores eran las más simples. La más efectiva era "hola" seguida por "me gusta tu forma de vestir" o "me da un poco de pena, pero me encantaría conocerte."

La Que Pasa Inadvertida

QUERIDA MARÍA REGINA:

Estoy enamorada de un muchacho, pero a él quien le gusta es mi mejor amiga, que no le hace caso. Por más que me esfuerzo en caerle simpática, ni siquiera me mira. Sólo tiene ojos para ella. ¿Qué puedo hacer para que se fije en mí?

TITI

ESTIMADA TITI:

Es obvio que la química no existe entre ustedes o se hubiera fijado en ti. Empieza por ser su amiga. Hay muchos grandes amores que

han empezado por una simple amistad. Con el tiempo te conocerá mejor y podrá apreciar tus mejores cualidades, en las que no puede reparar ahora porque sencillamente no sabe que existen.

Demasiado Apresurada

QUERIDA MARÍA REGINA:

Necesito un consejo de cómo proceder con una relación que acaba de empezar. Lo acabo de conocer hace ocho días y nos hemos visto ocho veces, además de hablar por teléfono dos y tres horas todos los días. ¿Cómo ve usted todo esto?

LUCY

ESTIMADA LUCY:

¡¡Tómelo con calma!! Si quiere que la relación perdure no puede hacerlo todo en una semana. Lógicamente se sienten enamorados o enfatuados y por eso sienten esa gran necesidad de estar juntos todo el tiempo. No queme la relación antes de empezarla ni tampoco esté disponible todo el tiempo. Haga que la eche de menos, así podrá comprobar si realmente la necesita. Conocer a una persona toma tiempo y el conocerse tanto en tan poco tiempo puede tener un efecto negativo. Si siguen con este nivel de intensidad se pueden llegar a aburrir pronto.

Cuando Él Es Más Joven ...

QUERIDA MARÍA REGINA:

Soy una mujer de treinta y cuatro años que aparento tener diez años menos. Siempre he deseado encontrar un hombre de cuarenta a cuarenta y cinco años y mantener una relación estable, porque pienso que el hombre a esa edad ya sabe lo que quiere. Mi problema es que siempre se me pegan o conozco hombres menores que yo (diez a once años más jóvenes). En estos momentos, tengo un pretendiente de veintiocho años y, aunque me entusiasmó al principio, siempre termino las relaciones y no las dejo profundizar, por temor a la diferencia de edades. Siempre he temido ser herida sentimentalmente. Aunque mi novio es responsable, trabajador y cariñoso y no le importa la edad, me siento angustiada y no puedo disfrutar plenamente la relación amorosa. ¿Dónde están los hombres de cuarenta? A veces pienso que con las mujeres de veinte.

TEMEROSA

ESTIMADA TEMEROSA:

Efectivamente, los hombres de cuarenta andan mucho con las de veinte. Pero eso no es tu problema. Por tu carta me parece que tu problema no es tanto la edad como el temor que tienes a ser herida sentimentalmente. Tienes que bajar un poquito las defensas. Te veo demasiada preocupada. Cuando la persona sabe lo que quiere, es porque su elección la ha basado en lo que ha vivido y ha aprendido de sus experiencias. No creo que la diferencia de edad (en tu caso) sea un factor importante para esto. Considérese una persona inteligente y merecedora de estar en cualquier relación. Acepte las cosas como son y aproveche esta oportunidad para encontrar la felicidad.

¡No Hay Que Darse por Vencido!

QUERIDA MARÍA REGINA:

Hace años que estoy divorciado de mi segunda esposa. Debido a que mis amigos insisten que a la "tercera va la vencida," es que me he animado a escribirle esperando me pueda aconsejar. Le diré que aunque ya tengo setenta y seite años, mis aspiraciones son las de un hombre mucho menor. Vivo sólo con casa y auto totalmente pagados. Recibo la más alta mensualidad del Seguro Social. Además tengo óptimas referencias morales. Sin ser ahora un "pibe" debo hacer hincapié que a los treinta años fui el mejor profesor de tango y el más solicitado por las bellísimas debutantes de la academia de baile situada cerca del Parque Central de la Habana. En ningún momento alego que soy un estuchito de virtudes, más debo confesar que puedo hacer feliz a cualquier cincuentona "de poco uso," que desee compartir el tiempo que me quede en la tierra, heredando después la dama, de por vida, mi Seguro Social. ¿A dónde debo dirigirme para establecer una relación que me haga feliz y me lleve al altar? ¿Cree que todavía debo insistir y ver si de verdad "a la tercera va la vencida"? En espera de su respuesta, se reitera su atento y seguro servidor.

V.R.

ESTIMADO V.R.:

¡Por supuesto que debe insistir ... ! Para el amor no hay edad. Además siempre es mucho más agradable poder compartir con personas del sexo opuesto. ¿A dónde debe dirigirse? A sus amistades. Esa es la mejor forma de encontrar a alguien que tenga más o menos su mismo nivel cultural y social. Algo muy importante para poder establecer una relación perdurable y que pueda llegar a altar. Otra cosa que está dando buenos resultados son los "Personal Ads" que tienen casi todos los periódicos. Esa es una forma magnífica de buscar "amor a la medida." Lo felicito por su buen sentido del humor y espero que no me deje de invitar a la boda. ¡Suerte!

El Amor y el Interés

QUERIDA MARÍA REGINA:

Soy un hombre de treinta y cuatro años y nunca me he casado. En México estuve a punto de hacerlo, pero los problemas nunca faltaron. En este país la suerte tampoco me ha ayudado. He conocido mujeres que me han gustado y les he confesado mis sentimientos. En un inicio ellas han correspondido, pero cuando pasan los días comienzan a hablar de dinero y de necesidades, sin haber motivos ni razón alguna. Tal parece que a las mujeres lo único que les interesa es resolver sus problemas materiales. Dígame por qué me pasa esto.

ABRAHAM

ESTIMADO ABRAHAM:

Siempre existen motivos y razones para hablar de nuestras necesidades. Es normal que una vez que se establezca una pareja, estas cosas se hablen. Si esto ocurre una vez que existe la suficiente confianza entre ambos, no hay ningún problema. Ahora bien, si ésto te está ocurriendo prematuramente, entonces deberás primero analizarte. Quizás tú (sin darte cuenta) le estés haciendo creer a las personas que te rodean que tienes un nivel económico cómodo y estés atrayendo el interés material en primera instancia en vez de que estén contigo por amor. También cabe la posibilidad de que seas un poco duro con el dinero y por eso el tema sale con tanta frecuencia. Es conveniente que antes de empezar una relación con una persona, la conozcas en un plano de amistad. Esto te permitirá hacer una mejor elección. Recuerda que muchas veces nos equivocamos porque es tanta la necesidad de afecto que sentimos y tal el miedo a la soledad, que nos aferramos a la primera persona que nos encontramos. Te deseo mejor suerte en tu próximo intento.

Está Dispuesto a Todo

QUERIDA MARÍA REGINA:

Soy un hombre de treinta años, soltero. He salido con muchas chicas y lo he pasado muy bien. Pero hace un año conocí a una chica en mi trabajo que desde que la vi me volvió loco. Después de un año de insistir, logré salir con ella. No sabe la emoción que sentí, temblaba de pies a cabeza. Me gusta mucho su manera de proyectarse, su madurez, pero no la veo con la frecuencia que desearía. Siento que la quiero pero me da miedo que se aburra de mí. He tenido otras relaciones y las he perdido por tonterías, por celos, por exigir mucho. Estoy dispuesto a todo para no perderla. Quiero que me de las reglas para tener una relación bonita y duradera, para no entrar en polémicas.

JUAN CARLOS C.

ESTIMADO JUAN CARLOS:

No hay nada escrito sobre el amor ni sobre cómo mantener una relación perdurable. Lo único que puedo decirles son las cosas que NO se deben hacer, las cosas que, inevitablemente, llevarán a la disolución de la pareja. Por ejemplo, la necesidad de control, el deseo de querer monitorear y darle forma a la vida de la otra persona es uno de esos errores fatales. Entre esta necesidad de control están los celos, que dan motivos a peleas que van creciendo en magnitud y muchas veces terminan en divorcio o en algo peor. Cuando una persona es perseguida con mucha insistencia, la reacción natural es la de salir corriendo de ella y eso es lo que impulsa a mucha gente a separarse, tanto hombres como mujeres. Otro gran error que se comete a veces es trata de acaparar todo el tiempo de la persona que se acaba de conocer. Por otra parte, debe tener en cuenta que los "pordioseros" de amor son los que menos lo consiguen. Las personas vulnerables, necesitada de tener una relación, son las que menos atraen a los demás. ¿No se ha fijado en que las personas más atractivas son aquellas que proyectan más seguridad en sí mismas? Mantenga su distancia y permita que ella, por sus encantos propios e interiores, se vaya enamorando de usted. Usted tiene que pensar que sólo le van a dar lo mismo que usted ofrece, pero tampoco puede recibir migajas como si usted no valiera la pena.

Capítulo 5

Complicaciones Matrimoniales

Definitivamente ni el hombre ni la mujer están preparados para vivir sólos. Todos buscan su "media naranja," y cuando suponen que la han encontrado, llegan al matrimonio con la ilusión de permanecer unidos "hasta que la muerte los separe." Desgraciadamente, la convivencia muchas veces se encarga de matar esta ilusión, cuando, satisfecha la pasión de los primeros tiempos, comienza a descubrirse el verdadero "yo" de la persona a la que se ha escogido como pareja. Es entonces cuando se pone a prueba el amor.

Si se ha confundido este sentimiento con una simple atracción sexual, tiene casi todas las posibilidades de fracasar. Pero cuando esta atracción—sin duda importantísima—está acompañada de una buena dosis de comunicación, respeto y tolerancia, la experiencia parece demostrar que el éxito está asegurado. Es el caso de las parejas que llegan a cumplir sus bodas de oro—tan raras en estos tiempos—, porque le han dado el valor que merece a la institución de la familia, porque han antepuesto los intereses comunes a los individuales y porque, cada una con su propia receta, no han permitido que muera el amor.

Claro, también se equivocan aquellos enamorados que piensan, antes de casarse, que el matrimonio es un permanente noviazgo o una eterna luna de miel. Amigos, si ustedes piensan eso, mejor ni se casen. Pero no se desanimen, porque, precisamente, son esas diferencias las que le dan al matrimonio su "salsa," las que nos hacen aprender de las demás personas y ver cómo funcionan los demás. ¿Se imagina que aburrido sería el mundo si todos fuéramos iguales? Un matrimonio bien llevado no es aquel donde cada uno quiere exactamente lo que quiere el otro, sino aquel en el cual los dos han aprendido a hacer compromisos.

Las cartas de esta sección demuestran que "cada persona es un mundo," y lo que para alguien constituye un problema insalvable, para otro puede constituir la mayor fuente de placer. Veamos.

¡Demasiado Sexo!

QUERIDA MARÍA REGINA:

Hace cuatro años que me casé. Mi vida sexual es fabulosa ... y eso es todo lo fabuloso que tiene mi matrimonio. Nos llevamos tremendamente mal, no sabemos comunicarnos y todo lo que compartimos es la relación íntima. Es decir, sexo y nada más. Yo siempre había oído decir que la relación sexual de la pareja es lo más importante en un matrimonio. Sin embargo, ya ve, en el nuestro es excelente, y sin embargo tenemos diferencias en muchas otras áreas de nuestra vida en común. Me gustaría conocer su opinión al respecto.

HILDA

ESTIMADA HILDA:

A mi me parece que usted está aprovechando sólo una mitad de su matrimonio, es decir, que está perdiendo la mitad de su vida. No creo que esté nada mal eso de tener relaciones sexuales fabulosas, pero hija mía, hay otras cosas en la vida de la pareja que la hace especial. Yo creo que usted y su esposo son dos personas inmaduras (por cierto, ¿qué edad tiene usted? Me parece que debe ser muy joven) y que por eso sólo se concentran en un aspecto. Tal vez, lo de ustedes fue una atracción sexual mal entendida, que los llevó a casarse rápidamente ... sin comprobar si tenían otros intereses en común. Se han realizado estudios con personas de ambos sexos, mayores de treinta años y con un nivel intelectual elevado, las cuales habían disfrutado de relaciones

amorosas estables. El resultado de la investigación demostró que, en una relación, hay aspectos más importantes que el sexo. Estos son, en orden de prioridad: comunicación, afecto, saber perdonar, sinceridad, aceptación, sentido del humor, relación sexual, paciencia y libertad. Como ve, según esta encuesta, es más importante el buen humor que la relación sexual, y más del 85 por ciento estuvo de acuerdo en que la comunicación era lo principal. Espero que esto responda a su pregunta.

A Las Que Les Falta Calor en la Cama ...

QUERIDA MARÍA REGINA:

Mi esposa cada día esta más fea y gorda. De esta forma, se me ha quitado el deseo sexual que antes sentía. ¿Cree usted que pueda tener el mismo deseo sexual de antes? Con frecuencia leo en su columna acerca de mujeres que tienen un buen esposo, pero se quejan de que "ya no tienen una relación sexual satisfactoria." Se nota que no tienen nada importante de que quejarse y le buscan algún defecto al pobre hombre. Señora, si no están teniendo una relación sexual satisfactoria, piensen que también puede ser por culpa de ustedes. El almanaque no perdona a nadie, pero no hay necesidad de empeorar la situación. Un poquito de pintura, un arreglo de pelo unas cuantas libritas de menos hacen la diferencia. ¿Está usted de acuerdo conmigo?

FERNANDO P.

ESTIMADO FERNANDO:

¡¡¡Claro que estoy de acuerdo!!! No hay necesidad de abandonarse. Sin embargo, por su carta me he dado cuenta de que, a pesar de su lógico disgusto por el descuido de su esposa, usted desearía mejorar la situación. Entonces, ¿por qué no da el

primer paso para animarla? ¿Qué le parece, por ejemplo, si le hace una cita con una consultora de belleza que la pueda aconsejar, en la comodidad del hogar, acerca de su arreglo personal? También podría regalarle la matrícula en un gimnasio por todo un año, (y acompañarla a hacer ejercicios), de manera que ella vea su preocupación porque mejore su apariencia. Con seguridad, esa será la mejor forma de estimularla para que ponga de su parte. Ahora bien, no me ha dicho nada acerca de su propia apariencia física. ¿Acaso usted no tiene también algunas libras de más? ¿Puede asegurarme que si su ropero no muestra la última tendencia de la moda, al menos no recuerda la de unos años atrás? Se lo pregunto porque muchas veces esperamos recibir de los demás lo que no somos capaces de dar, y no sería justo que le reprochara a su esposa su desaliño si usted mismo no se preocupara por lucir bien. Gracias por su tan sincera carta y espero que su esposa no la lea.

QUERIDA MARÍA REGINA:

Tengo veintiocho años y mi esposo treinta y siete. Llevamos seis años de matrimonio y tenemos dos niños. Mi problema es que para mí resulta muy humillante tener que pedirle hasta que me bese. Es más, yo considero que cuando dos personas se aman, automáticamente una se da cuenta de las cosas que agradan o desagradan al cónyuge. Yo siempre me esmero en todo: en el cuidado de la casa, en la cocina y en mi persona. Cuando él regresa lo recibo con besos y abrazos. Él tiene muchas cualidades, es muy responsable en el hogar y en el trabajo, no tiene vicios, pero a su lado me siento como un instrumento, como un objeto que él usa y deja. En muchas ocasiones me ha dicho que el sexo es sinónimo de ignorancia, que para muchas personas la vida gira alrededor del sexo y que, sin eso, la vida para ellos no es vida. Él opina que para muchos hombres el amor ha sido y es "el amor a su trabajo." Como los hombres de ciencia, que gracias a ellos la humanidad puede hoy disfrutar de muchas cosas. Yo de jovencita pensaba que estar enamorada era bello y creía que hacer el amor era más bello todavía, pero me llevé una gran decepción. En ocasiones disimulo mi enojo y en otras me cubro la cara con la almohada, para que él no me escuche sollozar. Hay momentos que me siento prisionera y tengo deseos de irme lejos y me pregunto, ¿y mis hijos? Tengo momentos en que incluso desearía conocer a otro hombre. Dicen que no todo es felicidad y que no se puede ambicionar tanto en la vida. ¿Será que yo pido demasiado?

ALICIA

ESTIMADA ALICIA:

No es demasiado pedir aspirar a ser feliz en la vida. Pero para lograr la felicidad, hay que luchar por ella. Estás en un error al pensar que cuando dos personas se aman, automáticamente pueden darse cuenta de las cosas que le agradan o no a la otra persona. Muchas personas se quedan calladas, esperando que su pareja "adivine" lo que desean, y se sienten frustradas cuando no sucede así. Hay que hablar las cosas y, si la persona no entiende, hablarlas nuevamente. No siempre dos que se quieren o están casados tienen las mismas necesidades e ímpetus sexuales. La mayoría de las parejas que cumplen muchos años de matrimonio no se parecen entre sí; lo que sucede es que han llegado a conocerse tan bien que adaptan sus gustos y necesidades para que cada cual resulte complacido por el otro, a costa de sus preferencias individuales. Por eso, para ser feliz en una relación es importante que la otra persona sepa cuáles son nuestras necesidades. Cuando los problemas ocurren, es por la incapacidad de la pareja de hablar del problema abiertamente. Te sugiero que, si no puedes resolver el problema después de explicárselo bien claro a tu esposo, busquen ayuda profesional antes de que la situación empeore. Nada va a cambiar si no lo intentas. Debes luchar por tu felicidad. Tú te lo mereces. ¡Tu esposo y tus hijos también!

¡Qué Desconsiderado!

QUERIDA MARÍA REGINA:

Mi vecina tiene la casa virada al revés. Nunca cocina y el marido la trata como si fuera una princesa. Cuando se acuesta a dormir, le descuelga el teléfono para que nadie la moleste. Él es el que corta el jardín y hace la compra de la comida. Sin embargo, mi esposo me trata como si yo fuera la criada. No me saca ni la basura y quiere comer todas las noches en la casa mejor que en un restaurante. ¿Por qué hay hombres que son tan desconsiderados?

CANSADA Y ABURRIDA

ESTIMADA CANSADA Y ABURRIDA:

¿Usted nunca ha oído un dicho que dice "el vivo, vive del bobo y el bobo, vive de su trabajo?" Así es como la cosa funciona y aunque aparentemente su vecina no hace nada, algo bien debe de hacer cuando su marido la trata como una reina. Yo en su lugar trataría de conversar con ella y averiguar discretamente cuál es su secreto. De todos modos, si su marido se comporta de forma desconsiderada y no colabora en las tareas domésticas, la única culpable es usted que no ha puesto las cosas en su lugar. Comience por darse a respetar y hacerle comprender a su esposo que quien vive a su lado es su compañera, no su empleada, en lugar de pasarse el tiempo añorando estar en la situación de su vecina. Después de todo, ¿no le aburriría tener un marido tan sumiso como el que tiene ella?

Vivir en Guerra No Es Vivir

QUERIDA MARÍA REGINA:

Estoy muy confundido. Llevo cinco años de casado y mi esposa y yo nos pasamos la vida peleando. Imagínese, que no nos ponemos de acuerdo en nada, pero nada, nada ... ¡Yo ya no sé que hacer! A mí me gusta estar en la casa, y a mi esposa le gusta salir todos los días. A mí me gusta comer sin sal y ella, la usa en exceso. Yo me levanto temprano y a ella le gusta dormir la mañana. Lo único que tenemos en común es una buena relación íntima. ¡Por lo menos estamos de acuerdo en algo! ¿Cómo puedo saber si mi matrimonio vale la pena salvarse? Yo estoy a punto de hacer mis maletas e irme, como hacen las mujeres, "a casa de mi mamá."

GUSTAVO

ESTIMADO GUSTAVO:

Deje a su mamá tranquila y trate de resolver su problema en casa. Todo depende de la importancia que usted le dé a estos problemas y lo dispuestos que estén los dos a ceder de vez en cuando. No deje que ella le ponga sal a su comida y búsquese en que entretenerse mientras ella duerme la mañana. Como verá, todo tiene remedio. Si en su matrimonio hay respeto, se gustan y se tienen confianza, vale la pena salvarlo. En todas las relaciones siempre hay algo de la otra persona que nos molesta y creo que es hora de que tengan mejor comunicación. Creo que, con un poquito de esfuerzo y deseo de ambas partes, su matrimonio tiene una buena oportunidad de sobrevivir.

QUERIDA MARÍA REGINA:

Soy un americano que lee su columna todos los días. Hablo español y estoy casado con una cubana. Llevamos catorce años de matrimonio. Tengo sesenta y cinco años y ella cincuenta y ocho. Tengo cinco hijos de mi otro matrimonio, pero ella no tiene ninguno. Le gustan mucho los animales y por ese motivo tiene diez gatos y cinco perros. Estoy escribiendo esta carta en busca de un consejo para mi señora. La quiero mucho, pero tiene la mala costumbre de pasarse la vida discutiendo. ¡Le encanta pelear! Otro defecto que tiene es que le gusta llegar tarde a todos los lugares. Por ejemplo, si vamos al cine y la película empieza a las ocho, siempre llegamos a las nueve. Sé que nunca cambiará y también sé que hay que "tomar lo malo con lo bueno." Tiene un corazón de oro y todo el mundo la quiere mucho. ¿Cuál es su opinión?

UN AMERICANO CUBANIZADO

ESTIMADO AMERICANO CUBANIZADO:

Por lo menos está claro al saber que su esposa jamás va a cambiar y conformarse con tomar "lo malo con lo bueno." Tiene una filosofía bastante real de lo que es la vida en pareja. (Por cierto, cuando me dice que su esposa tiene quince animales en casa, no sé si lo hace para darme a entender lo de su gran corazón, o si lo considera otro de sus defectos). Posiblemente su costumbre de pasársela peleando y discutiendo por todo es debido a que, de esa forma, piensa ejercer el poder que le falta en la relación. En otras palabras, es su forma de manipularlo. La mejor manera de lidiar con personas así es mantenerse compasivo pero alejado del problema. Mantenerse alejado quiere decir que no va a dejar que sus "ataquitos" lo hagan sentir inseguro o culpable. Como usted no es el responsable por su comportamiento ni por su mal carácter, tampoco tiene la responsabilidad de tratar de quitárselo. Cuando asuma esta postura verá como poco a poco peleará menos y menos. Referente al otro problema, la persona que acostumbra siempre a llegar tarde denota ser una persona irresponsable y desconsiderada. El tiempo es "oro" y nadie tiene derecho, por gusto, de hacer esperar a otra persona. ¿Usted sabe como se resuelve este problema? La próxima vez que vayan al cine y la película empiece a las 8:00 p.m. usted le avisa con tiempo que piensa salir a las 7:45. Cuando llegue el momento, si no está lista, se marcha sólo. Usted verá que pronto aprende la lección. Suerte y espero que mis consejos le sirvan de algo.

Televisión vs. Sexo ...

QUERIDA MARÍA REGINA:

Estoy recién casada y mi esposo se pasa todo el tiempo sentado frente a la televisión. Y como es un tacaño de primera, también me dice que es el medio más económico de pasar el tiempo. No quiere ir al cine, porque dice que las películas las vemos gratis y en la comodidad de nuestra casa. Lo peor es que nuestra vida sexual no sirve para nada, ya que cuando él apaga el televisor, yo ya me quede dormida. ¡Creo que sería preferible tener una amante! Mi esposo es un adicto a la televisión y yo necesito su ayuda.

MERCY P.

ESTIMADA MERCY P.:

Es cierto que la televisión es el medio más económico de entretenerse sin gastar dinero, pero desafortunadamente crea adicción y acaba con la comunicación de la pareja. En un matrimonio, una de las cosas más importantes es la comunicación, realizar actividades en común y, por supuesto, las relaciones íntimas. Esto último es difícil, pues por lo que me cuenta, no creo que su esposo interrumpa una pelea de boxeo o una película de guerra para mantener relaciones íntimas. Sin embargo, si ya ha pasado por su mente la posibilidad de tener un amante, creo que se ha dado por vencida demasiado pronto. Pruebe acompañarlo mientras ve la televisión. Llevando tan poco tiempo de casados, me parece difícil que pueda resistirse ante sus encantos, si se le sienta al lado con su ropa de dormir más sexy, recién perfumada y acariciándole la nuca de vez en cuando con la cara más inocente del mundo. ¡Vamos, amiga! Vuelva a poner en práctica los mismos trucos de seducción que empleó para decidirlo a llevarla al altar. Estoy segura de que ningún hombre cambiaría ese "programa" por la mejor película del mundo. Para que usted pueda ser feliz, tiene que darle importancia a sus necesidades. Trate de intensificar la comunicación con su esposo. Es importante que ambos pongan un poquito de su parte; traten de separar (como mínimo) un par de días a la semana para salir juntos y, sobre todo, para hablar y hacer el amor.

Tan, pero Tan Tacaño ...

QUERIDA MARÍA REGINA:

¿Por qué será que los hombres no valoran a las esposas? Cuando el hombre está soltero, no le importa pagar por un rato de placer. Pero una vez casados, esperan que la esposa sea gratis. Nosotras les damos sexo y otros servicios. Soy casada y mi esposo no me invita ni a un sólo restaurante los fines de semana. Por más que le exijo que me mantenga bien, no lo hace. Pienso dejarlo muy pronto pues me está chupando la sangre sin darme nada a cambio. Lo quiero, pero eso de que "contigo pan y cebolla" ¡se acabó conmigo hace tiempo! Quiero que me diga por qué los hombres le pagan a una de la calle y a nosotras, las esposas, nos exigen que todo sea gratis. El amor no es suficiente, tiene que ir acompañado del dinero que pagan ellos.

LUZ

ESTIMADA LUZ:

Muchos son los hombres que tienen la costumbre de deslumbrar a la mujer a la hora de la conquista. Pero una vez que se casan y la tienen segura se vuelven unos tacaños. El dinero es un tema bastante delicado para muchas personas y la actitud que tiene cada quien a la hora de gastarlo es algo que se pasa de generación en generación. Lo importante aquí es que hables con él del asunto. Si sabes que es tacaño y no quiere cambiar, no esperes que te regale una sortija de diamantes ni tampoco que te lleve a comer fuera. No es saludable depender económicamente de ningún hombre y menos de uno que es tan tacaño. Creo que, si piensas romper tu relación con él, y tratar de rehacer tu vida, debes trabajar y ganarte la vida por tus propios medios. Si no, ¿quién te garantiza que no te volverás a tropezar con otro hombre que se muestre espléndido durante el noviazgo, y luego resulte ser otro tacaño? Respondiendo a tu pregunta, cuando el hombre quiere impresionar o conquistar a una mujer no escatima en nada hasta que logra su propósito. También te quiero decir que no todos los hombres son iguales. Hay muchos hombres que trabajan para su familia y le entregan a su mujer el cheque completo. Aparentemente, tú no tuviste esa suerte.

La Venganza ... No Siempre Es Dulce

Querida María Regina:

Mi esposo y yo fuimos novios desde que ambos teníamos diecisiete años. Cuando nos casamos, los dos primeros años, fueron como vivir en el más hermoso sueño. Pero entonces mi esposo empezó un negocio familiar que le ocupaba mucho tiempo, yo empecé a trabajar mucho también y se fue enfriando la relación. Peleábamos por todo, al punto que decidí irme a vivir a casa de mis padres. Pasó un tiempo hasta que nos reconciliamos. El problema es que él en ese tiempo tuvo relaciones con otra persona. Él me hizo sentir muy mal, pues me dijo que ella no era penosa, que le decía cosas cuando estaban juntos y era superior que yo en la cama. Después se arrepintió de todo lo que me había dicho, pero el mal ya estaba hecho. Por un año y medio intenté devolverle el sufrimiento que me había causado, que pagara por todo el mal que me había hecho. Supe que se había cansado de esta situación cuando me fui a un viaje de negocios y de regreso me enteré que había ido a comer con una amiga del trabajo, porque quería pasar un rato agradable. Yo inmediatamente pensé lo peor y lo boté de la casa. Pero la misma noche regresó. A pesar de que estamos juntos, no soy feliz. Antes pensaba que la mujer era débil si no podía decidir, pero ahora que me encuentro en esta situación, me doy cuenta de cuan difícil es tomar una decisión. Tengo veintiocho años y quisiera ser feliz. Siempre fui una mujer muy alegre, en cambio ahora, ¡me es tan difícil sonreír! ¿Podrá el amor de mi esposo y el mío propio sobrevivir y triunfar?

Susy

Estimada Susy:

Resulta lamentable y triste cuando vemos personas capaces de anteponer la venganza al amor, el orgullo al deseo. ¿Cuánto no perdemos diariamente en la vida por orgullo? Si decidiste reconciliarte con tu esposo, ¿por qué torturarte con la duda? Creo que

la respuesta es simple, si no puedes volver a entregarle tu confianza, sepárate de él. No sólo lo haces sufrir, sino que tú también eres infeliz. Recuerda, sólo tienes dos caminos, olvidas todo y te permites ser nuevamente feliz a su lado o terminas esa relación. Los términos medios en tu caso no funcionan, pues lo único que lograrás es que siga pasando el tiempo. Un día de esos que solemos llamar lúcido, analizarás tu vida y te darás cuenta que no valió la pena, que el orgullo es un sentimiento enfermizo que termina destruyendo a todo el que encuentra a su alrededor. Pero entonces será demasiado tarde. Sé valiente, permítete ser feliz.

La Quiere Más ... "Rellenita"

QUERIDA MARÍA REGINA:

Llevo casi dos años de casada (es mi segundo matrimonio, pero el primero de mi esposo). Le escribo porque últimamente siento una gran desilusión con mi esposo, debido a su sugerencia de que me haga un implante de silicón en los senos. Hasta el día que me lo pidió, teníamos una vida sexual muy activa, pero desde entonces en mí se ha muerto la pasión por él y encima de todo me siento acomplejada. No sé si lo que me pide está bien o si lo debiera tomar de la forma que lo he hecho, como un egoísmo de su parte, ya que sabe mucho sobre los problemas que pueden causar semejantes implantes. Después de su sugerencia me siento como menos mujer, aunque él me ha dicho que mejor me lo pide a mí, que irse con otra. ¿Estaré volviéndome loca o será que su amor por mí no es limpio? Siempre he sido delgada y de poco seno, así me conoció. Entonces, ¿por qué cambió de opinión ahora? Deberé someterme a una cirugía por salvar esta pasión de él o no?

LA DUDOSA

ESTIMADA DUDOSA:

No sé por que ha hecho una tragedia de algo tan simple. Si su

esposo ha compartido dos años de su vida con usted, es porque realmente usted le gusta. Que su fantasía sea verla con unos senos grandes, no creo que sea algo tan terrible como para dejarlo de amar o desarrollar un complejo. Al contrario, debe sentirse satisfecha al comprobar que su esposo confía tanto en usted que ha sido capaz de contarle uno de sus deseos más íntimos. Ahora bien, eso no quiere decir que deba operarse, esto debe depender únicamente de si a usted le gustaría. La razón es simple, hoy usted tiene una relación con él, pero quién le garantiza que mañana sigan juntos. Mi pregunta siempre es la siguiente, si conociera a un hombre que le gustara los senos pequeños, ¿se volvería a operar, esta vez para reducirlos?

¡Son Tan Amargados ... !

QUERIDA MARÍA REGINA:

Tengo un problema con mi esposo, él es un amargado. No le gusta salir y se la pasa tomando con sus amigos. No se ríe nunca, apenas habla y cuando me río me dice que soy una tonta. Se acuesta muy temprano y quiere que yo haga lo mismo. No se quiere llevar con mi mamá ni con mi abuelita. A mí me gustaría salir al parque, a caminar, ir a comer, etc. A él no le gusta hacer nada en la casa. Todo el tiempo se la pasa gritando, hasta con la hermana se enoja y le pregunta adónde va. Peleamos mucho porque yo no dejo que me diga groserías. A veces quisiera ir a caminar con la niña y mi mamá para no verle la cara de amargado que tiene. Le gusta hacer mucho el sexo ... todos los días. En cambio a mí no me gusta, así que casi siempre me hago la dormida.

Quisiera que me diera algún consejo para lograr hacerlo feliz y divertido, ya que no me gustaría separarme de él por la niña. Pienso que quizás pueda afectarle mucho una separación.

MARÍA

ESTIMADA MARÍA:

Tu esposo es feliz siendo un amargado, la que eres infeliz eres tú, pues no apruebas su comportamiento. Así que creo que más bien debes preocuparte en cómo aprender a vivir con su carácter, a ser feliz con esta situación. Deberás aprender a sentarte en el banquito de la paciencia y la tolerancia si es que quieres mantener tu relación. Pero antes de resignarte a compartir su amargura, podrías sentarte con tu esposo y decirle lo que te afecta su comportamiento. A él quizás no le resulte muy difícil mejorar su carácter en favor de la relación. Por otra parte, ¿cómo vas a pretender que él se sienta bien si buscas pretextos para evitar que te haga el amor? Pienso que deberías dejar de hacerte un poco la dormida y tener más a menudo sexo con él, a ver si así se le suaviza el carácter. En muchos hombres la ausencia de sexo los hace tener un comportamiento amargado e incluso comportarse de forma agresiva. De lo contrario, no te angusties, el tiempo siempre nos tiene la mejor respuesta, y como bien dice el dicho, no hay nada más lindo que un día tras otro.

QUERIDA MARÍA REGINA:

Mi problema es que soy muy sociable. Me gusta la gente, el baile, ¡me fascina! Mi esposo es todo lo contrario; es casero, le gusta cocinar, ver televisión, ir al cine, a un restaurante y ... ¡nada más! No tenemos amigos y con respecto al sexo, es muy frío y sólo piensa en él. Resulta que desde hace tres meses, y con permiso de mi esposo, salgo a bailar todos los sábados con una amiga. Para completar, he conocido a un hombre muy bien parecido, bailador y simpático, con el cual he tenido relaciones sexuales en dos ocasiones. Este hombre me atrae mucho sexualmente. A pesar de todo siento que quiero a mi esposo y no me gusta llevar dos vidas. Sé que todo esto está mal, pero no me puedo zafar del compromiso que tengo con mi amiga todos los sábados. Regina, yo quisiera que usted como mujer me diera su consejo. ¿Cree usted que deba regresar a la vida aburrida o normal que he llevado por estos diez años?

TERESA MARÍA

ESTIMADA TERESA MARÍA:

Mi opinión es que regreses a esa vida, que según tú, es aburrida. ¡Tú no te imaginas a cuantas mujeres les gustaría llevar una vida "tan aburrida y normal" como la tuya! Referente a tu "bailarín," es muy probable que para lo único que sirva es para "bailar" y no para asumir ninguna responsabilidad. Y por último, hazte responsable de que tu vida sexual con tu esposo mejore. Vas a ser mucho más feliz si lo haces. Acepta el hecho de que las relaciones sexuales dentro de un matrimonio no siempre son tan excitantes y novedosas como cuando uno está en una relación que acaba de empezar. Todas las relaciones empiezan al ritmo de la "lambada," pero al cabo de los diez años, acaban al ritmo de un "danzón." La tranquilidad de tus hijos, de tu hogar y la tuya es mucho más importante que salir los sábados a bailar. Sabes perfectamente que te sería facilísimo zafarte del "compromiso" de los sábados. Lo que pasa es que no te interesa hacerlo.

El Casado ... Casa Quiere

QUERIDA MARÍA REGINA:

Tengo veintidós años y quiero mucho a mi esposo. Hace tres años que mi esposo dejó que su hermano viniera a vivir con nosotros. Debido a esto, no me siento completa. No tengo ninguna privacidad, no puedo disfrutar de una noche romántica, ni tampoco puedo estar cómodamente vestida en la sala o en cualquier lado de mi casa. Mediante esta carta le quiero pedir que le recomiende a las mamás que no envíen a sus hijos solteros a vivir con los casados. Serán hermanos pero, para la cuñada, no son nada. ¿Por qué no se llevan a los hijos a vivir con ellas, a ver cómo les va? Nosotras, las cuñadas, no tenemos ninguna obligación de cargar con alguien que no quiera vivir sólo. Muchas veces, mi cuñado me dice que se va a cambiar de casa. No puedo dejar de pensar: ¡qué bueno ... hasta que por fin se va! Pero no pasa nada. Creo que seré muy feliz el día que viva sola con mi esposo. Todos los problemas que hemos tenido han sido por su hermano. Total, mi cuñado ni lo agradece ni creo que se dé cuenta. Mi suegra todo lo que ha sacado ha sido hacernos la vida infeliz. Me causa mucho disgusto tener que soportarlo. A los hermanos, quiero recordarles aquel refrán que es muy real: "El muerto y el arrimado, a los tres días, apestan o molestan." Muy agradecida por haberme dado la oportunidad de decir todo lo que siento. ¡No hay nada mejor que poder desahogarse!

DESESPERADA POR ESTAR SOLA

ESTIMADA DESESPERADA POR ESTAR SOLA:

¡Qué bueno que se haya podido desahogar conmigo! Ahora bien, en toda su carta no me menciona lo que, a mi juicio, es lo fundamental en este problema. ¿Qué dice su esposo de todo esto? ¿Está de acuerdo él en continuar viviendo sin la privacidad que todo matrimonio desea tener? No puedo creer que así sea. A no ser que usted no lo haya discutido con él, lo cual me parece muy poco probable. Me parece que, de ser así, debe hablarle muy seriamente de este asunto y, si fuera necesario, darle un límite de tiempo para que hable con su hermano y solucione el conflicto. Si se niega a hacerlo, todavía le queda una opción: niéguese rotundamente a tener relaciones íntimas con él mientras su cuñado esté en casa, alegando—con todo su derecho—que se siente cohibida por la proximidad del intruso. Y si su cuñado se rehúsa a levantar su nido en otra parte, no dude en enseñarle este artículo. Gracias por su carta.

La Que Espera Sentada ... Desespera

QUERIDA MARÍA REGINA:

Soy una mujer de veinticuatro años. Tengo un esposo que es un hombre maravilloso. Muchas veces le he oído decir que el matrimonio no es como en las novelas. Eso ya lo sé, pero lo que me preocupa es que ya yo no siento por mi esposo lo que antes sentía por él. Tengo que fingir todos los días que lo quiero y lo hago por los niños. Estoy sufriendo mucho y no soy feliz. En cambio, él sí es feliz, ya que me lo dice todos los días. Sé que hay gente que sufre cosas mucho peores, pero lo que a mí me pasa me está matando poco a poco. Me siento hasta débil de salud, y cuando estoy sóla me la paso llorando. ¿Me quedo así hasta que Dios diga? Quiero ser feliz y no sé cómo.

SUSANA

ESTIMADA SUSANA:

Uno de tus problemas es que estás deprimida y debes verte con un médico. Créeme, quisiera tener un "consejo mágico" que te hiciera sentirte feliz y enamorada de tu esposo, pero no lo tengo. No me dices cuántos niños tienes, pero supongo que los tuviste demasiado joven, sin disfrutar antes la alegría de vivir en pareja. Posiblemente ahora te sientes agobiada por el trabajo constante que implica la crianza de los hijos, lo que te impide tener con tu esposo el mismo tipo de relación que sostenían antes de que ellos nacieran. Es importante que lo involucres a él en las tareas relacionadas con la educación de los niños, que, dicho sea de paso, no son tuyos sólamente, sino también de él. De esta forma, compartiendo las labores cotidianas, les quedará más tiempo para dedicárselo a su vida íntima. La felicidad es algo que todo el mundo desea en su vida. Es una sensación de que todo marcha bien. Es una alegría inmensa sentirnos que estamos satisfechos con nuestra vida. Créeme, las personas no nacen felices, pero todas tienen la capacidad de serlo. Una falsa idea de la felicidad es que depende de un sólo factor. Por concentrarse en una sóla cosa, estás pasando por alto otras que te proporcionarían una inmensa felicidad. Como por ejemplo, haz algo útil y significativo en tu vida. Interésate por ver a tus hijos felices, pero no te dediques sólamente a ellos, sino a alguna otra cosa que te haga sentir orgullosa de ti misma. Recuerda que algún día tus hijos

serán adultos, y por ley de la vida abandonarán la casa de sus padres para fundar su propia familia. Y entonces, ¿cómo vas a llenar tu vida? Haz una lista de proyectos que sean realizables. Se puede tratar de una vacaciones, ir a la universidad, un nuevo trabajo, una salida con tus amigas. Todos tenemos algo que esperar con gusto. Pero si te vas a quedar sentada, "hasta que Dios diga," te veo muy mal. Dios dice: "ayúdate que yo te ayudaré." O como escribió Jean Jacques Rousseau, el escritor francés, "la felicidad suprema es estar satisfecho con uno mismo."

Maridos Machistas

QUERIDA MARÍA REGINA:

Llevo dieciocho años de casada, trabajo fuera de la casa y además hago el papel de criada, cocinera, lavandera y amante. Las horas del día no me alcanzan para hacer todo lo que mi familia espera de mí. Cuando llega la noche estoy extenuada. Mi esposo casi no me ayuda y ahora mi hijo me dice que si su papá no hace nada, por qué lo tiene que hacer él, que los dos son "hombres." Me cuesta tanto trabajo hacer que me ayuden, que por eso prefiero hacerlo todo yo misma. Necesito sus consejos. A veces tengo ganas de irme y dejarlo a los dos sólos para ver qué es lo que van a hacer (probablemente recurran al 911). ¿Qué hago?

LA HÁCELO TODO

ESTIMADA HÁCELO TODO:

Por si le sirve de consuelo, sepa que está probado que la mujer trabaja más que el hombre un promedio de quince horas a la semana. De modo que no está sola. Ahora bien, ¿cree usted que su marido va a cambiar de actitud mientras usted siga haciendo todo lo que le corresponde a él hacer? Su hijo no hace más que repetir el ejemplo que le ha enseñado su padre, así que ¡pobre de la

mujer que cargue con él ... ! Algunos hombres (no todos, porque no se puede generalizar) ven el ayudar en la casa como algo "poco masculino," y lo más probable es que su esposo sea uno de ellos. O tal vez piense que usted lo quiere "controlar," y que si hace lo que usted le pide estará perdiendo "poder." Así que explíquele que su interés no es controlarlo, pero que usted trabaja fuera del hogar y que es un ser humano que se cansa exactamente igual que él, (o más, pues se supone que él, por ser hombre, tiene más fortaleza física que usted). Que aquí el tema no es de "control" sino de "cansancio físico" (con esto disipa cualquier duda que tenga). Para que todavía se sienta mejor, déjele que escoja aquellos quehaceres que le gusten más y que sean (según él) los más apropiados para su sexo. Ahora, cuando los haga ¡ni se le ocurra llamarle la atención o criticarlo! Al contrario, hágalo sentir como todo un campeón. Lo que sí le recomiendo es que, si no termina tu tarea, (como si estuviera en el colegio) lo castigue y deje que las cosas se queden sin hacer. Tarde o temprano él se dará cuenta de las consecuencias de sus acciones, y seguramente preferirá vivir en una casa ordenada y limpia que en medio del desorden y la suciedad.

QUERIDA MARÍA REGINA:

Tengo un problema con mi esposo. Tenemos casi tres años de casados y un bebé de año y medio. Mi esposo vive obsesionado diciéndome que le gusta que su casa se mantenga brillante. Desde que nació la nena no para de recordármelo. Me dice que en donde su hermana y mamá jamás vio el fregadero lleno de trastes, las toallas del baño fuera de lugar o los juguetes regados. Muchas veces me desespero y le digo que me regreso con mi mamá. No comprende que es más importante que pase mi tiempo con el bebé y no limpiando la casa. ¡Pero eso no es lo peor! Muchas veces, durante la semana se me hace imposible arreglarlo todo antes de que llegue a la casa. Eso me pone muy nerviosa y de mal humor. Mi esposo trabaja de supervisor en una tienda. Creo que parte de su obsesión es lo que presionan mucho en el trabajo y viene a desahogarse conmigo en su casa, como si yo tuviera la culpa. Le he pedido que me de la oportunidad de organizarme. Pienso que si en la pareja hay respeto y consideración, no es justo que yo me sienta con esta presión. A veces me deprimo mucho.

LA AGOTADA

ESTIMADA AGOTADA:

No dudo que parte del problema sea la presión que tiene en el trabajo. Seguro que le exigen lo mismo que él te exige a ti. Pero también parece ser un problema de familia. Por lo que me cuentas, la mamá y la hermana también eran compulsivas en lo que al orden se refiere. El se acostumbró a vivir así y debe pensar que lo más normal es que tú también seas una esclava de la limpieza. Es muy probable que tenga el trabajo que tiene por su manera de ser. Tu marido tiene que comprender que cuidar a un niño chiquito y mantener un casa inmaculada no resulta una tarea fácil. Tu esposo no está siendo realista y te está pidiendo demasiado. Ahora, también tienes que comprender que para una persona que es ordenada se le hace difícil vivir con alguien que no lo es. ¿Por qué no tratas de mantener ciertas áreas de la casa (como la sala) siempre arregladas y en orden? Haz una lista con todas las cosas que tienes que hacer y destina un día de la semana a cada una de ellas. Si te ajustas a este patrón, verás que poco a poco todo se te hace más fácil. De todas formas, te estás haciendo la vida miserable con esas preocupaciones. Si a tu esposo le gusta tener la casa como si nadie viviera en ella, pídele que la mantenga él o te ponga a alguien para que te ayude. Atender a tu hijo y jugar con él, es más importante que pasarte el día sacándole brillo a los muebles. Trata de organizarte lo mejor que puedas. Pero, trata también de no tenerle miedo a tu marido.

Los Que Son Felices

QUERIDA MARÍA REGINA:

Tantos matrimonios le escriben con problemas, que yo le quiero escribir en defensa de los que somos felices. Me casé hace cuarenta y cuatro años y he tenido la suerte de ser muy feliz. Tengo una esposa que es algo especial. Hasta fue mejor de lo que yo esperaba, ya que yo había estudiado mucho y ella casi nada. Pero la vida me dio una gran sorpresa. Resultó que ahora ella sabe más que yo en todo y es mucho más inteligente. Tal vez ya nuestra vida sexual no sea tan intensa, pero todavía tiene mucho amor y ternura. No sé cuál es la forma para ser feliz, pero además de respetarnos, de vez en cuando yo la beso en los labios muy fuerte y le digo: "Hoy te quiero más que ayer, pero menos que mañana." También tengo dos hijos y tres nietos que son algo especial. Salud a todos.

ALBERTO

ESTIMADO ALBERTO:

¡Lo felicito! No habrá ningún libro escrito sobre cual es la forma para ser feliz, pero muchos hombres debían guiarse por su tan linda carta. Su secreto consiste en no dejar apagar la llama del amor, sino por el contrario, alimentarla día a día con pequeños detalles que son muestra de respeto y admiración. En una palabra: usted no ha permitido que la rutina diaria fuera más fuerte que la ternura, a lo largo de tantos años. Su familia es muy afortunada por tenerlo a usted como parte de ella.

QUERIDA MARÍA REGINA:

Es lamentable que exista tanto machismo en nuestra cultura. Hay que cambiarle la mentalidad al hombre. La mujer no es un objeto de uso, sino una compañera de diario. Con respeto opino que la mujer tiene mucho que hacer y lo primero es que desde el principio sean ellas quienes pongan las reglas de toda relación con el hombre y no el hombre a ellas. La mujer casi siempre permite todo tipo de condiciones para no enojarlo y en ese momento es que el hombre se aprovecha.Claro que no todos los hombres somos iguales. Lo importante es que al hombre se le enseñe que las mujeres son lo más hermoso del mundo ya que fue creada con muchas bellezas (físicas, morales y espirituales) y atributos tan grandes como la concepción de la vida misma. El hombre siempre ha querido los honores del "macho" y nunca se ha puesto a pensar en que si estamos en este mundo es gracias a una mujer. En lugar de maltratarla, hay que amarla y en lugar de pegarle hay que acariciarle. Todos aquellos que maltratan a sus compañeras maltratan su propia felicidad. Recuerden siempre que Dios jamás castiga, que el castigo nos lo imponemos nosotros mismos con nuestras acciones. De antemano le agradezco mucho la atención a mi humilde opinión. Amo mucho a Dios, a mi compañera, a mis hijos y a todo concepto de vida.

SERGIO

ESTIMADO SERGIO:

Estoy de acuerdo con todo lo que me ha escrito. Es cierto que muchas veces las mujeres son las culpables de sostener relaciones abusivas con los hombres, porque se conforman con su papel de víctima dando por sentado que el "macho" es quien debe poner las reglas del juego. Es un problema que comienza con la educación en el hogar, con el ejemplo que se copia de los padres, pero que, sin lugar a dudas, no tiene por qué continuar perpetuándose. Un aplauso por sus palabras ... y gracias por escribirnos.

CAPÍTULO 6

Problemas de Alcoba

Cuando las puertas de la habitación de la pareja se cierran, lo que hay detrás de ellas es un mundo casi tan privado como el del pensamiento, con la diferencia de que este mundo lo comparten dos personas únicamente en todo el mundo. Puede ser un mundo de pasión y romance, o un mundo de resentimiento y dolor, y en esto tiene mucho que ver la forma en que los miembros de ese dúo desarrollen sus relaciones sexuales. Es un asunto que sólo ellos conocen y que la mayoría de las veces no comparten con otros ... pero precisamente esta misma intimidad, el no poder o no querer confiar en nadie hace que los protagonistas no encuentren soluciones a muchos de los problemas que se les presentan cuando están en la cama.

Muchos piensan que el sexo es lo más importante en una relación. Sin embargo, según las encuestas, la comunicación, el respeto, la fidelidad, la amistad y el buen humor estar muy por encima que el sexo. A veces hacer reír a la pareja resulta más ventajoso que hacer el amor. ¡Pero ni por un momento piensen que el sexo no es importante! Miren, sino, cómo cuando las relaciones sexuales no funcionan, cuando las dos personas no son compatibles o no están dispuestas a complacerse, por mucho humor y cariño que exista, ese matrimonio, definitivamente, no funciona.

Las puertas de la alcoba pueden ser como las máscaras que se usan en los bailes de disfraces: usted no tiene la menor idea de lo que pasa detrás de ellas. Tal vez ese matrimonio que usted cree tan serio y aburrido, cuando está a sólas, se dedica a crear fantasías de masoquismo; quizás aquél hombre que usted piensa que es una maravilla y que todas las mujeres quisieran tener por amante, es un desastre cuando se sube a la cama; quién sabe si la mujer que alardea de ser muy sensual, en el fondo se comporta como una frígida, o si ese compañero de trabajo suyo, con carita de bebé y pies planos, es un verdadero "monstruo" en el amor, tanto en dimensiones como en intensidad y conocimiento ...

Antes, nadie confesaba sus problemas de alcoba aún cuando estuviera muy atormentado respecto a ellos y aún cuando necesitara encontrar una solución, ya fuera a problemas de eyaculación prematura, de una masturbación obsesiva, de falta de erotismo y de apetito sexual o de recurrencia de fantasías tentadoras. Por fortuna, los tiempos han cambiado y las mujeres y hombres hablan más de sus frustraciones en el lecho y consultan a amigos, familiares, sicólogos o expertos en relaciones sobre aquellos trastornos que les impiden tener relaciones sexuales totalmente satisfactorias. A continuación veamos algunos de esos problemas más comunes que existen en ese reino misterioso, maravilloso y privado que es la alcoba.

Huelga de Sexo

QUERIDA MARÍA REGINA:

Tengo veintinueve años y llevo siete de casada. Mi marido y yo siempre hemos tenido relaciones de cinco a seis veces a la semana, pero—sin que yo pueda saber la razón—él no me ha querido tocar en estas últimas cinco semanas. Yo estoy muy preocupada y no se que hacer. ¿Tendrá otra mujer? Por favor contésteme rápidamente, ya que esto es algo que no puede esperar.

INTRIGADA

ESTIMADA INTRIGADA:

Cinco semanas no son tanto tiempo, aunque comprendo que te sientes preocupada debido a que ese no ha sido el patrón de tu

relación durante siete años. Sin embargo, no creo que sea motivo de alarma. Tu marido puede estar teniendo problemas en su trabajo, o puede estar pasando por una preocupación muy personal. En vez de estar angustiada y tratando de adivinar lo que está sucediendo, considero que lo más apropiado es que hables con el y averigües la realidad de una vez por todas. Sinceramente, no creo que sea problema de que exista otra mujer y hasta me da la impresión de se trata de algo que no está relacionado con tu matrimonio.

Cuando Es Él el de la "Jaqueca"...

QUERIDA MARÍA REGINA:

Le escribo estas líneas para pedirle un consejo, ya que llevo seis meses de casada y en todo este tiempo sólo he tenido dos o tres veces relaciones con mi esposo. Y eso, para colmo, fue sólo al principio. ¡Imagínese cómo me sentiré que ya hace más de cuatro meses que mi esposo ni me toca! Siempre trato de abrazarlo, besarlo, de hacer que se sienta bien y al mismo tiempo sentirme bien yo también, de despertar su sexualidad (al menos eso que sentía por mí en los primeros días), pero es como si una barrera existiera entre nosotros. Lo quiero mucho y trato de demostrárselo, pero siempre que trato de acariciarlo, me dice que esta cansado, que le duele la cabeza, tiene muchas cosas importantes en qué pensar y que yo lo estoy entreteniendo. Cuando me dice eso me hace sentir mal y tengo la impresión de que no me quiere. Yo se que el sexo no lo es todo en la vida, pero la falta total de él se está convirtiendo en una tragedia en mi matrimonio. Ahora yo estoy tratando de distanciarme de él, de hacerme la indiferente (aunque sufro mucho por dentro) para ver si, de alguna forma, el toma la iniciativa y me hace sentir amada.

LA DESESPERADA

ESTIMADA DESESPERADA:

Lo que te está sucediendo no es normal y me parece que sería

bueno que te sentaras y conversaras seriamente con tu esposo, pues sólo el tiene la verdadera respuesta de lo que pasa. No quiero asustarte, pero en muchos casos parecidos al tuyo lo que hay en el fondo es un problema de homosexualidad que sale a flote después de la luna de miel, cuando él se da cuenta de que "aquello no es lo suyo." Muchos hombres se casan por quedar bien con la familia y con la sociedad, pero después se dan cuenta que, aunque puedan engañar a la humanidad entera, no pueden engañarse a sí mismos. Pero también está el caso de los hombres a los que, simplemente, no les gusta hacer el amor. ¿Te parece raro? Pues sí, entérate: hay algunos hombres muy heterosexuales, pero a los que no les interesa tanto el sexo. Puede ser también que la presión de los estudios o el trabajo lo estén agotando mucho y él posponga todos los días el acto sexual para cuando se sienta mejor. Sin embargo, como está tan cansado, siempre lo deja para más adelante. Y existe también la posibilidad de que tu marido esté pasando, como muchos hombres, por una fase temporal de impotencia y no te lo quiera decir, por vergüenza. De cualquier manera, un consejero matrimonial podría resultarles de mucha ayuda. Aunque lo más importante, como ya te dije, es que se sienten a hablar y a conversar sobre el asunto sin ningún tipo de miedos. Para algo están casados, ¿no? Si en una pareja no existe comunicación, entonces no existe el pilar fundamental para sostenerla.

La Vil Seducción ...

QUERIDA MARÍA REGINA:

Llevo unos meses de relaciones con una mujer que me gusta mucho. Esta muchacha insiste en tener relaciones sexuales antes del matrimonio, pero eso es algo que mi religión no me permite. Como ella siempre está "tratando," me tienta bastante y temo que yo no pueda dejar de resistir. Tanto es así, que trato de no quedarme sólo con ella por miedo a pecar. Quisiera continuar saliendo con ella con miras a casarme en un futuro, pero me está costando mucho trabajo, debido a la insistencia de ella en que tengamos relaciones sexuales desde ahora. ¿Qué puedo hacer?

VÍCTOR M.

ESTIMADO VÍCTOR:

La suya es una fuerte convicción personal y religiosa, la cual admiro. Y si usted está tan convencido de eso, tiene que aplicar esos principios en los que tanto cree a esta relación, que parece ser algo importante en su vida. Así que si ella lo acepta, tiene que aceptar también su forma de pensar. Vuelva a hablar con ella, explíquele que la respeta demasiado y que desearía continuar viéndola, pero que, como espera que algún día esta relación llegue al matrimonio, quiere hacerlo todo siguiendo los principios que siempre han guiado su vida. Si usted se mantiene firme y ella no entiende su posición, puede que esto cause una ruptura entre ustedes. Sin embargo, ésa es su forma de pensar y no tiene por que cambiarla. Quien más va a perder va a ser ella, pues hombres como usted quedan pocos ...

Apetito Sexual ¡Desaforado!

QUERIDA MARÍA REGINA:

Llevo dos años de novia con este muchacho que tiene un gran apetito sexual. Cuando digo "gran apetito" me refiero a que sólo piensa en eso; por él estaríamos haciendo el amor a toda hora (y él, hasta ahora, nunca se cansa). Tengo una amiga que se divorció por eso y me dice que los hombres que son así jamás son buenos esposos, pues acaban buscando relaciones sexuales con otras mujeres. No niego que a mí la actividad sexual me gusta bastante, así que en eso nos llevamos bien. En todos los aspectos él es muy bueno conmigo, pero me da miedo sobre todo por lo que dice mi amiga, que en el futuro me sea infiel. ¿Cree usted que ella tiene razón en lo que dice? ¿Qué pasa si, cuando pase el tiempo, yo no puedo llevar el ritmo sexual que él necesita? El quiere casarse conmigo dentro de seis meses.

ELOÍSA

ESTIMADA ELOÍSA:

Yo creo que el caso de tu amiga no debe ser generalizado, pues siempre he visto que los hombres que tienen gran apetito sexual son, por lo general, más tolerantes, más generosos y más agradables con sus compañeras. Claro que no hay regla sin excepción, pero casi siempre este tipo de hombre es el que más ayuda a la mujer en el hogar y colabora más en la crianza de los hijos. Todo eso tiene sentido: una mujer que vea que su hombre la ayuda y la considera, tendrá más deseos de hacer el amor con él, lo cual a él le encanta. Olvídate de lo que dice tu amiga, pues cada quien cuenta de la feria como le va en ella. Y no te preocupes por si podrás "cumplir" con el ritmo sexual de él en el futuro, pues seguramente a medida que pase el tiempo, van a encontrar una frecuencia de relaciones sexuales que sea agradable para ambos. Juzga a tu novio por la manera en que hasta ahora se ha comportado contigo. Yo creo que si en estos dos años no has tenido quejas, no parece que las vayas a tener una vez que estés casada con el. Recuerda que el noviazgo es el preámbulo del matrimonio y una especie de "avance" de la película que viene después ...

Dame Amor, Mucho Más Amor ...

QUERIDA MARÍA REGINA:

Aunque yo y mi esposa nos llevamos bien, tenemos problemas en lo que se refiere a las relaciones sexuales. A ella no le gusta hacerlo y considera suficiente dos o tres veces al mes, pero para mi es todo lo contrario. Ambos somos jóvenes y tenemos una niña de dos años;

ella trabaja por la mañana y yo por la tarde, así que muchas veces cuando llego, ya ella esta dormida. Si no, me dice que esta cansada o que tiene sueño, pero el caso es que siempre hay un pretexto. No quisiera terminar con ella ni me gustaría serle infiel, pero no sé que hacer. A veces he tenido que masturbarme, por el tiempo que pasa sin que tengamos relaciones. Y lo peor es que, cuando se lo pido, no me habla durante cuatro o cinco días. Cuando lo hacemos, le pregunto que quiere que le haga para que quede satisfecha o si quiere que le haga el amor de diferente posición, pero enseguida me responde preguntándome que quién me enseñó todas esas cosas.

EL FRUSTRADO

ESTIMADO FRUSTRADO:

Su problema básico es el de falta de comunicación con su esposa. Me parece una actitud bastante inmadura por parte de ella que le deje de hablar, sencillamente porque usted la desea como mujer. Eso lo debe tomar como un piropo y no como una ofensa. ¿Para qué se casó entonces? Y lo de hacerse la enojada cuando usted le pide probar otras posiciones, me parece tan sólo un pretexto, pues ella sabe que con un acto de celos puede excusarse de tener que hacer el amor. Yo creo que, posiblemente, su esposa haya tenido algún problema en su juventud y de ahí su rechazo al sexo. Pero de cualquier forma, si ella no se lo comunica, usted nunca la podrá ayudar. Ante esta situación, yo les recomiendo que consulten un consejero matrimonial. Tal vez con la ayuda de un especialista puedan dar con la raíz del problema.

QUERIDA MARÍA REGINA:

Mi esposo, con el que llevo casada nueve años, es muy bueno conmigo pero no me complace sexualmente lo suficiente. Le gusta hacerlo sólamente una o dos veces por semana y a mí, todos los días. A veces pienso que no me quiere. Pero es que desde que nos casamos siempre ha sido igual, nada ha cambiado. Ya he hablado del asunto varias veces con el, pero sin resultado algunos y, en momentos de desesperación he pensado hasta en tener una aventura (pero no creo que llegue a hacerlo). Él alega que esta cansado y que venimos de paises diferentes (soy dominicana y él es alemán), pues el clima influye mucho y que yo por eso soy tan caliente. Yo eso no lo creo. La cuestión es que no sé que hacer. ¿Usted cree que él tenga otra mujer?

J. JIMÉNEZ

ESTIMADA J. JIMÉNEZ:

Su esposo la quiere y estoy segura de que no tiene otra mujer. Este es un hombre al que, sencillamente, no le gusta hacer el amor todos los días, así que mucho menos se buscaría una amante con la cual también tuviera que "cumplir." Usted tiene que entender que no todo el mundo tiene el mismo apetito sexual, pues hay hombres que, por naturaleza, tienen un impulso sexual débil y el sexo nunca llega a ser parte importante de sus vidas. La solución no es buscarse otro hombre, sino tratar de llegar a algún acuerdo con su esposo que sea satisfactorio para ambos. Él va a tener que poner un poco más de su parte y usted acostúmbrese a darse una ducha de agua bien fría cuando sienta mucho "calor" sexual. Trate quizás de estimularlo con algunas películas eróticas o dándole algunas vitaminas o sustancias naturales que le estimulen la líbido. También créese otros intereses para que mantener su mente entretenida en otras cosas.

QUERIDA MARÍA REGINA:

Le diré que hace más de dos años que no tengo vida íntima con mi esposo, pues el dice que no le interesa debido a que esta afectado emocionalmente por problemas económicos y problemas en el trabajo. Hasta el momento, ha sido un hombre bueno como padre y esposo, pero yo me siento muy frustrada como mujer, pues mi vida es sólo trabajar y dormir. Yo me conservo muy bien y no soy nada fea, pero esto a él no parece interesarle. Quiero a mi marido, pero ¿se imagina lo que es estar en la misma cama con un hombre que le gusta, que la esta rozando con su cuerpo ... y tener que mirar a la pared? Le digo que vaya a un médico, que cualquier otra mujer en mi lugar lo engañaría, pero él no me hace caso a nada y lo único que me responde es que cada uno debemos tomar nuestro camino, pues él ni va a cambiar, ni le interesa. Para que mi hogar no se destruya, estoy teniendo que sufrir mucho. Me siento despreciada, dolida y vacía. Le aclaro que estoy segura que no hay otra mujer por el medio, pues él siempre está en casa. En tantos años de casada, nunca, nunca había tenido un problema de esta índole.

PILAR

ESTIMADA PILAR:

Aquí el problema más grande no radica en el poco interés sexual de su esposo, sino en su falta de interés por resolverlo. Da la impresión que él cree que le esta haciendo a usted el favor de continuar a su lado, con una gran seguridad en que usted jamás lo va a abandonar, haga él lo que haga. Eso no es nada saludable en una relación. No quiero asustarla, pero yo no descuento la posibilidad de que, al cabo de años de matrimonio, haya descubierto que no le gustan las mujeres y estén tratando de definir su sexualidad. Sea lo que sea, su esposo no ha podido ser más claro con usted: no va a cambiar, ni tampoco le interesa. A usted no le queda más alternativas que conformarse a vivir así, renuncia a sus relaciones sexuales hasta que a él le de la gana de reiniciarlas ... o se va de su lado. Puede que cuando él vea que usted ha decidido seriamente abandonarlo, haga algo por prestarle más atención a sus necesidades sexuales. Créame, cuando un hombre quiere de verdad, hace "milagros" para mantener a su lado a la mujer amada.

Pasión sin Consideración

QUERIDA MARÍA REGINA:

Tengo veinte años de edad y trabajo quince horas diarias, pero mi esposa, que tiene diecisiete, no trabaja. Cuando me acuesto a dormir, ella quiere que este con ella unas cuatro horas, acariciándola y haciéndole el amor. Con esto, casi no me deja dormir, por lo que me levanto muy cansado. Ella dice que padece con falta de amor, pero soy yo el que está padeciendo de mucho trabajo y mucho desvelo. A veces cuando me duermo se enoja conmigo porque quiere que le haga el amor "bien rico" (como ella dice), pero si esto sigue así, me voy a tener que separar. Si ella me deja, al mes tengo otra ... ¡pero no quiero encontrarme con otra de estas "devoradoras de amor"!

SU ADMIRADOR

ESTIMADO ADMIRADOR:

Su mujer es casi una niña y puede que por su edad e inmadurez no comprenda que usted no es una maquina de sexo y que necesita descansar. Como ella no trabaja, le sobran las energías y las quiere gastar de una manera placentera. Trate de resolver la cuestión de una manera inteligente, pues veo que ustedes se aman (y no me venga con eso machismo de que usted "al mes tiene otra"). Usted tiene que hablar con ella y explicarle, como trabaja tanto, necesita dormir y descansar. Si ella lo sigue despertando, váyase a dormir a la sala y tal vez ella se dé cuenta de cuánta es su decisión de descansar. Convénzala de que deje todo ese "amor bien rico" para los fines de semana o para los días que no tiene que trabajar tantas horas. Si su mujer no puede comprender su situación es porque es bastante egoísta e inmadura (recuerde que a esa edad no se puede esperar mucho más). Bueno, y ¿por qué no la pone a trabajar? Esa sería una forma de resolver el problema, por tres razones: 1) usted tendría que trabajar menos horas; 2) ella se daría cuenta del sacrificio que usted hace; 3) ¡ella llegaría a la casa tan cansada como usted!

Tres "Exagerados" y una Respuesta

- "... me he casado tres veces y de las dos primeras mujeres, me tuve que separar por el mismo problema: soy muy exagerado en el miembro viril. En el mejor momento del acto sexual, casi siempre la mujer con quien estoy (incluyendo la de ahora) se queja de que la lastimo. Esto me irrita y empezamos a pelear. ¿Hay algún remedio para corregir ese 'error'?"... EL DESDICHADO

• "... tengo veinticinco años y no me puedo poner pantalones estrechos debido al tamaño de mi órgano sexual. Cuando llega el momento de hacer el amor, todas las mujeres se niegan. Este problema me ha hecho un hombre frustrado. ¿Qué puedo hacer?"... EL MONUMENTAL DE TAMPA

• "... llevo casada cuatro meses y apenas puedo hacer el amor, pues mi esposo está demasiado desarrollado. Me dice que es de herencia y que todos en su familia son así. Me lastima mucho por dentro y me dice la exesposa de su hermano que ella acabó en el hospital. Yo sufro en vez de tener placer en el amor. Yo lo quiero y no deseo divorciarme. ¿Qué me recomienda que haga?"... C.A.M.

ESTIMADOS AMIGOS:

Ante todo, quiero que sepan que cualquier irregularidad que tenga el hombre, ya sea por falta o por exceso, no afecta su habilidad para funcionar sexualmente y poder satisfacer tanto a él como a su compañera. En estos casos, las jaleas lubricantes son muy útiles. Aquí funciona mucho lo del entrenamiento del cuerpo, y quienes tengan un compañero de amplias proporciones sexuales van a tener que pasar por un proceso de estiramiento cada vez que hagan el amor, sobre todo en los primeros tiempos. Tómense su tiempo y hagan el amor despacio y con gentileza. También pueden tratar diferentes posiciones. A las señoras les recomiendo que si el dolor continúa, visiten a su ginecólogo, quien les dará cualquier información que necesiten. Las verdaderas relaciones sexuales, las que son duraderas y para siempre, están formadas por el amor, respeto, la comprensión, la lealtad y el deseo de hacer que la relación perdure.

Las Que Sufren por Carencia

QUERIDA MARÍA REGINA:

La señora C.A.M. debe darle gracias a la madre naturaleza de que hizo a su esposo así, pues somos muchas las que nos tenemos que conformar con menos. Mi esposo es casi inadecuado y no disfrutamos nada del amor. Dígale a C.A.M. que se quite esa preocupación de la mente, pues toda mujer esta físicamente preparada para aceptar el miembro masculino, sin importar sus dimensiones. Hace años, yo tuve un novio que era super dotado y fui muy feliz sexualmente con él. ¡Si somos capaces de traer al mundo una criatura! Ojalá yo pudiera "aprovechar" lo que otras no quieren."

MANDRÁGORA J.

ESTIMADA MANDRÁGORA J.:

Estoy de acuerdo con usted en parte de lo que dice, aunque un hombre que no está tan desarrollado también puede satisfacer a su pareja. Lo que pasa es que ni usted ni su esposo le han encontrado el "truco" al asunto. Recuerde que el tamaño sólo determina la profundidad de la vagina y eso es poco importante a la hora de sentir placer. ¡Tampoco me compare este problema con el de dar a luz, por favor!. La diferencia es bastante grande, pues aunque traer un niño al mundo es una experiencia única, la sensación esta lejos de ser placentera. De todas formas gracias por aconsejar a nuestra amiga y compartir con nosotros sus experiencias.

QUERIDA MARÍA REGINA:

Tengo veinticuatro años y pienso casarme con mi novia. Ella es divorciada, tiene treinta y dos años y dos hijos. Mi problema es que, yo creo, tengo un trauma con mi miembro masculino. Aunque cuando hemos tenido relaciones ella afirma que queda satisfecha, ella me ha comentado que su anterior esposo era tremendamente desarrollado. Sin embargo, me asegura que nunca quedó satisfecha, sino adolorida. Ahora mi duda es si ella dice esto para no herirme. Dígame su opinión.

El Penoso

Estimado Penoso:

El tamaño del miembro masculino tiene muy poco que ver con la satisfacción que siente la mujer debido a que la mayoría de los nervios vaginales de ellas están colocados en un tercio de la parte de afuera de la vagina. Es decir, que casi todas las sensaciones se producen más exterior que interiormente. Si su novia—divorciada, con dos hijos y sabe lo que es la convivencia diaria con un hombre—está dispuesta a casarse con usted es porque busca amor, comprensión, atención, posiblemente todo lo que seguramente no encontró con su ex-marido. El tendría proporciones extraordinarias, pero sólo supo herirla física y espiritualmente. No creo que ella esté pensando en las pulgadas de más o de menos de los miembros masculinos para saber si se casa o no. Si le dijo que quedaba satisfecha no veo porque pone en duda su palabra. Olvídese de las medidas y concéntrese en saber dar amor y comprensión "sin medida" (que es donde verdaderamente cuenta).

El Alardoso de South Beach

Querida María Regina:

Me siento preocupado cuando leo en su columna que algunas personas sólo hacen el amor una o dos veces por semana. No se si mi caso sea enfermedad, pero la realidad es relaciones sexuales hasta diez veces diarias. Las mujeres que pasan por mi cama han llegado a quejarse de que les hago daño físicamente, pues además tengo proporciones descomunales, tanto que los amigos me dicen " Trípode." Pero así todo, ellas quedan satisfechas y con ganas de repetirlo. ¿Será esto normal ... ? Yo estoy, como los Boy Scouts, "siempre listo." A veces me pregunto si no estaré enfermo por exceso de hormonas, proteínas y vitaminas. Por favor, María Regina, aconséjeme. Leo siempre su columna y veo que todos se quejan por defectos, pero no por excesos.

EL BOY SCOUT DE SOUTH BEACH

ESTIMADO BOY SCOUT:

Me cuesta trabajo creer lo que me cuenta en su carta y me inclino a pensar que se trata de una fantasía suya y no una realidad. Tanto me intrigó su caso, que hice un poco de investigación respecto a la potencia sexual masculina. Le diré, por ejemplo, lo que descubrí acerca de los promedios de ejecución sexual masculina:

- **De 18 a 24 años ... 3.8 veces a la semana**
- **De 25 a 34 años ... 2.9 veces a la semana**
- **De 35 a 44 años ... 2.4 veces a la semana**
- **De 45 a 54 años ... 1.5 a la semana**
- **De 55 en adelante ... 1.0 a la semana, como máximo**

Cabe la posibilidad de que si usted toma vitaminas estas cifras aumenten una fracción de punto, pero jamás hasta el punto de que alguien pudiera realizar el acto sexual hasta setenta veces a la semana. Además, para tener relaciones hasta diez veces al día, necesitaría dedicarle unas doce horas diarias a esta función. ¿Usted no trabaja? ¿En qué tiempo conquista a todas estas mujeres? ¿O acaso es prostituto? No me explico como le queda tiempo para leer mi columna y mucho menos escribirme una carta. Si quiere llevar una vida más completa le recomiendo que dedique parte de su tiempo a otros aspectos como leer, pasear, hace ejercicios, contemplar la naturaleza, hablar con sus amigos, etc. Usted me pregunta si conozco algún caso similar al suyo. Le diré que si los conozco... ¡pero todos están bajo tratamiento psiquiátrico por alucinaciones!

COMENTARIOS SUSCITADOS ENTRE LOS LECTORES POR EL CASO DEL BOY SCOUT:

- "... aunque hoy en día estoy casi retirado y ya no tengo la potencia de otros tiempos, todavía las mujeres se derriten cuando están frente a mí, pero mis máximos actos de amor, en mis mejores tiempo no han pasado de ocho en una noche y sólo he podido mantener ese vertiginoso ritmo durante treinta días consecutivos. Por eso sé que lo del Boy Scout de South Beach es puro alarde. Por mis experiencias, le puedo afirmar que ese señor no es ningún 'Boy Scout' sino un farsante."... EL MANTECADO DEL CARIBE

• "... no fuiste justa con el Boy Scout de South Beach, pues quiero informarte que años atrás mi esposo y yo hacíamos el amor ocho y diez veces en una noche, cuatro veces a la semana, claro que no todos los días de la semana. El tiene ya cuarenta y siete años y, por supuesto, su apetito sexual se ha reducido a dos o tres veces por día. No estoy ni alucinando ni bajo tratamiento psiquiátrico."... UNA PAREJA FELIZ

• "... la felicito por descubrir la gran mentira del llamado Boy Scout. Sin embargo, las estadísticas que usted citó son erróneas, al menos en mi caso: yo tengo cincuenta y tres años y a pesar de que soy chofer de camión pesado, hago el amor con mi mujer diariamente, los siete días a la semana, dos veces al día, a la hora del almuerzo y antes de irnos a dormir. Y lo vuelvo a hacer si me despierto a cualquier hora de la noche. Debo reconocer que a mi mujer no le gusta tanto como a mí y por ese motivo tengo una amante en Virginia que también tengo que complacer cuando la visito."... MARIO

• "... yo tuve una aventura con alguien parecido al Boy Scout de South Beach y el resultado final fue un tumor en la columna a nivel 1.5. Según el médico, al ir creciendo el tumor en su etapa primaria, comprimía un nervio que alteraba el impulso sexual en el área de los genitales."...

• "... Yo tuve un novio de veinte años y a veces hacíamos el amor hasta doce seguidas, pero era cuestión de tres minutos cada vez. Es mejor tener un compañero que te dedique treinta minutos y te lleve al clímax, que una máquina de hacer sexo, que es lo que parece el Boy Scout."... MARIETTA

- "... le digo que la única forma de poder hacer eso es oliendo cocaína. Yo soy consejero de drogadictos y sé lo que hablo. Pero que se cuide el Boy Scout, pues esa droga impide al hombre llegar al orgasmo y eso lo frustra; al cabo del tiempo, resulta muy negativo, pues llega el momento en que lo hace impotente y puede hasta jorobarle el pene de manera permanente."... E.P.

- "... déjeme que me ría de lo que dice el Boy Scout de South Beach. Eso de que las mujeres quedan con ganas de repetirlo es sólo en la mente de él, a no ser que ellas sean masoquistas. Lo más probable es que este joven no llegue ni 'a primera base' con las mujeres y tenga que recurrir a eso para poder sentirse hombre. Como dice la canción: 'Bájate de esa nube y vuelve aquí a la realidad.' Estoy segura que lo de él es como el dicho de 'mucho anuncio y poca mercancía.'"... LA DIVERTIDA DE MIAMI

¡Es Fantástico Tener Fantasías!

QUERIDA MARÍA REGINA:

Soy una mujer de treinta y un años, felizmente casada; tengo tres niños y un esposo al cual adoro. Nos comunicamos muy bien y nuestra vida sexual es muy exitosa, pero desde hace como un mes estoy teniendo fantasías sexuales y lo peor es que ¡me agradan muchísimo! No me imagino a ningún hombre en particular, pero me entretienen y me excitan. ¿Será que ya no quiero a mi esposo? Por favor ayúdeme, ya que no sé lo puedo contar a nadie y esto me está poniendo muy nerviosa. Temo que si hablo esto con mi esposo, se llegue a sentir inseguro y celoso.

B.M.

ESTIMADA B.M.:

Usted es una prueba más de que, al contrario de lo que piensan muchos, los hombres no son los únicos que tienen fantasías se-

xuales. En realidad, casi todas las personas, casadas o no, las tienen. Eso no es algo que depende del grado de realización sexual de la persona (aunque los frustrados sexualmente encuentran también un gran escape en las fantasías), sino de la imaginación de cada cual. Las fantasías sexuales pueden ser cosas de segundos y pueden ser tan largos como una película de largometraje. Yo tuve una amiga que se había creado un amante ideal con el cual se dedicaba a soñar despierta media hora cada día. Esto duró cinco años. Es muy posible que su pareja no aparezca en su fantasía y en su lugar esté alguien a quien usted ni siquiera conoce, como por ejemplo, un artista de cine. Por eso se llaman "fantasías," porque es algo que su imaginación hace para salirse de la realidad. Después de decirle que no se preocupe tanto, también le aconsejo que examine un poco su relación y vea si algo ha cambiado o algo falta. Es posible que sus fantasías sexuales le estén sirviendo para llenar una necesidad que no está siendo cumplida con su pareja. Si no se convierten en un pasatiempo obsesivo, no les de importancia, ya que sólo son eso, fantasías. La mayoría de las personas no le dan a su mente el lugar que se merece y esas ensoñaciones son una especie de ejercicio de la imaginación.

Sueño Contigo ...

QUERIDA MARÍA REGINA:

Resulta que a menudo tengo muchos sueños eróticos como, por ejemplo, con Eduardo Capetillo, Osvaldo Ríos, Ariel Padilla o Saúl Lizaso. No sé si esto se debe a que veo muchas telenovelas, pero he notado que no me las pierdo si el protagonista me gusta. ¿Será esto una enfermedad? ¿Me habré convertido en una ninfomaníaca. Déjeme aclararle que soy soltera y no tengo novio.

LA SOÑADORA

ESTIMADA SOÑADORA:

Su nombre le viene de lo más bien, pues eso es lo que es usted,

¡una sonadora! Nuestra sexualidad es la parte de nuestra personalidad que está más propensa a las represiones. Debido a eso, tenemos que dejarla que se desarrolle de algún modo. Todos hemos soñado con temas de sexo, especialmente durante la adolescencia, que es nuestra entrada en la vida sexual adulta. Los sueños genuinos, ya que provienen de su subconsciente. Ellos le indican el modo de llevar una vida sexual más apropiada a su personalidad. Es decir, son como una especie de alarma interior de su "yo," que es quien conoce sus verdaderas necesidades. No hay que desechar la posibilidad de que esas fantasías sean el reflejo de determinados y ocultos deseos sexuales secretos, de acuerdo a los cuales usted quiere experimentar el sexo en alguna forma específica. Cuando se despierte, después de uno de esos sueños, analice sinceramente su reacción sobre ellos: ¿siente temor, culpabilidad, ansiedad, placer, vergüenza? ¿la hacen sentirse menos tensa y más ansiosa? Los sueños le permitirán conocer cual es su verdadera actitud sobre la sexualidad. Las fantasías sexuales son bastante comunes entre las mujeres, ya que ellas nos muestra lo que estamos buscando en una relación. Pero, tenga cuidado con interpretar bien esos sueños y ni dependa sólo de ellos para su vida sexual. Si lo hace, eso quiere decir que esos sueños le están poniendo una pared entre usted y el mundo de la realidad. Si usted, como me dice, es soltera y no tiene novio, esos sueños puede que no reflejen más que sus lógicos deseos de realizarse como mujer. En vez de ver vivir en un mundo de fantasías viendo tantas telenovelas, ¿por qué no trata de salir y conocer jóvenes de su edad? Vivir de las fantasías puede ser agradable en ciertos momentos, pero impide sacarle provecho a las oportunidades que la vida ofrece.

El Clímax Femenino del Amor

QUERIDA MARÍA REGINA:

Tengo diecinueve años y muy poca experiencia en el amor. Mi

novia, que tiene mi misma edad, sabe tanto o lo mismo que yo. Algunas veces me dice que no sabe si ha tenido un orgasmo o no. ¿Cómo es posible que no se dé cuenta? ¿No funciona en las mujeres lo mismo que en el hombre? Yo no creo que una mujer pueda tener una experiencia y no saberlo. Me parece a veces que ella me está engañando.

CURIOSO

ESTIMADO CURIOSO:

Claro que no es igual que en el hombre, pues no haya nada más diferente que la sexualidad masculina y la femenina. De la misma manera que el hombre el órgano sexual está bien visible y sus reacciones son más obvias, en la mujer estas sensaciones (así como sus órganos) son menos evidentes. La razón por la que algunas mujeres no están seguras si han tenido o no un orgasmo se debe a que la intensidad y las sensaciones varían entre una experiencia y la otra. Esto depende de las ganas y del humor en el que se encuentre la mujer durante el acto sexual. También hay mujeres, y este puede ser el caso de su novia, que no saben exactamente que es lo que deben sentir, o se imaginan algo que no es la realidad. Puede darse también el caso de la mujer que, por sentirse culpable de sentir placer sexual, encuentra difícil reconocer esa experiencia. Espere que pase un poco más de tiempo y verá que su novia, que es muy joven aún, podrá definir con más precisión si ha sentido un orgasmo.

Sexo ... sin Pareja

QUERIDA MARÍA REGINA:

Tengo un dilema ético que no sé como resolver y ése es el motivo de mi carta. Resulta que llevo cuatro años de casada y acostumbro a darme yo misma placer sexual, es decir, a masturbarme. Nunca le he querido decir nada a mi esposo, pero me siento culpable cuando lo hago y pienso que él se puede ofender. Aquí esta mi pregunta: ¿me recomienda que se lo confiese a él?

TERE

ESTIMADA TERE:

La masturbación es, como pensar, uno de los actos más íntimos del ser humano y del cual no hay que darle cuentas a nadie. Es algo que pasa dentro de ti y muy privado, como un gran secreto que confías contigo misma. Es un mundo que tú controlas y donde nadie interfiere. Además, recuerda que los hombres también se masturban y nunca tienen necesidad de confesarse respecto a eso, lo cual es muy normal.Yo creo que tu te sientes culpable porque usas la masturbación para reemplazar una vida sexual que no parece ser satisfactoria. El autoestímulo sexual en las personas que tienen pareja es positivo cuando complementa (no cuando sustituye) las experiencias sexuales con el compañero o compañera. Si tú estás usando la masturbación para sentir lo que no sientes con tu marido, creo que es imperativo que compartas el secreto con él. Puede que se le prenda el "bombillo" y ponga un poco más de su parte en hacerte feliz y aprenda a proporcionarte placer sexual. Tal vez, si hayas tanto placer en masturbarte, puedes probar a hacerlo con él. Compartiendo esas experiencias íntimas es una manera de llegar a conocerse mejor.

QUERIDA MARÍA REGINA:

Somos un grupo de hombres que diariamente discutimos, analizamos, transmitimos y disfrutamos de sus consejos. Los que firmamos somos todos presos y trabajamos en el Departamento de Mantenimiento y Construcción de una cárcel. Nosotros estamos separados de nuestras esposas y novias por largos períodos de tiempo y por eso, durante más de cinco años, muchos hemos usado la automasturbación con frecuencia. Queremos saber si esto nos afectara nuestra vida sexual cuando hayamos cumplido las condenas.

EL CLUB DE PRESOS DE MARÍA REGINA

ESTIMADOS AMIGOS:

La masturbación, si no es obsesiva—en ese caso puede producir ansiedad y sentimientos de culpa—, puede ser parte de un experiencia sexual saludable. Aunque antes era condenada por la Iglesia Católica (¿se acuerdan de los que asustaban a los jovencitos diciéndoles que se iban a quedar ciegos si se masturbaban?), las autoridades médicas la ven como una práctica que no es dañino para la salud. Además, desde el punto de vista sicológico, no sólo resulta normal sino también—en los casos de personas sin pareja, como ustedes—liberadora y agradable. La masturbación es una práctica tan universal como el comer y los especialistas en sexo la ven como una parte aceptable de la edad madura, cuando el coito se hace menos accesible. Las personas que tienen pareja y, sin embargo, se masturban con regularidad en vez de hacer el amor con su otra mitad, indican un síntoma de inmadurez sexual o inseguridad. Yo creo que la masturbación privada del caso de ustedes es perfectamente aceptable y la única forma de sobrellevar la falta de contacto femenino. Otra cosa es la masturbación colectiva que a veces sucede en las cárceles y que, si se lleva a cabo con frecuencia, puede despertar en el hombre tendencias homosexuales que luego arrastrará en su vida normal junto a su compañera. Espero que esto les responda todas sus preguntas. Gracias por leer mi columna todos los días.

Dime Cuándo, Cuándo, Cuándo ...

QUERIDA MARÍA REGINA:

Yo tuve un novio que vivía en otra ciudad de la Florida y al cual iba a ver una vez al mes. Siempre fue muy cariñoso y dispuesto a la hora de hacer el amor, pero tenía un problema de eyaculación. Esto no ocurría siempre, pero lo mismo podía pasar cuando estaba cansado o cuando estaba relajado y descansado. Sé que el hombre puede controlar la eyaculación para disfrutar más, pero este señor seguía y seguía dándole sin poder eyacular. El sudaba y sufría horriblemente, y yo también. A veces eso duraba hasta una hora u hora y media. ¡Y una vez hasta me quedé dormida! En todo lo demás funciona bien y tiene una buena erección, pero su eyaculación es muy tormentosa. ¿Será eso una forma de impotencia? Mis amigas y amigos opinan que él debe tener un problema. Aunque ya no es mi novio y no creo volverlo a ver más, esto siempre está en mi mente.

CURIOSA

ESTIMADA CURIOSA:

Aparentemente lo que tiene (o tenía, quién sabe si ya se curó) tu exnovio es lo que se conoce por "eyaculación retardada." Ésta consiste en que se responde al estímulo sexual con sentimientos eróticos y con erección perfecta, pero no se llega a eyacular a pesar de que se tengan muchos deseos. Es posible que esto suceda ocasionalmente o puede que nunca pueda llegar a eyacular. Esto sucede casi siempre por causas sicológicas, como por ejemplo, haber sido descubierto—casi siempre durante la juventud—durante el acto sexual o haber sido sorprendido en algún acto sexual "prohibido." El problema se puede tratar si la persona busca ayuda. Espero que esto te saque de tu curiosidad.

Demasiado y Muy Pronto ...

QUERIDA MARÍA REGINA:

Soy un joven de treinta y un años y mi esposa tiene treinta. Tengo un trabajo de tiempo completo y otro de medio tiempo. Mi problema es que últimamente cuando tengo relaciones íntimas con mi esposa noto que tengo una eyaculación muy rápida. Como se dice vulgarmente, me vengo enseguida. No sé como controlar este problema. Los dos quisiéramos poder disfrutar más de las relaciones, pero no hay manera. Me dicen que esto puede ser debido al estrés de mis dos trabajos. No quiero que esto me siga sucediendo. ¿Qué me aconseja? Me cuentan que a la mayoría de los hombres les pasa esto. ¿Es cierto?

A. MARTÍNEZ

ESTIMADO SR. MARTÍNEZ:

Es lógico que el no poder controlar la eyaculación produzca en el hombre sentimientos de inadecuación y culpa. Por suerte, ya existen varios tratamientos en los cuales se entrena al hombre a concentrarse en sus sensaciones para que pueda aprender a prever el orgasmo. Pero para que esto dé resultado usted tiene que poner de su parte y buscar a un terapeuta o sexólogo que se dedique a tratar este tipo de problema sexual. También la posición sexual que se use tiene mucho que ver con el control de la eyaculación. Por ejemplo, cuando el hombre queda arriba de la mujer y ve el cuerpo de ella, esto puede ser una desventaja si él lo encuentra demasiado excitante. Sin embargo, la posición de lado es menos activa y le permite tener al hombre un control mayor sobre su eyaculación. Si usted ha sido una persona que, en el pasado, pudo controlar su eyaculación, este problema actual puede deberse a factores físicos, como enfermedades urinarias o neurológicas. Aunque la mayoría de las veces la causa es sicológica y no anda usted muy despistado si cree que el estrés tiene algo que ver en el asunto. Prueba lo que le he dicho acerca de las posiciones, o también intente el uso del condón o cremas anestésicas, pero si este problema continúa, le aconsejo que consulte a su medico.

Cuando la Hombría No Funciona

QUERIDA MARÍA REGINA:

Mis relaciones sexuales siempre han sido anormales, pues siempre he tenido dificultades con la erección, aún cuando ya llevo treinta y dos años de casado. Antes de casarme, solía ir con prostitutas y nunca tenía problemas ... pero cada vez que hacía el amor con una mujer decente, siempre se me era imposible lograr la erección, o si sucedía, era con mucho esfuerzo. Después de casado, sin embargo, no tuve muchos problemas pues mi esposa me excitaba mucho. Pero desde hace dos o tres años las cosas han empeorado debido a que no logro la penetración y no puedo tener relaciones. He ido con urólogos, siquíatras y todos me han aconsejado, pero de nada me ha servido. Hace unos meses conocí a una viuda encantadora y, a pesar de que temía fracasar, un día fui con ella y no hubo problemas. Ahora nos vemos dos o tres veces a la semana. ¿Qué hago? A mi señora la quiero mucho, pero la pasión sexual con ella terminó. Con la otra empezó y con muchos bríos. Las dos son mujeres morales y decentes. ¿Qué haría usted en mi lugar?

UN CABALLO VIEJO DISLOCADO

ESTIMADO CABALLO VIEJO DISLOCADO:

Muchos hombres latinos tienen la idea errónea de que con la esposa no se puede disfrutar ni hacer cosas sexuales que ellos consideran "malas" y que sólo una prostituta puede hacer "eso." Yo creo que, muy posiblemente, usted no tiene ningún problema físico (una prueba de eso es que tienen erección durante el sueño), pero si está padeciendo de un trauma sicológico, tal vez localizado en sus años de juventud. Este desajuste debe ser consultado con un sicólogo. No me extraña que le sea difícil romper con la viuda, pues ella es una mujer que lo acepta y que le da placer, mientras que con su esposa es un trastorno. Pero tampoco se olvide que "escobita nueva, siempre barre bien" y no hay garantías que con el tiempo esos "bríos" que siente ahora desaparezcan y vuelva a lo mismo de siempre. Así que va a tener que decidir entre adaptarse y resolver el problema con su esposa o decidirse a romper con ella y empatarse con la viuda, si es que ésta lo acepta como compañero permanente y no como aventura. Le deseo suerte y sabiduría en su elección.

QUERIDA MARÍA REGINA:

Yo estoy preocupado porque mi vida sexual ha cambiado mucho de un tiempo para acá. No soy un hombre joven ni tampoco soy un anciano, pero si bien hace dos años atrás yo funcionaba a la perfección sexualmente, ahora si no miro una película pornográfica antes de hacer el amor, no funciono para nada. ¿Qué cree que deba hacer?

HOMBRE ATORMENTADO

ESTIMADO HOMBRE ATORMENTADO:

No me cuenta si usted está casado, si tiene una relación permanente con alguien, o si, por el contrario, sus relaciones son ocasionales y con diferentes parejas. Eso es muy importante para poder definir su situación. Pero aun así, quiero decirle que todas las personas, hombres y mujeres, llegan a un momento de sus vidas en que sus deseos sexuales disminuyen. En los hombres a esa etapa se le denomina "climaterio." Es muy posible que poco a poco su potencia haya ido disminuyendo y que usted necesite de estímulos sexuales más fuertes (como las películas pornográficas) para que su mente y su cuerpo respondan al estímulo sexual. Si usted tiene una pareja y quiere seguir manteniendo relaciones sexuales con más frecuencia, le recomiendo que vaya a un especialista, pues actualmente existen muchos tratamientos maravillosos para personas en su situación.

QUERIDA MARÍA REGINA:

Tengo diez años de estar divorciado. En la actualidad tengo sesenta y cinco años y siempre he sido muy activo sexualmente. Tengo relaciones con una dama desde hace seis años y hasta la fecha no he tenido ningún problema. Hace seis meses conocí a otra mujer muy atractiva, pero en las varias ocasiones en que nos hemos acostado, sólamente una vez pude lograr la penetración. Las demás veces ha sido un fracaso. Ella es muy complaciente y hace todo lo posible por excitarme, pero creo que voy a acabar perdiéndola. Soy un hombre muy casero, no fumo, no me gusta tomar, no soy de trasnochar. ¿Será que me estoy volviendo impotente?

A. M. CARROLLTON

ESTIMADO A.M.:

No es raro que se presente la impotencia en alguna etapa pasajera de la vida de los hombres. Se estima que un 70 por ciento de los casos de impotencia proviene de otros desórdenes físicos. Por eso, lo primero que tiene que hacer es ir al médico para identificar el origen de su problema, que puede ser físico o sicológico. Chequee su presión y los medicamentos que esta tomando. Tal vez su problema ocurra debido a que se siente culpable por haber dejado a su otra novia con la que estuvo por tanto tiempo, o al menos por estar con las dos al mismo tiempo. ¿O será que usted se siente intimidado por la diferencia de edad? Quizás le es tan importante quedar bien, que todo lo que hace es quedar mal. Con esa presión no hay quien funcione debidamente En fin, creo que le esta dando demasiada importancia a quedar como todo un "atleta sexual," pues recuerde que ya no es usted un jovencito.

Temperatura Sexual: ¡Cero!

QUERIDA MARÍA REGINA:

Soy frígida y mi esposo es muy activo sexualmente. Llevamos ya cinco años casados, pero él no sabe nada de este problema, pues yo finjo totalmente mis orgasmos. Quisiera recurrir a algún medico, ya que me gustaría ser como él y disfrutar de una vida sexual normal. A él le encanta hacerlo y yo me quiero morir cada vez que me lo pide, que es a diario. Tengo terror que el se entere y que esto se llegara a descubrir, pues creo que mi matrimonio se terminaría. ¿Qué me sugiere?

A. POAL

ESTIMADA A. POAL:

Cuando se miente sobre la sexualidad a la pareja, se está expuesta a frustraciones, resentimiento y hostilidad. Yo creo que no es

justo, ni contigo ni con él, que sigas ejerciendo tus dotes de "actriz" para hacerle creer que estás disfrutando el sexo. Yo considero que usted está demasiada preocupada por complacer a su esposo y no ha pensado que, tal vez, todo el problema no resida en usted, sino en él, en la forma en que hace el amor. También es posible que profundos problemas sicológicos puedan provocarles, tanto a él como a usted una gran ansiedad a la hora de hacer el amor. Pero quiero decirle algo que tal vez le sirva de consuelo a usted y a otras mujeres: un 10 por ciento de las mujeres nunca han experimentado el orgasmo. A esto contribuye en gran parte la idea errónea de muchos hombres de que el acto sexual debe ser suficiente para que la mujer llegue a su clímax. En realidad, un 70 por ciento de las mujeres requieren la estimulación en el clítoris para alcanzar el orgasmo. Es importante que los dos miembros de una pareja entiendan que esto es normal y que no significa que hay una deficiencia. También hay terapia de masturbación que le enseña al hombre como darle placer a su pareja. Por otra parte, hay mujeres que no saben exactamente que es lo que deben sentir o se imaginan algo que no es la realidad, y su caso podría estar entre esos. También cuando una mujer se siente culpable por sentir placer sexual, impide, inconscientemente, el reconocimiento de esta experiencia. Es muy importante que comience a ver el sexo sin la preocupación de concebir un orgasmo. Ya que este obsesivo pensamiento puede convertirse en el enemigo de su placer. Quizás su esposo llega al orgasmo muy rápido, no dándole tiempo de que usted logre el suyo. Si esto es así, entonces deberán tener un gran preámbulo, de manera que pueda lograrlo antes que él la penetre o casi al momento de hacerlo. Un consejero matrimonial o un sexólogo también pueden resultar muy ventajosos. Su problema tiene solución, pero casi nunca estos problemas mejoran espontáneamente, hay que buscar orientación profesional. Su miedo a que él se entere y su incapacidad de confesarle la verdad han empeorado la situación. Usted no puede, de ninguna manera, continuar fingiendo algo así el resto de su vida, porque si no le aseguro que va a ser muy infeliz con ese hombre. Pero hablando se entiende la gente, así que no espere más y plantéele el asunto. Tal vez valga la pena buscar ayuda profesional.

QUERIDA MARÍA REGINA:

Cuando mi esposo me quiere hacer el amor, algo me pasa que no me dan ganas de amarlo. Lo quiero mucho, pero cuando se trata del sexo, no me gusta. He llegado al punto de ver películas pornográficas para que me entren ganas, pero lo que me dan es asco. Le digo a mi esposo que estoy enferma y que no es porque he dejado de quererlo. Él es bueno, responsable y llevamos ocho años de casados. Me dice que eso no es una enfermedad, sino simplemente que soy una mujer de carácter frío.

ENFERMA Y PREOCUPADA

ESTIMADA ENFERMA Y PREOCUPADA:

Es importante saber, para poder darle una respuesta adecuada, si su falta de deseo ha sido siempre igual o es algo que está ocurriendo sólo recientemente. Si se trata de algo nuevo, puede la culpa la tenga algún problema en el trabajo, estrés, problemas familiares, de dinero, etc. Cuando usted logra sacar de su cabeza y de su vida la preocupación que la atormenta, el deseo regresará. Sin embargo, podría ser usted una de esas personas que, respondiendo a mensajes negativos recibidos en la niñez, tienen una gran incapacidad para hacer el amor. Para ellos, el sexo está asociado a experiencias o a enseñanzas desagradables y esto es una huella que queda grabada en sus subconscientes. Aunque muchas de estas personas requieren un tratamiento de terapia prolongada, otras responden enseguida al tratamiento; todo depende de cuanto se demore el paciente y el terapista por descubrir la clave del asunto. Yo no descuento tampoco la posibilidad de que usted y su marido no tienen las mismas necesidades sexuales; puede a usted no tenga tanto interés como él en el sexo, sin que esto signifique que haya nada malo con su sicología. En ese caso, casi siempre es posible llegar a una solución satisfactoria para ambos si logran comunicarse, comprenderse y definir un patrón de relaciones que satisfaga a los dos.

QUERIDA MARÍA REGINA:

A los cuatro años de casada, todavía no sé si mi matrimonio ha sido bueno o malo, pues he fracasado en lo que se refiere a las relaciones íntimas. Amo a mi esposo, pero nunca tengo ganas de que me toque, pues sé que lo que él desea es "hacer el amor por otro lado," es decir no por donde es normal hacerlo con las mujeres. Esto me hace sentir muy mal y creo que lo que él quiere es malo. Ya he hablado con él del problema pero me dice es eso es normal. Dígame si hago mal en pensar así y que puedo hacer al respecto, pues no quiero perder a mi esposo.

DESESPERADA

ESTIMADA DESESPERADA:

Tú no eres un fracaso a la hora de hacer el amor. ¡El fracaso es tu esposo que te pide cosas que no son de tu agrado! Y en esto coincides con la mayoría de las mujeres. ¿A quién le puede dar ganas hacer el amor con un hombre tan egoísta? Antes la mujer era la que tenía que complacer los deseos sexuales del hombre, pero ahora los hombres también tienen que poner de su parte, si no quieren ser candidatos para el divorcio o la infidelidad. Al parecer, tu esposo no está preparado para aceptar algo como esto, pues a él no le interesa complacerte sexualmente, sino lograr lo que él quiere que, por cierto, sí es algo muy frecuente en los hombres heterosexuales. Es muy cómodo echarle la culpa de nuestros problemas a otra persona y eso es lo que él está haciendo. Algunas parejas heterosexuales practican ocasionalmente el sexo anal como una forma de estimulación sexual. Pero muchas personas lo ven como algo tabú, poco natural y sucio. Así que no tiene nada de raro que tú te sientas así. Lo primero que tienen que hacer los dos es aceptar que tienen un problema sexual que tiene que se resuelto entre ambos. No te obligues a tener este tipo de relaciones si no lo deseas. Trata de convencerlo a él de que existen otra formas muy placenteras de tener relaciones sexuales. Pídele a tu marido que las trate y verás como él va a descubrir un

mundo sexual nuevo. Aprendan a hablar del problema con toda libertad entre ustedes y ten en cuenta que muchos sicólogos están convencidos de que no hay mujeres frígidas, sino hombres que no saben hacer el amor.

QUERIDA MARÍA REGINA:

Como dice la canción "estoy casado con una mujer buena y no soy feliz...." Hace treinta años que me casé, muy enamorado, con mi actual y única esposa. Ella me ha dado comprensión, afecto y ayuda sin interés. Mejor madre que ella no hay, es abnegada y muy fiel, pero ... de amor, nada. Desde que éramos novios, yo me quejaba de su falta de ternura. Para ella no existía el beso espontáneo y apasionado que toda mujer le da al hombre que ama, la caricia sensual y provocadora que demuestra el deseo de la mujer por ser poseída por el hombre que le gusta. El beso que se le da al esposo cuando llega del trabajo, del hospital, etc., nunca lo he recibido. Jamás me ha dicho ese "te quiero" que nos gusta tanto oír y que tanto bien nos hace cuando se dice con amor. He hablado con ella y casi le he llegado a exigir lo que se debe dar de forma espontánea. No tengo una sóla queja de ella, con la excepción de mi carencia de amor en todos los aspectos, espiritual y físico. Mi vida sexual es relativamente normal, pero sólo yo soy el que toma la iniciativa. Nunca recibo de ella una insinuación del deseo que creo debe ser normal en una mujer. En fin, he sido paciente durante treinta años, esperando que algún día llegue a mí el amor que tanto necesito. Dejarla a estas alturas y buscar amor en otra persona, seria indigno y jamás me lo perdonaría. Pero, necesito amor y estoy seguro que ya nunca lo recibiré. Dígame que puedo hacer para obtener el amor que no me dan. ¿Sería un acto indigno buscarlo en otra parte? ¿Hay alguna solución?

SR. TRISTEZA

ESTIMADO SR. TRISTEZA:

Desafortunadamente, usted no puede hacer nada y estoy segura

que en treinta años usted lo ha tratado todo. A usted, sencillamente, le tocó una de esas personas que no tiene la habilidad de poder demostrar sus sentimientos. Ser poco afectivo es parte de ese temperamento de hielo. Eso tiene mucho que ver con la capacidad que tuvieron nuestros padres de ser cariñosos con nosotros. Una vez establecido que no se puede hacer de su esposa una mujer "sexualmente insinuadora y cariñosa," tiene que tratar de que, por lo menos, usted se conforme con la situación. Piense que nadie lo tiene todo y que es imposible que otra persona nos llene todas nuestras necesidades emocionales. Siempre hay ese "pero" que no nos deja ser feliz ciento por ciento. Y eso es algo que le sucede a todo el que esta involucrado en una relación. Vea lo positivo y no lo negativo del asunto: Tiene una mujer que lo comprende, que es abnegada, fiel, buena madre y esposa. Sus relaciones sexuales no serán lo suficientemente excitantes como para escribir una telenovela (tampoco las de la mayoría de las personas que llevan de treinta años de matrimonio), pero tampoco son de las peores. Estoy de acuerdo con usted en que sería indigno buscar ese amor en otra persona. Además, también cabe la posibilidad de que esa persona "ideal" le de amor acompañado de muchos otros problemas que ahora, gracias a Dios, no tiene. Mi consejo es que trate de ser feliz con lo que tiene y que no "cambie su reinado por un plato de lentejas."

QUERIDA MARÍA REGINA:

Me casé hace más de veinte años con una mujer bella y atractiva por dentro y por fuera. Nuestro noviazgo fue sencillo, no tuvimos relaciones sexuales, pero si hubo caricias íntimas, lo cual me hacía creer que era una mujer normal. Sin embargo, al casarnos, descubrí que hay en ella una frigidez tremenda. A ella le molesta la luz en la intimidad, no acepta los juegos eróticos antes del coito y las caricias íntimas le parecen un sacrilegio. Nuestros hijos han nacido gracias a las grandes y especiales ocasiones en que hemos tenido relaciones sexuales. Por eso hoy en día lo que hago es masturbarme, pues ya no estoy en edad de buscarme líos de faldas. En una aventura extramarital que tuve comprobé mi normalidad, pues mi esposa me tenía convencido de que tenía el miembro demasiado grande. Ahora, las poquísimas veces que tenemos coito es porque ella me busca, pero siento que lo hace por remordimiento de conciencia. Se que finge placer. Cuando uno ha visto el gozo femenino, uno sabe que lo de ella es, como dice la canción de La Lupe "puro teatro ..."

EL FRÍGIDO A LA FUERZA

ESTIMADO FRÍGIDO A LA FUERZA:

Al parecer, su esposa padece de esa disfunción sexual que perjudica la fase orgásmica del ciclo sexual y que se conoce clínicamente como frigidez. Siento mucho que haya tenido una vida sexual tan insatisfactoria, pero creo que no debió haber permitido que pasara tanto tiempo antes de dedicarle más atención al problema. Pero lo felicito por haber sabido poner sus prioridades en orden. Aunque, si sólo ha tenido dos experiencias sexuales en su vida, ¿por qué no le da el beneficio de la duda a su esposa? Recuerde que en el teatro de la vida siempre hay actrices que son mejores que otras.

Sexo Que Daña

QUERIDA MARÍA REGINA:

Tengo una amante que dice padecer de dyspaurenia, una enfermedad que, según ella, le produce un dolor enorme a la hora de hacer el amor. ¿Es cierto esto o me estará tomando el pelo?

G. MASON

ESTIMADO G. MASON:

La dyspaurenia puede afectar lo mismo al hombre que a la mujer,

aunque casi siempre son ellas las afectadas. Las causas físicas de dyspaurenia pueden deberse a algún trastorno de la pelvis, a residuos irritados en el aro del himen, a irritación alrededor del prepucio del clítoris, a infección vaginal, a abortos mal hechos o a infección en la pelvis. Las causas psicológicas incluyen el miedo a al acto sexual, el embarazo o el miedo a la intimidad, pero como ya le dije, sólo el médico puede determinar cuál es el origen de ese dolor. Existen varios tipos de dyspaurenia, aunque en la mayoría de los casos ocurre por razones psicológicas. Cuando una mujer dice "me duele cuando hago el amor" es difícil determinar si ese dolor es debido a algún trastorno de la pelvis o si lo dice para evitar o reducir la penetración a la hora de tener relaciones sexuales. Debido a la gran cantidad de motivos que existen, no hay ninguna terapia específica que se pueda recomendar con el problema sin antes examinar detenidamente a la paciente. En vez de estar pensando que su amante le está tomando el pelo, lo que debería hacer es brindarle apoyo y estimularla a que vaya a ver a un médico para definir su caso.

CAPÍTULO 7

El Ritual de la Virginidad

A pesar de que las normas sociales y nuestra actitud sobre las relaciones sexuales han cambiado muchísimo en esta última generación, esa primera experiencia sexual todavía sigue siendo un trauma para muchas jovencitas. Recuerdo cuando estaba creciendo y la virginidad era algo esperado de toda "muchacha decente." Nuestros padres nos decían que si hacíamos "eso" antes del matrimonio lo más probable era que el muchacho nunca se llegara a casar. Imagínense, con esos sustos y con la poca información sexual que teníamos, la mayoría de mis amigas llegaban vírgenes al matrimonio. O por lo menos, eso hacían creer, pues después de muchos años supe que algunas de ellas ya habían ido a la cama con sus novios antes de casarse.

Por ejemplo, escuchen esta curiosa historia: en mi grupo de amistades teníamos un pacto. Todas teníamos que contar, al regreso de nuestra luna de miel, cómo era la cosa. Los cuentos eran como para no hacerlo más nunca. A la mayoría no le había gustado la experiencia. Era doloroso y horrible. ¡Qué decepción! Aquello que se suponía que era la mejor experiencia del mundo y donde íbamos a aprender lo que era un orgasmo, resultaba ser una tortura. Porque así es (o casi siempre) esa primera vez, sobre todo cuando se carece de información suficiente al respecto. Esto era lo típico veinticinco años atrás y todavía sigue siendo igual. Muchas de mis amigas describían esa primera experiencia como ridícula, aburrida, estúpida y embarazosa. Nunca imaginamos que con el tiempo todo eso cambiaría. He aquí la importancia de tener esa primera experiencia con alguien muy especial, a quien nos ate un sentimiento verdadero y no el impulso de "estar a la moda."

Esto quiere decir que en todas las épocas se ha "probado por adelantado," aunque antes ésto se mantenía oculto por temor al escándalo. Cuando inmigré a este país, recuerdo que un día en el locker room del colegio pasaron entre las muchachas de la clase un papel donde ponías tu nombre si ya habías tenido alguna experiencia sexual. ¡Cuál no sería mi sorpresa al ver que la mayoría de mis compañeras de clase ya habían perdido la virginidad! Me sentí rara, tonta y orgullosa a la vez por no haberle fallado a mis padres. Me pasó algo muy parecido a la amiga que escribe a continuación.

Las Que Prefieren Esperar ...

QUERIDA MARÍA REGINA:

Tengo dieciocho años y soy virgen. Cuando estoy alrededor de amigas que discuten abiertamente sus relaciones íntimas con hombres, me siento muy desconcertada, porque no tengo ninguna experiencia que contar. Entonces invento historias que no son ciertas, sólo para sentirme normal. La verdad es que no puedo admitir que no sé de lo que están hablando. Estoy segura de que si mis amigas supieran la verdad, sería el hazmerreir del grupo. ¿Qué puedo decir cuando esto pasa?

ADRIANA

ESTIMADA ADRIANA:

Se debería sentir orgullosa y creo que no debe de estar inventando estas historias acerca de usted. ¿Qué puede decir cuando esto pasa? Sea misteriosa y diga que a usted no le gusta hablar de esa parte de su vida. O, sencillamente, dígales la verdad, pues ¿por qué va a ocultar algo que usted ha llevado a cabo conscientemente, sobre todo en una época en la que hay que tener tanto cuidado con el sexo? ¿No se ha enterado usted de que ya hay hasta clubs de hombres y mujeres que, con mucho orgullo, se

consideran vírgenes y piensan esperar hasta casarse o enamorarse para tener su primera experiencia íntima? Diga que usted es una persona privada y que, sencillamente, no le interesa discutir su vida.

Convencidas y Arrepentidas

QUERIDA MARÍA REGINA:

Tengo treinta y cinco años. Cuando era muy joven conocí a un muchacho que pasaba las vacaciones con su familia, al lado de mi casa. Desde que lo vi me enamoré de él. Déjeme decirle que era mi primer novio, pues mis padres eran muy estrictos y pensaban que debía ocuparme sólamente de estudiar, no de salir con muchachos como sí hacían la mayoría de mis amigas. Jorge, que así se llamaba el joven de quien le cuento, tenía apenas dos años más que yo. Sorprendentemente, mis padres no se opusieron a mi amistad con él, porque conocían a su familia y decían que eran personas decentes. Sin embargo, su comportamiento conmigo no tuvo nada de decente. Después de un mes de noviazgo, me convenció para que le diera "una prueba de amor," que ya usted supondrá en qué consistía. Unos días más tarde regresó a la ciudad donde vivía y nunca más lo volví a ver. Cuando mis padres descubrieron que estaba embarazada, trataron de localizarlo, pero el muy canalla le dijo a su familia que él no era responsable de ese embarazo. Desde entonces me dediqué única y exclusivamente a la crianza de mi hija, que en estos momentos tiene dieciséis años, y nunca volví a tener otra experiencia sexual. Mi hija siempre ha sido una niña dócil y obediente, y yo siempre le he explicado que debe conservarse virgen hasta el día de su boda, para que no le vaya a ocurrir lo que a mí. Lo que me preocupa es que de un tiempo a esta parte mi hija se ha vuelto muy reservada. Ya no me cuenta nada acerca de sus amistades y, aunque confío plenamente en ella y le permito ir a algunos lugares con sus compañeras de estudio, sospecho que tiene novio y no se ha atrevido a decírmelo. ¿Qué puedo hacer para recuperar su confianza? Y sobre todo, ¿cómo puedo evitar que caiga en las redes de un sinvergüenza como me pasó a mí?

UNA MADRE PREOCUPADA

ESTIMADA MADRE PREOCUPADA:

Usted ya ha dado el paso más importante, amiga mía, al otorgarle a su hija la confianza que intuyo sus padres no le dieron a usted. Que un hombre se haya aprovechado de su inocencia no quiere decir que su hija tenga que heredar su misma historia, si ha sabido aconsejarla como si fuera su mejor amiga. Sin embargo, las estadísticas actuales muestran que el 51.5 por ciento de las muchachas entre las edades de quince a diecinueve años no son vírgenes. Los tiempos han cambiado, y si su hija decide algún día tener relaciones sexuales pre-matrimoniales, poco podrá hacer para impedírselo. Si le dice a su hija que no puede tener relaciones antes del matrimonio lo que está estableciendo es una barrera en la comunicación. Es preferible que su hija pueda siempre hablar con usted, que le pida un consejo, para que así pueda darle la información adecuada y para que no se deje presionar por aquellos hombres que piden "esa" prueba de amor.

La Famosa "Prueba de Amor"

QUERIDA MARÍA REGINA:

Hace como nueve meses que empecé a salir con un muchacho del cual estoy muy enamorada. Los últimos tres meses han sido muy difíciles para mí. Varias veces me ha pedido que le de "una prueba" de mi amor hacia él y esa prueba es llegar a tener sexo. Dice que si no lo hago, es porque no me interesa seguir la relación. Aunque lo quiero, no estoy lista para "probar" una cosa así. Tengo varias amigas que han dado estas pruebas y no les ha servido de nada, porque los novios las han dejado. Una de ellas se tuvo que hacer un aborto y la otra, tiene un niño de siete meses y nunca más ha sabido de su novio. No digo que todos los hombres sean así, ni creo que mi novio se comportaría de esta manera, pero yo me quiero casar virgen. He hablado mucho de esto con mi mamá y no creo que esté lista para algo así. Tengo diecisiete años y mi novio veinte.

FIFI

ESTIMADA FIFI:

Te felicito por ser una muchacha tan madura. Me alegra que tengas tan buena comunicación con tu mamá y si dudas es porque todavía no estás lista para tener relaciones sexuales con tu novio. Tú tienes una fuerte convicción personal y esa conducta tiene que ocupar un lugar en la relación. Así que si él te acepta y te quiere, tiene que asimilar tu forma de pensar. Esa es tu forma de ser y no tienes por qué cambiarla. Además, aunque hoy en día la virginidad no tiene el mismo significado que tenía en épocas anteriores, todavía hay hombres que sueñan con "ser el primero" en la vida de la mujer que va a ser su esposa. No sé si tu novio pertenecerá a este grupo, o si para él esto no tiene importancia. Te toca a ti descubrirlo, y para ello nada mejor que el trato diario. Los dos son muy jóvenes y tienen todo el tiempo del mundo por delante. Y aún en el caso que él no fuera de los que todavía le dan importancia a la virginidad de la mujer, te corresponde a ti reflexionar si realmente deseas dar ese paso antes del matrimonio o esperar a casarte para entregarte por completo a él. Estoy segura de que, si realmente te quiere, respetará tu decisión.

¿Le Dieron Gato por Liebre?

QUERIDA MARÍA REGINA:

Mi problema es con mi novia. La primera vez que tuvimos relaciones no sentí que fuera virgen porque no me causó ningún problema ni tampoco a ella le dolió. Mis tías y primas me dicen que la primera vez duele mucho y sale sangre. Pero con mi novia no pasó nada de esto. Ella alega que esto es debido a que no lo hemos hecho bien. Pero ya lo hemos hecho más de diez veces y ... ¡no pasa nada! Lo que más me duele es que todavía me diga que es virgen. Me paso la noche en vela pensando en el problema. La última vez que discutimos me dijo que estaba embarazada. ¿Pero cómo lo puede estar si no estamos haciendo el amor como es debido ...? Le he dicho varias veces que mejor quedamos como amigos, pero alega que me lo ha dado todo. Sinceramente, no me animo a dejarla. Me ha dicho tantas veces que yo fui el primero que me lo he llegado a creer. Pero también a lo mejor no fui el primero y me está haciendo cargar con el muerto. ¿Cómo puedo saber la verdad?

UN AMIGO DE CALIFORNIA

ESTIMADO AMIGO CALIFORNIANO:

Déjeme decirle que es muy difícil para un hombre saber de verdad si una mujer es virgen o no. Hoy en día hay mujeres vírgenes que están dilatadas debido a los tapones sanitarios femeninos que usan para la menstruación. También hay mujeres que tienen un himen tan delgado que con facilidad se dilata. Así que me parece que no te va a quedar otro remedio que creer en la palabra de esta muchacha. ¿Se porta bien contigo? ¿Te hace la vida feliz? ¿Puedes confiar en ella en otros aspectos? Lo más importante aquí no es su virginidad, sino qué tanto vale como ser humano y qué tanta afinidad hay entre ustedes como pareja. Esa obsesión por saber la verdad denota una gran inseguridad de tu parte. Olvídate de lo que tus primas y tías te dicen. A no todo el mundo le va igual en la feria. Así que duerme tranquilo y juzga a la persona por lo que ha sido desde el día en que te conoció.

Los Que No Se Convencen

QUERIDA MARÍA REGINA:

Vivo con un muchacho desde hace casi tres años. Él ha sido el único hombre con el que he tenido relaciones sexuales, cosa que él no cree, pues dice que si yo he tenido otros novios cómo va a ser posible que no me haya acostado con ninguno. Yo creo que tampoco me cree porque el primer día que tuvimos relaciones sexuales, yo no sangré. ¿Cómo convencerlo de que le digo la verdad? Ya no sé qué hacer para que me crea. Mi vida se ha convertido en un verdadero infierno al punto de que creo que de seguir así, terminaremos separándonos. Ayúdeme a encontrar una solución.

LA DESESPERADA

ESTIMADA DESESPERADA:

Para todos aquellos de religión musulmana, cuando alguien se casa la mamá del novio debe mostrar una sábana con sangre, símbolo de la pérdida de la virginidad de la mujer. Son tan estrictos en esta ceremonia, que pueden llegar a anular una boda de no ocurrir ésto. Como no creo que sea el caso de tu novio, sólo me toca creer que él es o muy inmaduro y extremadamente inseguro o todavía vive en el siglo XVIII. ¿Qué importancia puede tener él que cuando te conoció tú fueras señorita o no? Lo más importante es cómo has sido con él, si lo amas y si lo respetas. No todas las mujeres cuando tienen su primera relación sexual, tienen sangramiento, así que ésto no significa nada. Por otra parte, el hecho de que hayas tenido otras relaciones no dice gran cosa, puesto que uno no va a la cama con la primera persona que se encuentra. No hagas un infierno de algo tan insignificante. Si tu novio no te quiere creer, es su problema. Eso sí, si quiere seguir contigo deberá creer en ti, no se puede compartir por tres años con una persona y decirle abiertamente mentirosa. Si para él es más importante este simple hecho a todos los otros que han vivido durante tres años, entonces créeme, él no vale la pena.

Una "Señorita" Que No Es Tal ...

QUERIDA MARÍA REGINA:

Cuando tenía diecisiete años tuve relaciones con el novio que tenía en ese momento. Ahora tengo veinte y mi novio actual me ha pedido que me case con él. Estoy enamorada de él y no sé si decirle la verdad. Le puedo decir que no soy virgen porque me entregué a mi primer novio, o si mentirle, y hacerle creer que abusaron de mí cuando era pequeña. El cree que todavía soy señorita y temo cual sea su reacción al conocer la verdad. No quiero perder a este muchacho, ya que después de ese primer novio, no volví a tener más que pretendientes. Pensaba que nunca me iba a casar por mi fracaso anterior, pero creo que el ser humano necesita amor, y cariño. El pasado me destroza la mente a diario, porque además pienso que defraudé a mis padres. ¿Por qué los hombres quieren virgen a su pareja? ¿Por qué tanta exigencia? Por favor, déme su consejo.

PERLA

ESTIMADA PERLA:

No has defraudado a nadie. Lo que estás haciendo es echándote a perder el presente y la alegría de casarte con quien quieres. Olvida el pasado que nunca volverá y que además, ya no tiene remedio. La virginidad es un mito que ya no tiene por qué hacer sufrir a las mujeres. Es otra forma machista de controlar al sexo femenino. Actualmente no abundan muchas mujeres que todavía se crean ese cuento y son cada día menos los hombres que esperan eso de una mujer. Además, son ellos mismos los que tratan de presionar a la mujer amenazándolas con dejarlas si no le dan "esa" prueba de amor. Antes el hombre, pacientemente y con mucha ilusión, esperaba hasta la luna de miel. Para satisfacer sus necesidades sexuales buscaba prostitutas o mujeres "fáciles." Con éstas se divertía y con la "decente" tenía su familia. Sin embargo, del hombre nunca se esperó que llegara virgen al matrimonio. Si

crees que a tu novio le importa demasiado, más vale que le digas tu historia. Si te quiere de veras, no le importará. Además, no creo que una relación que comience sobre la base una mentira pueda tener un futuro saludable. ¿Podrías mirarlo de frente sabiendo que le has mentido sobre algo que para él puede ser tan importante? Si te rechaza, es porque su machismo está muy encima del amor que puede sentir por ti. Así que ni te quería tanto, ni tampoco te querrá nunca.

Un Pasado Que Duele

QUERIDA MARÍA REGINA:

Cuando tenía diez años abusaron de mí sexualmente. Ahora tengo veinte y vivo con el padre de mis tres hijos. Llevamos seis años juntos sin estar casados legalmente. Nunca le dije lo que pasó en mi infancia por temor a que me dejara. Sin embargo, hace poco, le conté la verdad. Me dijo que siempre supo que yo no era virgen, ya que él había estado con señoritas antes de conocerme y que él sabía la diferencia. También me dijo que estaba conmigo porque me quería y no porque fuera o no virgen. Pero que cuando una mujer es decente nunca se entrega a un hombre antes de casarse o al poco tiempo de conocerse. Sucede que me acosté con él al mes de ser novios, así que con lo que me dijo, me puso a dudar de lo que piensa de mí. Estoy con él desde que tenía catorce años y él fue mi primer novio, por eso no quiero perderlo. Él dijo que no piensa dejarme, pero no quiero estar con un hombre que piensa lo peor de mí. Como padre es un poco irresponsable, pero quiere mucho a sus hijos. Por otro lado, últimamente le ha dado por ir muy seguido al país donde viven sus padres y demás familiares. Antes iba una vez cada dos años y ahora va a cada rato. La última vez se fue diciéndome mentiras. Se me hace muy raro que tenga ganas de ir tan a menudo, además de que no tiene dinero para viajar ni para dejarme con qué pagar las cuentas. No terminé la escuela porque no me dejó y nunca he trabajado, aunque cuento con mi mamá para lo que necesite. Cuando él me comentó que había estado con señoritas, me puse a sospechar que quizás eso ha sucedido ahora en sus viajes y por eso tiene tantas ganas de regresar allá. Estoy muy confundida y espero su consejo, ya que no me puedo quitar esto de la mente.

La Confundida

Estimada Confundida:

En primer lugar, la decencia de una mujer no se mide con la regla de si tuvo o no relaciones prematrimoniales con su esposo. La decencia es un estado permanente de la mujer que es sincera, honesta, buena y quiere ser feliz y hacer feliz a su pareja. El cuento de la virginidad es un arma que aún utilizan los hombres "machos" para chantajear a las mujeres. No te dejes atrapar por ideas anticuadas y falsas. Además, es muy difícil para un hombre saber si una mujer es virgen o no. Hoy en día hay muchas mujeres vírgenes que están dilatadas debido a los tapones sanitarios femeninos que se usan para la menstruación. Así que ni pienses que es tan "experimentado." Tiene la creencia antigua que para ser virgen hay que sangrar en la noche de bodas. Ustedes tienen un grave problema de comunicación. ¿Qué explicación te da cuando viaja a su país? Si fuera por negocios se justificaría, pero eso de ir por ir y sin tener dinero, no me gusta para nada. Puede que tus sospechas sean ciertas y esté llevando una relación con otra mujer en su país, como buen "macho" que cree ser. Habla con él honestamente y dile lo que piensas. Estás en todo tu derecho, ya que eres su mujer, la madre de sus hijos y no te puede hacer menos. Si no deja de viajar tanto y continúa desatendiendo sus responsabilidades, ve viendo la posibilidad de independizarte. Por tu bien y por el bien de tus hijos debes estudiar y trabajar. Sabiendo que tienes otras alternativas te sentirás más segura en la relación.

De Todo ... Menos "Eso"

QUERIDA MARÍA REGINA:

Soy una muchacha de dieciocho años y tengo un novio cuatro años mayor que yo. Él asegura que está muy enamorado de mí y que nos casaremos en cuanto termine sus estudios, pero así y todo me he negado rotundamente a tener relaciones sexuales con él antes de casarnos. Aunque nos hemos acariciado muchas veces sin ropa y nos satisfacemos mutuamente de otra manera, nunca le he permitido penetrarme, porque estoy decidida a llegar virgen al matrimonio. En realidad, no quiero exponerme a que me deje antes de la boda si llegamos a todo sin estar casados. Estoy segura que todos los hombres quisieran que su esposa fuera señorita hasta la luna de miel. ¿No está de acuerdo conmigo?

DECIDIDA

ESTIMADA DECIDIDA:

¡Claro que no estoy de acuerdo! Su carta me ha sorprendido muchísimo. ¿Cómo es que después de todo lo que me ha contado puede seguir considerándose "virgen"? La virginidad no tiene que ver exclusivamente con un himen intacto; esta palabra denomina el estado de pureza de una mujer que no ha sido tocada—no ya manoseada—por hombre alguno. Usted no hace más que engañarse a sí misma, hija mía, con la falsa idea de que si no se deja penetrar por su novio se conservará "virgen" hasta que se case con él. Por otro lado, no creo que en estos tiempos este aspecto sea lo que impulse a ningún hombre a formar una familia. Debería preguntarse más bien si el sentimiento que despierta en él es lo suficientemente fuerte, si realmente usted tiene otros encantos que le hagan decidirse a hacerla su esposa. Y que conste, que estos encantos que le menciono no tienen nada que ver con la conclusión o no del acto sexual, sino con la belleza de su carácter, su ternura y su honestidad. Comience por ser honesta consigo misma y deje de engañarse así.

Tardía, Pero Segura

QUERIDA MARÍA REGINA:

Tengo cincuenta y cinco años y todavía soy virgen ... aunque estoy a punto de dejar de serlo. Eso nunca antes me había preocupado. Al contrario, era motivo de orgullo para mí. Pero resulta que desde hace unos meses he mantenido relaciones con el hijo adolescente de una vecina. Hemos practicado todo tipo de sexo, pero aún no ha habido penetración, pues me da mucho miedo. ¿Cree usted que debo acceder a lo que este joven me pide o que debo seguir virgen y practicar sólamente el "safe sex"? El muchacho me ha dado un ultimátum. ¡O hay penetración o me deja! Estoy desesperada. De ningún modo puedo ni quiero renunciar a él, pues me he enamorado locamente de este muchachito. ¿Qué me aconseja usted?

LA AMANTE DE ABRIL Y MAYO

ESTIMADA AMANTE DE ABRIL Y MAYO:

Cuando usted dice estar "locamente" enamorada lo dice en todo el sentido de la palabra. Una persona en su sano juicio no hace lo que usted está practicando. No debería preocuparle tanto su virginidad como el hecho de tener relaciones sexuales con un chiquillo que sólo está respondiendo a sus fuegos hormonales, pues a esa edad no se piensa en el amor ni siquiera vagamente. Y mucho menos con una persona que puede ser descansadamente su madre. Hágase un autoanálisis y reconozca que esa relación no es normal. Usted puede encontrar el amor en una persona más adulta y consciente de lo que significa una relación amorosa. Pregúntese a sí misma qué aspiraciones puede tener con él y si vale la pena haber esperado tanto para terminar dándole su virginidad a un chiquillo del barrio. En la respuesta está la solución de su problema.

CAPÍTULO 8

Comunicando, Comunicando...

A pesar de que estamos en la era de la comunicación, cada día las personas se saben comunicar menos con su pareja. Muchas veces queremos que la persona con la que convivimos se dé cuenta por sí misma de lo que nos gusta o lo que nos causa disgusto, y nos sentimos frustrados cuando eso no sucede. Como si no fuera mucho más fácil hablar de nuestros sentimientos y de lo que esperamos de esa persona en nuestra relación.

Lo peor es que, cuando esa situación se prolonga durante mucho tiempo, es muy difícil romper la barrera de incomunicación debido a los resentimientos y los complejos de culpa que se van acumulando. En esos casos se hace necesario acudir a un consejero matrimonial o un terapista, en busca de ayuda profesional. La presencia de esa tercera persona, que estará contemplando todos los aspectos de la relación "desde afuera," hará más fácil el comienzo del diálogo. Hablar es la única solución, si los miembros de la pareja no quieren vivir compartiendo el mismo techo pero sintiéndose como dos extraños.

Para algo Dios nos dio a los humanos la facilidad de hablar y ésa es una de las grandes ventajas de nuestra vida. Si no, seríamos como los animales, que lo resuelven todo haciendo el amor o peleándose. Es importante que usted y su pareja "se abran" a las posibilidades que les ofrecen los demás, que escuchen de la misma manera que a ustedes les interesa ser escuchados. Con esto no sólo se puede salvar una relación, sino que se aprende mucho de la persona con quien se vive y de la humanidad en general.

A veces, una persona cree que quien tiene al lado es totalmente diferente a ella; se guían por circunstancias exteriores o por gestos. Sin embargo, puede que ese otro ser—ya sea un desconocido o un esposo de muchos años con quien nunca se ha llevado bien—sea, en el fondo, igual que usted, con los mismos problemas y aspiraciones. Sin embargo, por no hablar (y hablar adecuadamente, sacando a la luz los pensamientos y sentimientos más internos) piensan que entre los dos hay un abismo. Unas cuantas palabras bien dichas pueden ser el puente que permita cruzar ese abismo.

Las Palabras de Amor Pueden Ayudar

QUERIDA MARÍA REGINA:

Mi esposo y yo tenemos un grave problema. No sabemos comunicarnos. Aunque llevamos quince años de matrimonio me doy cuenta que nos cuesta trabajo comunicar nuestros sentimientos. Él dice que es culpa mía, pero yo me comunico muy bien con el resto de las personas. Cuando peleamos estamos tanto tiempo sin hablarnos, que llega el momento que ya ni sabemos por qué la pelea empezó. ¿Qué me aconseja? Esto me preocupa y quisiera resolverlo.

MARÍA EMILIA

ESTIMADA MARÍA EMILIA:

Su problema es común en muchos matrimonios. Como llevan tanto tiempo en esa situación, comprendo que resulta difícil "romper el hielo" y que uno de los dos se decida a decir lo que tiene por dentro. Pero deben intentarlo, si quieren mejorar su relación. Siguiendo la recomendación de algunos terapistas, uno de los dos (preferiblemente usted, que es la que está consciente del problema), debe sentarse frente al otro y hablar por un tiempo determinado de lo bueno y lo malo de su vida en pareja, de lo que le satisface y lo que le disgusta del otro. Durante ese tiempo no debe alterarse ni alzar la voz, mucho menos insultar a su esposo,

y él debe hacerse el propósito de escucharla sin interrumpirla. Después le tocará a él el turno de hablar. Mientras tanto pueden tomar notas y pensar en cómo resolver los problemas. Otro método excelente de comunicar los sentimientos es que ambos los escriban en un papel y comparen sus notas, con la intención de encontrar una solución aceptable para ambos. Al principio no van a obtener grandes resultados, pero con el tiempo irán tomando confianza y se sentirán aliviados al poder sacar a relucir lo que por tanto tiempo habían mantenido en silencio. La satisfacción que sentirán será tan grande que los hará conservar esa comunicación.

Guerra Matrimonial

QUERIDA MARÍA REGINA:

Mi esposa y yo hemos decidimos separarnos por un tiempo y pensar cuál es el motivo por el cual siempre estamos peleando. Nos queremos mucho, pero ella siempre se preocupa por cosas que no tienen importancia. Me trae los problemas a mí y por ahí empieza la pelea. ¿Y por qué peleamos? Por gusto, por cosas sin importancia. Yo la quiero y siempre la voy a querer, pero no sé cómo comunicarme con ella.

ANDRÉS

ESTIMADO ANDRÉS:

El separarse raramente arregla el problema y ustedes sólos no lo van a poder resolver. Por eso les sugiero que busquen ayuda profesional, ya que es de la única forma en que los dos van a entender cuál es realmente el motivo de sus peleas. Estoy segura que hay algo más de lo que ustedes piensan, y sólamente una persona que esté fuera del problema podrá darse cuenta de cuál es la causa que lo provoca.

Hablando Se Entiende la Gente ...

QUERIDA MARÍA REGINA:

Tengo dos hijos, treinta y dos años y diez de casada. Hace un año atrás tuve una relación extramarital con un hombre casado. Ya todo terminó y mi intención es no volverlo a ver más. Yo acabé contándole todo a mi esposo por miedo a que la esposa de mi amante lo hiciera. Yo quiero a mi esposo, pero no de la forma en que una esposa debe de querer. Él es muy buena persona, pero me ha fallado de tantas formas que le perdí el respeto. Ahora nuestra relación está en el "limbo" y mi pregunta es si yo pudiera volver a quererlo como lo quise cuando me case con él.

CONFUNDIDA

ESTIMADA CONFUNDIDA:

El hecho de que usted haya tenido una relación fuera de su matrimonio, demuestra lo infeliz que estaba. No le puedo aconsejar que abandone su matrimonio. Les recomiendo vayan a terapia matrimonial. Pueden llegar a desarrollar una comunicación entre los dos, delante de una tercera persona, que puede guiar ese diálogo a afrontar verdades que hasta ahora han estado encerradas dentro de ustedes. Si su esposo quiere que esta relación continúe, dele otra oportunidad. El hecho de que haya permanecido junto a usted, después de conocer su aventura con otro hombre, demuestra que la quiere y que prefiere olvidar lo sucedido que perderla para siempre. Muchos hombres en ese caso hubieran antepuesto su orgullo al amor. ¡Suerte!

Él No Es Adivino ...

QUERIDA MARÍA REGINA:

Tengo treinta años y estoy casada con un hombre veinte años

mayor que yo. Él es muy buena persona y me quiere mucho, pero no me satisface sexualmente. He tratado de darle disimuladamente algunos ejemplos, pero sin éxito. Esta es la primera vez en mi vida que me pasa algo así, ya que en relaciones anteriores, en el sexo me iba muy bien. Actualmente estoy confundida, además de estar sufriendo mucho. Hay momentos en que me da pena por él, pero también siento pena por mí. ¿Cree usted que pueda dejarlo?

LA CONFUNDIDA SEXUAL

ESTIMADA CONFUNDIDA:

Tu problema tiene solución, así que no busques pretextos para dejar a este hombre, a menos que de veras no lo quieras más. Lo primero que tienes que hacer es dejar los disimulos y hablar francamente con él, para que sepa que hay un problema. No creas que eres la única mujer que está en esa situación. Al contrario, muchas se callan sus necesidades y temen decirle a su compañero lo que no les gusta, para que no las malinterpreten o las tomen por "demasiado experimentadas." Asumen que "una buena mujer" se conforma con lo que le dan. Y eso es un error, pues el hombre, por muy inteligente que sea, no tiene por qué tener dotes de adivino. Una forma de aclarar la situación es decir "a mí no me gusta cuando me haces esto o lo otro," o más claro aún, "me gustaría que probáramos tal cosa." Otra forma sería decir que estás incómoda y cambiar de posición. Para los hombres es más fácil que la mujer les diga lo que les gusta, así "van al grano," sin temor a equivocarse. A diferentes mujeres les gustan diferentes cosas. Créeme, el hombre aprecia la ayuda. El silencio referente al sexo es un hábito malo y difícil de romper, pero vale la pena arriesgarse para poder disfrutar de una vida sexual plena.

Desprecio Marital

QUERIDA MARÍA REGINA:

Hace poco tiempo que me casé y mi esposo ha resultado ser una persona muy difícil. Cada vez que trato de hablar con él, lo interpreta como si yo le estuviera peleando. Ya casi no me atrevo a iniciar una conversación con él, porque no sé cómo va a reaccionar. Antes de casarnos teníamos una vida sexual muy buena, pero ahora le ha perdido todo el interés al sexo y apenas tiene cincuenta y cuatro años. He puesto en práctica todos los trucos posibles para que vuelva a hacerme caso, pero su indiferencia es enorme. Tanto, que he considerado mudarme para el otro cuarto para no tener que soportar su desprecio. ¿Qué puedo hacer?

D.L.P.

ESTIMADA D.L.P.:

Recomiéndele que vaya a ver al médico, ya que los hombres pueden estar activos sexualmente hasta los ochenta y noventa años siempre y cuando gocen de buena salud. También puede que esté descontento con su trabajo o le produzca mucha tensión. Él sabe que no está actuando normalmente, por eso reacciona de forma agresiva cuando usted le habla. Lo hace porque está a la defensiva. Pero si no pueden hablar, ese es el problema mayor. Un hombre que no pueda conversar es como cerrarle la puerta al crecimiento y desarrollo de la relación. Hablando la gente se entiende. Un consejero profesional los puede ayudar a desarrollar un diálogo. Tienen que abrir esta puerta o el matrimonio no va a ir a ningún lado.

No Es Cuestión de Idiomas

QUERIDA MARÍA REGINA:

Yo soy mexicana y vivo con un hombre de la India que es muy bueno conmigo, y a veces hablamos de las costumbres de nuestros países. El problema es que él tiene un carácter muy inestable, a veces llega muy contento del trabajo y otras veces está muy agresivo, la verdad es que no sé qué hacer. La comunicación entre nosotros es un poco difícil, ya que él casi no habla inglés ni español. Por favor, espero que usted me oriente y me ayude a darle una solución a este problema.

DESESPERADA

ESTIMADA DESESPERADA:

Me imagino que la comunicación entre ustedes a través del lenguaje deba ser bastante complicada, pero si vives con él y lo escogiste como pareja fue porque encontraron otro tipo de comunicación que aparentemente funciona muy bien. Te recomiendo que antes de tratar de buscarle una solución a los cambios de humor de tu marido, pienses si realmente lo amas y si quieres seguir compartiendo con una persona que, por lo que me cuentas, casi no conoces. Si crees que valga la pena continuar esa relación, entonces lo único que puedo recomendarte es que uses ese otro tipo de comunicación para acercarte más a él y tratar de averiguar a qué se deben sus cambios de humor. Otro recurso podría ser enseñarle un poco de español y que tú aprendieras un poco de hindú. Eso no te resuelve tu problema inmediato, pero les resultará entretenido y agradable.

CAPÍTULO 9

Buscando el Amor en Otros Brazos

Según las estadísticas, el hombre es más infiel que la mujer. Se considera que el 90 por ciento de los hombres, frente a un 40 por ciento a 50 por ciento de las mujeres, son o han sido infieles en alguna etapa de sus vidas. Las razones por lo que ambos sexos se deciden ser infieles son muy variadas. Estudios científicos han señalado que el hombre, por su constitución física y mental, es más sexual que la mujer. Yo, por mi parte, creo que lo que sucede es que al hombre, históricamente, lo han hecho sentirse menos culpable respecto al sexo.

Para la mujer el sexo está relacionado con sentimientos de amor, atención, ternura y responsabilidad. Pero para la mayoría de los hombres el sexo es sexo, sobre todo la primera vez que tienen relaciones íntimas con una mujer. En ese primero encuentro, a los hombres jamás les pasa por la mente el tener una relación exclusiva con la persona con la que están haciendo el amor. Sin embargo, son pocas las mujeres que pueden tener relaciones por el simple hecho de disfrutar el placer sexual, aunque últimamente—debido a los cambios en las costumbres y la mayor fuerza de las mujeres en la sociedad—esto está cambiando.

Pero, en general, para nosotras siempre tiene que vislumbrarse una esperanza de que ese encuentro sexual tiene posibilidades de ser algo más en el futuro. En la mayoría de los casos, cuando la mujer se casa, se ha hecho el íntimo propósito de que esa relación es para siempre; mientras que el hombre, por su parte, va con frecuencia al matrimonio pensando que se está perdiendo algo. Por eso, cuando una mujer es infiel al hombre con quien se casó es, casi siempre, porque ha sido víctima de falta de atención, de poca demostración de amor o hasta de maltrato por parte de su pareja; el sexo en sí mismo, la mayoría de las veces, no se convierte en causa de la infidelidad femenina.

Todo esto para el hombre es totalmente diferente. Un hombre va a la cama ajena por una infinidad de razones que pueden ir desde necesidad biológica (la mujer o la novia no le dan lo que él necesita), compulsión neurótica de seducir (no les gusta perderse nada) o simplemente por la novedad de "probar otros labios" como dice la canción.

Pero cuando el adulterio se descubre, se entra en un terreno de serias decisiones morales y humanas. Aceptar o no a la persona que ha engañado después de una traición depende de muchísimo factores. Por ejemplo, hay que tener en cuenta si se trata de un "adúltero primerizo"—es decir, si fue la primera vez—, si el engaño lleva mucho o poco tiempo andando y de como era la relación antes del problema. Lo principal a considerar en los casos de adulterio es que una relación buena vale la pena mantenerla y hay que analizar muy bien las cosas antes de pensar en el divorcio. No vale la pena que por un "mal paso" de su pareja, usted destruya en un momento algo que ha sido bueno la mayor parte del tiempo.

Inclusive, muchas veces nosotros mismos empujamos a nuestra pareja a sernos infiel. El mal trato físico o mental, la falta de atención, el poco interés a la hora de hacer el amor hace que la persona se sienta insegura y busque a alguien para que le levante su autoestima.

La Quiero ... pero No Me Gusta

QUERIDA MARÍA REGINA:

Tengo una magnífica esposa. Es una mujer decente y buena con la que llevo doce años casado. Mi problema es que hace seis meses conocí a una mujer, muy bella y completa en todos los sentidos, que me ha vuelto loco, sencillamente loco. Esta mujer es muy decente y extremadamente educada, no vaya a pensar que es una cualquiera. Yo quiero a mi esposa, pero entre nosotros ya no hay la pasión de antes. No es que no seamos compatibles sexualmente, pero es que se pasan los días y hasta las semanas sin que tengamos relaciones sexuales. A mí ya ella no me produce el placer de antes ni me incita. Me da mucha pena con ella y me siento culpable, pero estoy pensando seriamente en dejarla e irme con la otra. Estoy decidido a divorciarme, pero antes quiero su opinión.

P.F.

ESTIMADO P.F.:

Entiendo que, después de doce años de matrimonio, es imposible que exista la misma pasión de los primeros meses. Usted acaba de conocer a una mujer bonita, vibrante e inteligente, pero, aunque no quiero desilusionarlo, le advierto que, como no tiene ninguna información de ella en su vida rutinaria, piensa que ha conocido a alguien excepcional, a Cleopatra misma. Su esposa también puede tener todas esas cualidades, pero como ella es real, la ve a diario y la ha observado en sus momentos buenos y en los malos, todas sus faltas se hacen más aparentes y cualquier defecto que ella tenga o cometa, usted lo ve aún mayor. Lo que le pasó a su matrimonio es que "se quedó sin gasolina" y si se siente culpable—como creo adivinar en su carta—es porque se quiere divorciar por las razones equivocadas. Entienda que "no todo lo que brilla es oro," así que, antes de divorciarse, yo le aconsejo que trate de hacer lo mejor que pueda por su matrimonio. Muchas veces se es infiel pensando que vamos a mejorar lo que no funciona ... sin conocer los nuevos problemas que vamos a tener en la nueva relación. Dése cuenta de que, cuando se cambia de pareja, también se cambian el grupo de problemas.

Matrimonios de Bostezos, No de Besos

QUERIDA MARÍA REGINA:

Quisiera que fuera sincera conmigo. Estoy casada y muy, muy aburrida. Es más, no sé que hacer para mejorar mi matrimonio. Todos los días mi esposo y yo hacemos lo mismo: cuando él llega del trabajo, se pega como una goma de mascar al televisor y de ahí sólo se levanta para ir al baño. Los fines de semana vamos juntos al mercado, limpiamos la casa y el auto y los sábados cenamos fuera. Nuestra rutina no cambia y me siento como el burro que gira alrededor de la noria. Por eso he estado pensando seriamente tener una relación extramarital, para poder darle un poco más de estímulo a mi vida. Además, una amiga me dijo que eso ayuda a conservar el matrimonio. Me gustaría saber su opinión sobre esto.

LILLY

ESTIMADA LILLY:

Su amiga no es muy buena consejera, ni tampoco sabe lo que esta diciendo. ¡A lo mejor lo hace para excusar los amantes que ella debe haber tenido! Déjeme decirle que, después de una relación extramarital, pueden pasar dos cosas: la relación se acaba o se vuelve más fuerte. Pero fíjese que las opciones son sólo dos y los riesgos son grandes. Tener un romance fuera del matrimonio puede ser algo desastroso ya que acaba con el respeto, la confianza y la admiración que son tan importantes para cualquier relación. Usted se tiene que quitar esa tontería de la cabeza y, en lugar de escuchar los tontos consejos de su amiga—¡que de amigas como ésas la salve Dios!—dele gracias a la vida de que su esposo está en la casa todas las noches y que en los fines de semana la ayuda con los quehaceres del hogar, pues no muchos hombres hacen lo mismo. Además, ¿por qué le echa usted toda la responsabilidad del aburrimiento a su esposo? ¿Qué hace usted para que su relación sea más entretenida? ¿No se da cuenta que su esposo puede estar tan aburrido como usted? Invente actividades más estimulantes, pónganse a caminar o a hacer un deporte para estar en forma, vayan a un cine, a la playa, salgan con amigos, experimenten en sus encuentros sexuales. Por ejemplo, ¿por qué no se compran el *Kamasutra* (el libro hindú del amor) y ensayan algunas de sus posiciones? Si no se

quita de la cabeza esa idea de querer probar la infidelidad, puede perder a su marido y entonces tendrá que arriesgarse a buscar otra cosa que a lo mejor no sirve. Esa es una experiencia que podría costarle demasiado cara.

La Curiosidad Mató al Gato

QUERIDA MARÍA REGINA:

Durante más de quince años le fui fiel a mi esposo, al cual amo y respeto. Nuestra relación sexual siempre fue buena, pero recientemente—¡no sé ni cómo!—tuve una aventura con un hombre que me fascinó desde que lo vi por primera vez. En parte fui víctima de mi propia curiosidad: yo me casé virgen y por ese motivo siempre me preguntaba: "¿cómo sera hacer el amor con otro hombre?," "¿harán todos lo mismo?," "¿me estaré perdiendo algo o debo dar gracias de que lo que me da mi marido es suficiente?" Pues bien, ese hombre con el que tuve el affaire tiene una madurez sexual y sicológica que sobrepasa a la de mi esposo. En la cama con él, me sentí radiante de felicidad y placer, más mujer que nunca. Ahora me siento culpable, pues cuando estoy con mi esposo pienso en el otro. Yo le aseguro que quiero a mi esposo, pero no sé que hacer. No creo que yo tenga valor para decirle que ya él no me gusta y que he encontrado en el otro lo que ya él no me da ... y lo que nunca me ha dado. ¿Qué hago, María Regina? ¿Habrá otras mujeres en mi situación que no se atreven a confesarlo o seré yo la única?

TOTALMENTE DESESPERADA

ESTIMADA DESESPERADA:

Su curiosidad, aunque peligrosa, es bastante común entre las mujeres que han tenido experiencia sexual con un sólo hombre. Pero aunque su aventura haya sido satisfactoria, si existe amor y comprensión en su matrimonio, esa experiencia no llega a ser

más que una "curiosidad." Si usted ama a su esposo, como dice, lo mejor será que no le diga lo que siente. Lo que tiene que hacer es hablar con él, con mucho tacto, tratando de no herir su sensibilidad, y explicarle cuales son sus preferencias y necesidades sexuales. Su esposo no es adivino, así que hace muy mal en quedarse callada esperando que ocurra el milagro de que sepa lo que usted desea sin que usted se lo diga. Aunque el sexo es una parte importantísima en un matrimonio, también lo es la comunicación, el respeto, la comprensión y el compañerismo. No puede dejar que el sexo sea lo único que decida la felicidad de un matrimonio.

Cuando Usted "Huele" Que la Están Engañando

QUERIDA MARÍA REGINA:

Mi esposo está teniendo una relación extramarital y estoy segura que sé quien es ella. Se trata de una amiga de la familia (¡se imagina!), mis hijos la conocen y sienten mucha simpatía por ella. Mi esposo siempre ha sido un hombre fiel y bueno, pero ahora—a partir de esta relación que me imagino—ha cambiado mucho conmigo. Siempre está de mal humor, me critica constantemente y le molestan las cosas que antes le gustaban de mí. Hace poco, le encontré un creyón de labios en el auto y anteriormente he descubierto pintura de labios en la camiseta y hasta arañazos en su espalda. Una amiga me dijo que lo había visto almorzando en un restaurante con esa señora de que le hablé. Cuando le pregunté, me dijo, sin hacerme mucho caso, que estaban hablando de negocios. Ella ha logrado hacerse amiga de la familia, pero a mí esa mujer no me gustó desde el día en que la conocí. ¡Y ahora la odio! ¡Es una villana que está destruyendo mi hogar! ¿Qué puedo hacer para desaparecerla de este planeta ... o por lo menos de la vida de mi esposo?

FURIOSÍSIMA

ESTIMADA FURIOSÍSIMA:

Su esposo presenta todos los síntomas del hombre que está sien-

do infiel. Recuerde que las mujeres tenemos una habilidad asombrosa para interpretar cualquier cambio que tenga nuestra pareja y cuando sospechamos que algo raro está pasando, casi siempre estamos en lo cierto. Cuando de pronto alguién en la relación cambia tan drásticamente, es porque hay algo en el tintero. Pero, mi amiga, ¡usted lo quiere resolver de la manera equivocada! Con "desaparecerla" no va a resolver su problema. Hay algo en su matrimonio que no está funcionando; esto es, seguramente, de lo que se dio cuenta la amante de su esposo y ella está "cubriendo" esta base que usted ha descuidado. Los maridos felices *no* tienen relaciones extramaritales. Cuando una persona, acostumbrada a ser fiel, cambia de pronto, es por algún motivo. Su tarea ahora es averiguar de que se trata eso que anda mal. Si el problema no se resuelve, pronto vendrá otra amante ... Hable con su esposo, dígale cuales son sus sospechas y pídale cooperar con usted en buscarle una solución al problema que lo llevó a tener una aventura. Si él se niega a cooperar, entonces es que no le interesa mantener su matrimonio y con el tiempo acabara separándose. Pero por lo menos trate usted de hacer todo lo que pueda.

¿Adulterio o Salvación?

QUERIDA MARÍA REGINA:

Tengo treinta y nueve años y llevo catorce de casada. Mi esposo casi no me presta atención, sino todo lo que quiere es estar con sus amigotes. Delante de ellos me trata mal y me dice que no sirvo para nada. Durante catorce años me he creído que soy una estúpida y que de verdad no estoy capacitada para algo más que no sea limpiar y cocinar. Pero ahora ha sucedido algo en mi vida que la ha cambiado por completo ... Resulta que hace poco se mudó para mi edificio un muchacho bastante simpático y buen tipo. Todo empezó un día en que estaba lloviendo y yo venía del supermercado. Cuando él me vio, salió con una sombrilla y me ayudó a bajar los paquetes del auto. Desde entonces nos hicimos amigos ... hasta que un día hicimos el amor. Nos vemos una o dos veces por semana y aunque sé que estoy actuando mal, este muchacho me ha devuelto la seguridad en mí misma: me dice que soy bonita, que soy inteligente y elegante, todo lo contrario de lo que me ha dicho siempre mi marido. Inclusive me está animando para que empiece a estudiar. No le estoy pidiendo consejo ya que no lo pienso dejar por mucho que me digan, pero quiero que mi carta le sirva de ejemplo a todos esos hombres que se aprovechan de sus mujeres haciéndolas sentir que vale poco menos que basura. Gracias por escucharme, María Regina.

LA QUE VOLVIÓ A NACER

"La que volvió a nacer" no solicitaba respuesta, pero su caso es, como ella misma dice, una lección y un aviso para aquellos hombres que no les dan a sus mujeres el valor que tienen. El esposo de esta señora—a la cual él mismo empujó a la infidelidad—el día que se entere del asunto, se aplicará aquello de "Nadie sabe lo que tiene hasta que no lo pierde."

Entre Marido y Mujer, Nadie Se Debe Meter

QUERIDA MARÍA REGINA:

Hace más de dos años que tengo conocimiento de que la esposa de un buen amigo lo está engañando con otro amigo común. Esta pareja lleva muchos años de casados y, al menos aparentemente, son felices. Sus hijos son mayores y están casados. No sé si decirle a mi amigo lo que está pasando o hablar con ella y decirle lo que yo sé. La puedo aconsejar y explicarle que si su esposo se entera terminará un bello matrimonio. Aconséjeme si debo callarme como lo he hecho durante estos dos últimos años, hablarles a ellos o a sus hijos, o no meterme en lo que no me importa.

UN BUEN AMIGO

ESTIMADO BUEN AMIGO:

Comprendo que usted quiere serle leal a su amigo, además de no

desear que su matrimonio de tantos años se termine. Pero mi recomendación es que siga callado como lo ha hecho hasta ahora. Su amigo, no se lo va a agradecer y después lo va a evitar por sentir vergüenza de que usted sabe su problema. Ella, se lo va a negar y va a seguir haciendo de las suyas. Los hijos van a pensar que usted en un "chismoso" y, en resumidas cuentas, el que va a quedar mal, va a ser usted. Lo felicito por tratar de ser un buen amigo, pero recuerde que en boca callada ... no entran moscas.

Amor y Sexo: ¿Dos Mundos Distintos?

QUERIDA MARÍA REGINA:

Soy un hombre de cuarenta años y desde hace ocho años tengo relaciones con una ex-compañera de trabajo. Tenemos encuentros íntimos dos veces al mes, aunque los dos somos casados. Yo quiero mucho a mi esposa, pero a la hora de tener relaciones sexuales me siento más satisfecho con mi amante. Mi esposa es muy rutinaria y un poco "a la antigua." Mi problema es que quiero serle fiel, pero cada vez que mi amante me llama para que nos veamos, no puedo negarme. Ella ha llegado a convertirse en una verdadera obsesión sexual para mí y no le niego que me hace sentir maravillosamente. Mi amante dice que ella no quiere a su marido, que es a mí a quien único desea, que yo soy el único hombre que la hace sentirse mujer. Ella es muy apasionada, atrevida, y siempre tiene algo nuevo que ofrecerme ... Imagínese que el otro día hicimos el amor en un elevador, algo que yo sólo había visto en las películas. Es por eso que me gusta tanto. Por mi esposa siento mucho cariño, pues tenemos muchos años y vivencias compartidas y es un gran ser humano ... Por una siento sólo cariño, y por la otra sólo una gran pasión sexual, pues entre nosotros no hay nada más que eso, pero me tiene amarrado como con una cadena ... ¿Que hago? Llevo veinte años de casado y no quiero destruir mi matrimonio ni dañar a mi esposa ni a mis hijos....

APASIONADO Y CONFUNDIDO

ESTIMADO APASIONADO Y CONFUNDIDO:

Aunque usted se llama Confundido, no creo que exista confusión por su parte; más bien pienso que, aunque no se dé cuenta, usted lo tiene todo bien definido: por su amante sólo siente atracción sexual y por su esposa cariño. Eso sí, lo que si está muy claro es que no está enamorado de ninguna de las dos. Creo que lo más prudente es que deje de actuar sólo por instinto sexual. Sería una pena (¡y un gran problema!) que a estas alturas, su esposa se enterara de su aventurita y decidiera dejarlo. Aunque usted crea que está manejando las cosas a las mil maravillas, estas cosas, tarde o temprano, siempre se descubren. Usted, mi amigo, está abusando mucho de su buena suerte. Lo que tiene que hacer es tratar de reconquistar la pasión en su esposa y contribuir a romper con la monotonía que en muchas ocasiones caen los matrimonios a través de los años.

CAPÍTULO 10

Los Que Ya Tienen Dueña

Entre las miles de preguntas que me han llegado en estos ocho años que llevo dando consejos, todavía no he recibido una carta de un hombre que se queje diciéndome que tiene una relación con una mujer casada, que ella lo mantiene y que por años le ha prometido dejar a su marido. ¡Qué curioso! Lo que sí tengo son cientos de cartas de mujeres que caen en relaciones sin futuro con hombres casados que les hacen perder el tiempo diciéndoles que "están a punto de divorciarse." No toda la culpa es de ellos, sino también de esas mujeres que entran en relaciones con hombres que ya tienen dueña ...

Mientras que los hombres que están en relaciones con mujeres comprometidas están encantado de la vida, teniendo fogosos encuentros sexuales con la casada sin dejar de salir con las solteras, las mujeres que son amantes de hombres casados, por el contrario, se mantienen dedicadas en cuerpo y alma a ellos como si no existieran más hombres en el mundo y esperando que de un momento a otro se aparezcan por la puerta con el documento del divorcio. Esto me hace llegar a la conclusión de que las mujeres somos más tontas y crédulas que ellos. Parece que hay algo en nuestros genes que nos hace creernos todas las promesas que nos hacen los hombres, y nos sentamos en la casa a esperar que el teléfono suene para ver cuando nuestro amado nos diga cuando, como y donde nos va hacer el favor de estar un "ratico" con nosotras.

¡Señoras, pero con qué poco nos conformamos! Estadísticamente, casi ningún hombre ya comprometido termina casándose con la mujer por la cual dejó a la suya. Y si lo hace, ¡ay, pobrecita de ella! Lo que va a tener a su lado será un hombre lleno de remordimientos, que le recuerda a cada instante que fue ella quien rompió su hogar. Y si tiene hijos, ¡para que hablar! Si los chicos del matrimonio anterior salen delincuentes, no estudian o son difíciles, ella, la ex-amante, la "destructora de hogares," siempre tendrá la culpa. Así que la culpable de este "crimen moral y pasional" siempre acaba siendo la mujer.

Vamos a ser justas: lo que sucede es que muchos de esos hombres se casaron muy jóvenes, sin poder experimentar el amor o la soltería, o tal vez han trabajado mucho y piensan que necesitan o que se "merecen" una amante por todo lo que han dejado de disfrutar en la vida. ¡Vaya, como si la esposa tuviera la culpa! Pero, estos hombres—aunque se crean más machos que nadie—han creado una gran dependencia de la mujer, de forma que nunca la dejarían por temor a perder demasiado. Y en esto no andan muy lejos de la verdad, pues, en definitiva, el hombre siempre pierde más que la mujer: gana "libertad," pero es casi siempre ella la que se queda con los niños, con la manutención y con la casa a cuyo pago él contribuyó por tantos años.

Claro, también hay hombres que se buscan una amante porque tienen un matrimonio insoportable y necesitan que venga alguien de afuera a darles el empujón para separarse. Si no fuera así, no habrian tantos divorcios. En esos casos las amantes son una especie de tabla de salvación en medio del naufragio. ¡Ah, pero cuidado! Porque de divorciarse a volverse a casar ... hay una gran diferencia. Una vez que el dio el paso, que le pagó una buena suma de dinero a los abogados, que experimentó lo que es estar sólo y manteniendo a otra persona, ¡volverlo a amarrar de nuevo no es tarea fácil! Los hombres aman la independencia y cuando se ven libres piensan que han descubierto la verdadera felicidad (aún cuando después estén penando por una compañera que los entienda). Además, piensan que si su matrimonio fue tan horrible, si su esposa se volvió aburrida en la cama y peleaba demasiado, ¿qué garantías tiene de que no le vuelva a pasar lo mismo con la próxima? ¡Y no los culpo por pensar así, porque la mujeres no somos ángeles! A continuación, veamos qué dicen y cómo engañan algunos de estos habilidosos.

Los Rompepromesas

QUERIDA MARÍA REGINA:

Soy soltera, pero tengo dos hijos de un hombre casado, que a su vez tiene dos hijas en otro país. Hace cinco años que soy su amante y sólo dos que vivimos juntos en esta ciudad. Cuando nos conocimos, él me prometió que se divorciaría y se casaría conmigo ... pero mejor me hubiera sentado a esperar, pues hasta ahora no lo ha hecho. Es más, ¡me consta que casi a diario habla por teléfono con su esposa! Por si esto fuera poco, ellos se escriben a menudo y él hasta le manda dinero (dinero que me debía dar a mí, ¿no cree usted?). Según he podido darme cuenta, ella va a venir pronto, pero no tiene la menor idea de que yo existo. ¿Cree usted que sea correcto que yo le informe todo a ella? Por no haberme cumplido su promesa, ¿debo abandonar al hombre que tanto quiero? ¿Usted cree que él me abandonaría si ella descubre todo? Por otra parte, hay un muchacho dispuesto a casarse conmigo. Es decente y bien parecido, pero, por desgracia, yo no lo quiero. A veces, la cabeza se me atormenta pensando que yo soy culpable, pues acepté ser la amante de un hombre casado sabiendo que estaba perjudicando un hogar. En fin, ¿que puedo hacer en esta situación?

MILAGROS G.

ESTIMADA MILAGROS:

¡Tú, sí, que no pierdes el tiempo! Pero, hija, ¿en que momento conocistes al muchacho que está dispuesto a casarse contigo .... ? De veras que estás metida en un tremendo lío, y lo considero "tremendo" por los dos hijos que tienes. No creo que sea correcto decírselo a su esposa ya que la pobre mujer se atormentaría por gusto y ella no tiene culpa de nada. Te recomiendo que dejes a ese hombre y trates de rehacer tu vida con alguien que sea libre. Ahora abre bien tus oídos y escucha esto: Él nunca se va a casar contigo. Por el contrario, lo que te espera junto a él es una vida

llena de incertidumbre y sufrimiento. Fíjate que ya te estás sintiendo la "mala de la película" por estar perjudicando el hogar de este "pobre inocente" que te ha engañado. No te miento: al principio te vas a sentir sóla e insegura, pero tienes que ser fuerte y saber que el tiempo, ese gran médico, lo cura todo. Como dicen los americanos: "Fuera de la vista, fuera de tu mente." ¡Ah, pero no dejes de hacer algún arreglo con él para que le pase una mensualidad a los muchachos! Claro que sí, "que tome chocolate y pague lo que debe."

La Que Espera ... ¡Desespera!

QUERIDA MARÍA REGINA:

Es medianoche y me siento muy sóla y con ganas de llorar. Soy la amante de un hombre casado ... alguien tan importante que, si yo le dijera a usted de quien se trata, no me lo creería. He viajado mucho, tengo muy buena ropa, joyas carísimas y manejo un automóvil del año. Pero, hoy es mi cumpleaños y estoy sóla. Su esposa está enferma y por eso él no pudo venir. Ya sea por esto o por lo otro, siempre hay alguna excusa a última hora. ¡Y no hay nada que yo pueda hacer o decir. Me paso el día pendiente del teléfono y no me atrevo a tener visita por si a él se le ocurre venir. Además de la ventaja de tener una vida confortable, yo quiero mucho a este hombre. Pero a veces me parezco que vivo como una odalisca en un harem. ¿Cree usted que vale la pena vivir de esta manera?

SOLITARIA

ESTIMADA SOLITARIA:

Tu situación se puede mirar desde varios puntos de vista, pues todo depende de lo que más te interese en la vida. Si lo que tú quieres es viajar, tener buena ropa y manejar un automóvil nuevo, estás en la relación perfecta. Pero, si lo que tú deseas es

formar una familia y tener un compañero que siempre este a tu lado ... estás en la relación equivocada y debes buscar otros horizontes. Sólo tú sabes lo que realmente te hace feliz. Siéntate a pensar qué es lo que realmente quieres, lo que más te hace feliz y lo que preferirías sacrificar. Después de todo, no hay nada que no cueste algo, o como se dice: "Ningún almuerzo te sale gratis."

Los Que Pagan y Pagan

QUERIDA MARÍA REGINA:

Estoy en una relación con un hombre casado que tiene sesenta y tres años, mientras que yo tengo veintitrés años. ¡Es decir, que podría ser su nieta! Pero la cuestión es que él me está ayudando económicamente y me ha resuelto muchos problemas en mi vida, pues soy una muchacha de condición humilde. Entiéndame, no me voy a morir de hambre si no lo tengo, pero ¿a quién no le gusta lo bueno? Él me ha puesto un apartamento, me ha comprado un auto, me compra toda la ropa que le pido y, como dice la gente, si pajarito volando le pido, pajarito volando me da. Mis padres están muy opuestos a que mantenga una relación con este hombre; ellos me dicen que no es buena la idea y que por él no voy a poder conocer a ningún otro hombre para establecer una relación seria. Yo les digo que no me importa, pero a veces me pregunto si no tendrán razón. ¿Qué cree usted?

JANET

ESTIMADA JANET:

Claro que tus padres tienen razón. Si ese señor esta pagando por el apartamento, está teniendo control sobre ti. El viejo verde está tirando sus últimos "cartuchos" y te está usando para sentirse joven otra vez. Lo que no me explico es, ¿qué es lo que te atrae de un hombre que casi te triplica la edad? Creo que debes analizar

que es lo que buscas en la vida y si este hombre encaja en tus planes. Habla sobre esto con alguien experimentado que te pueda dar una opinión madura. Yo creo que hay cosas que están sucediendo en tu vida que tu no sabes y que te serían de gran ayuda conocer. De todas formas, este señor jamás va a dejar a su esposa para casarse contigo. Espero que estés consciente de esa realidad. En definitiva, lo que él está logrando (aparte de sentir el calor de un cuerpo juvenil) es hacerte perder el tiempo. Y no creas que esto es algo que vas a poder poner a un lado de tu vida fácilmente: ningún joven que sepa en lo que tu andas te va a respetar o considerar para una relación estable.

Se Fue de Su Nido ... pero No Vuela Hacia el Tuyo

QUERIDA MARÍA REGINA:

Soy casada y tengo veintiseis años de edad. Hace un tiempo me enamoré de mi doctor, el cual tiene doce años más que yo. Tuvimos relaciones durante un año y en ese tiempo me dijo en varias ocasiones que lo de nosotros no podía ser, que era un amor imposible porque los dos ya teníamos compromiso. Un día me dijo que nuestra relación lo estaba afectando en su vida profesional y matrimonial y que, aunque no nos podíamos ver más, siempre habría un sentimiento fuerte entre los dos. Cuando nuestra relación terminó, él me había convencido de que era por el bien de los dos. Pero resulta que ahora, dos meses después de nuestro rompimiento, me entero que él se está divorciado. ¡Y nunca me había dicho nada del asunto! No sabe usted la furia y la frustración que esto me ha producido. ¿Qué consejo me da?

UNA AMIGA

ESTIMADA AMIGA:

Es muy probable que, como él te dijo, todo esto le haya afectado

realmente su vida matrimonial. Si se está divorciado es porque algo no anda bien, ¿no lo crees? Si terminó contigo, se divorció y no te lo dijo, es porque, sin duda, no tiene intenciones de continuar a tu lado en el futuro. Tal vez lo que él quiere por ahora es total libertad, tal vez le hace falta estar sólo por un tiempo. ¿Qué consejo te puedo dar ... ? Pues que decidas si de verdad estás interesada tú también en tu vida de casada. Si te enamoraste de tu doctor es porque, obviamente, no quieres a tu esposo. Piensas seguir a lado de un hombre que no quieres y al que ya has engañado? Esta es una decisión muy importante que no debes demorar en tomar. No sigas buscando escapar de ella con otro amante. Recuerda que la "receta" de ese doctor no curó tu problema.

Libres como el Viento ... por un Tiempo

QUERIDA MARÍA REGINA:

Soy una muchacha divorciada y hace cinco años que tengo una relación con un hombre casado. Durante ese tiempo, él siempre me prometió que se iba a divorciar y me pidió que esperara hasta que él estuviera libre, asegurándome que me quería mucho. Por fin, él se divorcio ... pero de esto hace ya ocho meses. Resulta que me salió con que, después de doce años de matrimonio, le era muy difícil involucrarse en un compromiso similar con alguien. Me dijo que necesitaba su libertad, pero que no quería perderme. Su "plan" es seguir saliendo conmigo, como "novios." Yo lo quiero, pero no puedo dejar de pensar que lo que está buscando es sexo y compañía sin compromiso. ¿Qué cree usted?

ALICIA

ESTIMADA ALICIA:

Aunque te cueste aceptarlo, es normal que tu novio, después de doce años de matrimonio, quiera sentirse libre por un tiempo,

antes de casarse nuevamente. Sin duda la razón principal por la cual se divorció fue porque se sentía infeliz en su matrimonio. Todo el mundo lo piensa antes de volver a tropezar dos veces con la misma piedra. Yo creo que debes darle una oportunidad y permitir que él se sienta libre por un tiempo antes de involucrarse en una relación permanente y exclusiva. Esta libertad también será buena para ti, pues tendrás tiempo de definir lo que quieres con él. Créeme que comprendo que no es nada fácil para ti aceptar algo así, sobre todo después de tantos años de relaciones. Pero estoy segura que el tiempo te ayudará a comprender cuales son sus verdaderos intenciones ... y también las tuyas.

Los Que Piensan: "Si Es Bueno Una, Mejor Son Dos"

QUERIDA MARÍA REGINA:

Tengo una amistad muy grata con un hombre un tanto especial. Los dos somos profesionales. Este señor es casado, pero dice no tener ni comunicación ni sexo con su señora. De lunes a jueves, y también el sábado, tenemos una bonita comunicación y el domingo se lo pasa con su esposa. Lo de los viernes—que tampoco se los pasa conmigo—es algo un poco extraño, porque, dice él, tiene un compromiso que no puede dejar. Me asegura que no es de tipo amoroso, sino una relación donde el da el dinero ... Aquí se queda toda su explicación, pues no me quiere decir nada más con la escusa de que seria embarazoso para mi saber más del asunto, pero me asegura que no se trata de algo que vaya en contra de mis intereses. Él quiere que lleguemos a una especie de entendimiento respecto a sus compromisos y me aclaró que tendríamos que cortar nuestra amistad si no nos entendíamos respecto a este asunto. Generalmente tenemos relaciones íntimas de una a dos veces por semana, aunque él me llama por teléfono varias veces al día. No tenemos lazos económicos ya que yo pago todas mis cuentas. Recientemente, él se mostró raro los tres primeros días de la semana: el jueves me dijo que se sentía enfermo ... pero el viernes, fue a su compromiso en perfecto estado de salud. El sábado fuimos a una reunión social, pero después me dijo que estaba enfermo y allí acabó el día. Su comportamiento durante toda la semana me hizo sentir rechazada y muy mal.Ya en otras ocasiones hemos quedado en "vernos"; yo me entusiasmo, salimos a comer ... pero allí se acaba todo. Siendo ambos somos personas mayores y serias, no encuentro razones para ese comportamiento suyo. ¿Qué explicación le ve a su conducta? ¿Llevará otra relación parecida a la que lleva conmigo? Si esto es así, ¿qué me aconseja?

LUCY

ESTIMADA LUCY:

A este señor yo no lo llamaría un "tanto especial" sino un "tanto descarado." Quiere estar "en misa y en procesión" al mismo tiempo. A mí me parece que anda en tres relaciones al mismo tiempo: con su esposa, con la del viernes y contigo. Por eso de vez en cuando se hace el enfermo. Siendo ya una persona mayor, es normal que no pueda cumplir con todas al mismo tiempo.Mi consejo es que, si lo que buscas en una relación exclusiva, acabes tu entendimiento con este hombre. Pero si eres de las que se conforman con "migajas" de cariño—que es lo que él te da a ti—acepta la situación y deja las cosas como están. A este tipo de hombre que quiere abarcar tanto, como el que tú tienes, yo siempre les recomiendo que es mejor "quedar bien con una y no mal con tres."

Palabras, Palabras, Palabras ...

QUERIDA MARÍA REGINA:

Soy una muchacha de treinta y dos años y hace tres años y medio que tengo relaciones con un hombre casado de mi misma edad. Él me dice que hace tiempo que quiere dejar a su esposa, pero que no lo hace porque le tiene lástima, ya que ella está muy enferma. En dos ocasiones la ha tratado de dejar y viene unos días para mi casa, pero regresa porque, según él, su salud empeora. Me dice que es a mí quien quiere, que una prueba de su fidelidad es que él y su esposa duermen en habitaciones separadas. Sus amigos me dicen que mientras yo siga con él, nada va a cambiar. Yo lo adoro, pero no quiero seguir en lo mismo. Quisiera tenerlo siempre a mi lado y estoy desesperada. ¡No entiendo lo que está pasando y me parece que el tiempo se me está yendo entre las manos! ¡Aconséjeme, por favor!

LA CONFUNDIDA

ESTIMADA CONFUNDIDA:

Opino igual que los amigos de el: mientras tú sigas a su lado, nada va a cambiar. Además, tú misma dices que así no quieres continuar. Yo creo que en la vida hay que tomar riesgos para ganar y tú estás en esa situación ahora. Sepárate de él, por mucho que te duela y aunque te arriesgues a perderlo. Si él de verdad el te quiere (y yo creo que sí), regresará a tu lado ... y esta vez, para siempre.

QUERIDA MARÍA REGINA:

Llevo trece años de relaciones con un hombre casado, el único hombre que he querido en mi vida. Trabajamos en la misma compañía y los dos tenemos puestos muy altos. Hace alrededor de un mes, su esposa se enteró de lo nuestro y me llamó por teléfono a mi oficina. Estuvimos hablando cerca de una hora y ella fue muy amable conmigo. Hablamos como dos personas adultas, pero no se definió nada. La causa por la que le escribo es porque hasta ahora ella nunca había ido con él a ninguna parte. Pero, la semana pasada fue a una fiesta que dio la compañía y ahora se van juntos a un viaje de negocio, en el cual se suponía que fuera yo con él, como siempre lo habíamos hecho durante los últimos doce años. Todo esto es muy difícil para mí, ya que él me había prometido divorciarse para casarse conmigo. ¡Inclusive se lo dijo a mi familia y a todos en la oficina! Pero después de lo de la semana pasada, yo le dí un ultimátum ... y me parece que la escogió a ella. ¿Qué me aconseja que haga?

ENAMORADA Y TRISTE

ESTIMADA ENAMORADA Y TRISTE:

¡Claro que si llevó a la esposa a la fiesta y ahora se va de viaje con ella es porque no piensa dejarla! Olvídese de lo que él le prometió y acepte la realidad. Es mejor enfrentarla que engañarse a sí misma durante más tiempo. Sufrirá más ahora, pero menos en el futuro. Él tuvo la oportunidad de terminar con su matrimonio y no la aprovechó. Sé que no va a ser fácil, pero trate de rehacer su vida con otra persona que esté libre, igual que usted.

QUERIDA MARÍA REGINA:

Tengo veinticuatro años y soy divorciada. He conocido a un muchacho de veintiocho años, pero casado. Viene mucho a mi trabajo y me llama a la casa casi todos los días. Hemos salido algunas veces, pero los fines de semana se pierde por completo. ¡No sé nada de él de viernes a lunes! Él me dice que le gusto y que está loco por mí, pero no sé si creerle. Me dice que se está divorciado, pero presiento que es mentira. Hay un instinto profundo que me dice que me engaña. ¿Qué me aconseja? Soy muy sentimental y no quiero meterme en algo que no vaya a funcionar y luego me rompa el corazón ...

M.E.S.

ESTIMADA M.E.S.:

¡Déle gracias a su instinto, que le está diciendo la verdad! ¡Todavía está a tiempo de no dar el paso equivocado! Estoy segura que usted le gusta, como también estoy segura que él no se

piensa divorciar. Si él estuviera planeando eso, la vería a usted con más frecuencia, ¿no le parece? Claro que algo le tiene que decir a usted para que salga con él. Si le dijera que ama a la esposa y que nunca la piensa dejar, ¿todavía saldría con él? La vida que le espera al lado de un hombre que está casado está llena de mentiras y medias tintas. No lo vea más y búsquese otro enamorado que esté libre y que pueda estar contigo todo el tiempo ... ¡y sobre todo los fines de semana!

¡¡Yo No Me Dejo Tomar el Pelo!!

QUERIDA MARÍA REGINA:

A mí me "hierve la sangre" cada vez que leo en su columna cartas de mujeres a las cuales los hombres "les ponen apartamentos y las mantienen," hombres casados y muchas veces con el doble de la edad de ellas. ¿Pero es que esas mujeres no se dan cuenta que eso es prostitución sofisticada? Mire, yo llevo muchos años sóla, manteniendo a mi hijo con enormes sacrificios, a veces hasta con tres trabajos al mismo tiempo. Nunca (¡pero nunca!) se me ha ocurrido cambiar favores sexuales por dinero. ¿Qué está pasando con nuestro amor propio? ¿Qué está pasando con todo lo que se le ha enseñado a la mujer para que se libere? ¡Qué vergüenza!

CON VERGÜENZA, EN MIAMI

ESTIMADA AMIGA:

Muchas gracias por su carta y por compartir con nosotros su opinión. ¡La felicito por ser así! Ojalá que todas fueran como usted, que no se deja engatusar fácilmente. Para muchos hombres tener una aventura es algo muy excitante. La mayoría de estos hombres llevan años de casados, de pronto conocen a una mujer que les gusta—probablemente más joven—¡y se sienten como si hubieran descubierto América! Usted y yo sabemos que es raro el hombre que deja pasar una cama fácil y dicen cualquier cosa con tal de que se les de una ilusión sexual ... Y muchas mujeres se creen la historia de que sus amantes casados están presos en sus matrimonios en contra de su voluntad. Créame: él que quiere separarse, lo hace. Así que mucho ojo, porque un rato de placer o demasiada ingenuidad les puede costar muchas lágrimas, años perdidos de juventud y una gran frustración emocional.

CAPÍTULO 11

Los Suegros: ¿Desgracia o Bendición?

Las suegras siempre han sido una buena fuente de inspiración para chistes más o menos crueles. Pero hay que reconocer que su mala fama está bastante fundamentada. No así los suegros, que suelen convertirse automáticamente en un aliado de las nueras ... salvo raras excepciones. Para lidiar con el problema de una suegra fastidiosa, hay que tratar de comprender su posición—que no es lo mismo que tratar de justificarlas.

Imagínense a una mujer que ha centrado su vida en la crianza de su "nene varón," al que le ha dedicado toda clase de mimos y cuidados. Para que, al cabo de los años, una "atrevida" tenga la osadía de ocupar su lugar, usurpándole el título de "mejor cocinera," "mejor planchadora de camisas," etc., etc., etc. Y, para colmo, comparte la cama, el dinero y el tiempo libre de su amantísimo hijo, quien en lo adelante no tendrá ojos más que para su mujer y los hijos que ella le dé.

Parece un poco exagerado, y por lo tanto, ni siquiera las propias suegras lo consideran así; pero en el fondo la antipatía que despiertan muchas nueras en la madre del esposo está motivada por estas reflexiones. Afortunadamente, no todas las suegras son iguales; yo, por ejemplo, tuve la suerte de tener una suegra con la que pude llegar a tener las más cordiales relaciones, pues desde el principio nos tratamos con respeto y no tratamos de inmiscuirnos en los campos que nos pertenecían a cada cual.

Y creo que ése es el secreto. Delimitar los campos. Debemos mostrarle a la suegra el respeto que nos merece por haber traído al mundo y educado al hombre que escogimos por esposo. Pero, al mismo tiempo, dándole a entender que a partir de la boda las esposas nos convertimos un poco en mamá, amiga y amante. Es decir, que en nosotras debe ver una especie de "relevo" y no una a una rival. En definitiva, ninguna mujer, por muy encantadora que sea, podrá robarle el amor de su hijo. Y, por supuesto, jamás debemos cometer el error de hablarle al marido mal de su mamá. En un 99.9 por ciento le dará la razón a ella, aunque esté equivocada, y la suegra terminará adueñándose del papel de víctima, haciéndonos quedar como una intrusa.

Suegras Buscapleitos

QUERIDA MARÍA REGINA:

Tengo un problema que está acabando conmigo. Cada vez que hablo con mi esposo de su mamá, acabamos peleando. La señora me odia y no me puede ver "ni en pintura." Yo con el tiempo la he llegado a aborrecer. Mis amigos me dicen que por el bien de mi esposo, no debo estar peleada con ella, pero ha hablado tantas cosas de mí, que no la quiero ni ver. ¿Qué puedo hacer para evitar las discusiones con mi esposo?

JOANNE

ESTIMADA JOANNE:

Sencillamente y en unas cuantas palabras: no volver a hablar de ella con tu esposo. Tan simple como eso. Después de todo, hay cosas más interesantes de qué hablar, ¿no lo crees? Si la señora va a tu casa, tú la tratas cortésmente, como se merece la madre de tu esposo. No te tienes que salir de tu camino, pero tampoco le tienes que virar la espalda, pues eso sería una falta de respeto, te pondría en contra de tu marido y le daría a ella razón para encontrarte insoportable. Sencillamente, ignora lo que ella dice de ti, haz como si no estuvieras enterada. Si tu marido te quiere, no le

hará caso y verá que eres tú la que tiene la razón. No permitas que ella sea motivo de discordia en tu matrimonio ... porque tal vez eso es, precisamente lo que ella quiere.

Que No Se Meta Donde No La Llaman ...

QUERIDA MARÍA REGINA:

Mis suegros siempre están averigüando cuánto cuestan las cosas y ya me tienen un poco cansada. Son muy tacaños y cuando salimos a cenar rara vez ofrecen pagar. No es por falta de dinero, es que son así. Todo lo encuentran caro y consideran que nosotros botamos el dinero. Por otro lado, son buenas personas, sinceros y les tengo aprecio. ¿Qué puedo hacer con ellos?

M.L.

ESTIMADA M.L.:

No creo que deba hacer nada, sino aceptarlos como son. Usted misma lo dice en su carta. No lo hacen por falta de dinero ni porque les caiga mal la forma de vivir tuya, sino que lo hacen porque son así. Vas a fallar si tratas de cambiarlos, pues tal vez ya están un poco mayores para cambiar su forma de ser y sólo se va a sentir frustrada. No vale la pena buscar problemas, ya que nunca va a lograr que sean de otra forma. De todos modos, lo que a usted le importa es la forma de pasarla lo mejor posible con su esposo, ¿no es así? Si cree que ellos nunca pagan, pues invítenlos a salir fuera con menos frecuencia; a lo mejor así se dan cuenta y dejan de ser menos tacaños. Hay personas que piensan que, sólo por el hecho de tener cierta edad se lo merecen todo, y es posible que ése sea el caso de ellos.

QUERIDA MARÍA REGINA:

Mi esposo viaja mucho y ahora se va a pasar un mes fuera. Yo sé que mis suegros no me resisten y que siempre están hablando mal de mí.

Pero no sé si debo llamarlos de vez en cuando para no crear más fricción de la que ya existe. Yo sólo tengo veintiún años y sé que harían cualquier cosa para acabar con mi matrimonio. ¿Cree usted que cuando mi esposo me llame les deje saber que su hijo está bien?

ISA

ESTIMADA ISA:

¡Claro que sí! Llámelos y sea diplomática. Es algo en lo que usted tiene mucho qué ganar y poco que perder. A ellos les encantará saber de su hijo y se sentirán halagados de que usted se haya tomado el trabajo de avisarles. Quién sabe si lo que hay en el fondo entre ustedes dos es sólo un mal entendimiento. Sólo haga los movimientos necesarios para mantener la armonía, pero sin tener que hacer nada que traicione su orgullo. No creo que llamarlos para que sepan de su hijo cuando esté de viaje signifique, en absoluto, "rebajarse" ante ellos, sino más bien demostrarles que usted es una persona educada y segura de sí misma, quizás mucho más que ellos. En esto de las confrontaciones con los suegros a veces hay mucho de orgullo herido y no vale la pena agrandar esas heridas, sean del tipo que sea. Si usted no los llama, se pondrá peor con ellos y es posible que a su esposo no le guste que usted no se comunicó con ellos. Así, si ellos siguen "conspirando" contra usted, nunca podrán decir que usted no los llama o que una orgullosa. Pero, sobre todo, no le dé tanta importancia a lo que ellos digan de usted.

Una Suegra de Locura

QUERIDA MARÍA REGINA:

Usted, como "juez" de la vida, me gustaría que oyera dos opiniones: la de mi señora y la mía, pero como ella le hará una carta, aquí va la mía. Hace dos años conocí a una linda mujer en la compañía donde yo trabajo y me enamoré de ella locamente. Es buena, noble, pero un poquito "introvertida." Nunca tuve contacto con su familia y al poco tiempo nos casamos, nos fuimos de "luna de miel" y yo me sentía el hombre más feliz del mundo. Ella había comprado un apartamento lujoso en el mismo condominium donde vivía su mamá. Al llegar de la luna de miel nos fuimos para su apartamento y ahí empezó esta "triste historia." Su mamá nos empezó a visitar *todos los días* después que veníamos del trabajo, en horas que no eran de hacer visita. Después no sólo nos visitaba, sino que nos llamaba por teléfono. ¡Un día abrió la puerta del apartamento con una llave que había mandado a hacer y nos agarró haciendo el amor! Decidimos tener un bebé pero desde el día en que mi esposa se enteró que estaba en estado dejó de hacer el amor conmigo. Ella cambió, las llamadas y las visitas de la mamá aumentaron y yo empecé a enfrentarme a mi suegra a diario. Cuando mi niña nació, a mi suegra la tuvieron que sacar del salón de partos porque ella quería estar presente y le dijeron que sólo le correspondía al esposo. Desde ese día, mi condenada suegra se ha mudado para la casa—¡y mi señora sigue sin hacer el amor! Yo estoy seguro que lo de este "ayuno" es idea de su mamá. Cuando yo me quejo, todo lo que mi mujer me replica es "¡pobrecita mamá!" Mi suegra ejerce un poder sicológico tan grande sobre mi esposa que la domina completamente. Un día le dije a mi señora que o nos mudábamos a cien millas de la casa de la mamá o me mudaba yo sólo, y aquí he acabado ... "*¡Yo sólo!*" Ya llevo un mes así y me estoy volviendo loco. Afortunadamente, mi esposa ha cambiado bastante en este mes, me ha visitado con frecuencia y hasta hemos hecho el amor tres veces. Un día fui a la casa (¡a MI casa!) y no pudimos hacer nada porque su mamá estaba al llegar. A los pocos días fui, hicimos el amor, pero me tuve que ir porque la mamá—que se mudó con ella—estaba al llegar. Ella me suplica que vuelva y yo me muero por hacerlo, pues quiero mucho a mi señora y a mi hija. Pero ... ¡¿qué hago con la vieja?! ¿Sigo separado, haciendo el papel de novio o hablo con la suegra y le digo horrores?

EL DEPORTISTA TRISTE

ESTIMADO DEPORTISTA:

No he recibido la carta de su esposa, pero la suya me parece bastante sincera, así que voy a asumir que no está exagerando. Yo creo que usted se merece que le hagan un monumento, pues ha sido más que paciente con el problema. ¡Mi amigo, usted es un verdadero santo! ¡Nueve meses sin NADA! No tengo palabras con qué expresarle lo que siento por usted. Pero bueno, no vamos tampoco a exagerar la nota, pues aunque usted no lo creo hay muchos que las pasan peores ... Volvamos a su problema principal—el de la suegra—que es un lío de primera categoría. Aunque no le guste oír lo que le voy a decir, empiezo por informarle que una persona madura y balanceada siempre pone por delante a su esposo (claro, sin abandonar a su familia). Su esposa, al parecer, no cae en esta clasificación pues está poniendo su matrimonio al borde del abismo por tal de complacer a su mamá, quien parece que es una manipuladora que se las trae. Entérese que dos de cada cinco matrimonios se divorcian por este problema y quiero que sepa que la suegra es siempre la que más problemas causa, especialmente suegras como la que a usted le ha tocado en suerte (o mejor, en desgracia). Los padres que no son egoístas y están mentalmente saludables, crían a sus hijos para que sean adultos independientes. Su esposa, a pesar de sus treinta años, sigue teniendo la necesidad inconsciente de continuar siendo "la niña de mamá," en lugar de convertirse una persona adulta y tomar sus propias decisiones. Otro dato que sé que le va a interesar es que, cuando la mamá de la esposa es la que crea la discordia entre la pareja el problema se vuelve extremadamente complicado. La esposa dominada por su "mamita" jamás deja de sentir que desobedece a la mamá si hace lo que el esposo dice. ¿Cómo puede resuelve este problema? Pues poniendo bastante distancia entre ustedes y la suegra y visitando a un consejero matrimonial, alguien que, de forma imparcial, haga ver a su esposa como su mamá y el comportamiento de ella misma están poniendo en juego su felicidad y la de su familia. Esa tercera persona que sea imparcial y que esté preparada para lidiar con problemas familiares los puede ayudar a ver las cosas de manera diferente.

Espero que "mamá suegra" no se enoje conmigo por lo que le digo, pero es preferible que se separe de ustedes antes que usted cometa un "suegricidio." No entiendo por qué algunas suegras forman esos líos, pues después de todo, la meta de ella y del esposo de su hija es la misma: la felicidad de familia. Y eso es también lo que deseo yo para ustedes—y para la suegra.

Consuegras Telefónicas

QUERIDA MARÍA REGINA:

La suegra de mi hijo me llama todo los días para darme alguna queja de él. Según ella, mi hijo tiene la culpa de todo lo que pasa, mientras que su hija es perfecta y siempre tiene la razón. Yo no quiero tener que pelearme con ella, pero me tiene cansada con sus llamadas. ¿Qué le puedo decir?

JUANA M.

ESTIMADA JUANA M:

Eso usted tiene que detenerlo inmediatamente. La próxima vez que su consuegra la llame, le dice que siente mucho que su hija—que es tan, pero tan perfecta—no haya sido lo suficientemente inteligente para escoger algo mejor que su hijo, que usted tiene muchos problemas y que por favor no la llame más a darle malas noticias. Después de todo, lo de esa señora es una falta de respeto, pues usted es la madre de él y a ninguna madre le gusta que, sin causa, le vengan a hablar mal de su hijo (¡y eso se lo dice también, de mi parte!). No creo que después de eso le queden deseos de volver a llamarla ...

Las Imposibles

Querida María Regina:

Estoy casada por segunda vez y tengo un hijo de mi primer matrimonio. Mi esposo—que es hijo único—nunca tuvo hijos, ni con su otra señora. Mi problema es que mi suegra no me resiste. Yo soy una persona de muy buen carácter, pero no me puedo llevar con ella, por mucho que intento. ¡Todo lo que hago le parece mal! Además, como yo no trabajo en la calle, se pasa la vida diciéndome: "Pobre hijo mío, cómo tiene que trabajar." Para ella yo soy la culpable de que él tenga que trabajar tanto. No sé cómo hacerle entender, que él es responsable por su hogar.

Frustrada

Estimada Frustrada:

No le puedo decir por qué su suegra se comporta así con usted. Lo que está dando a entender con ese comportamiento es que ella se niega a aceptar la idea de que su hijo es un hombre independiente. Probablemente, aunque ustedes se separaran y su esposo volviera a casarse, la próxima esposa tampoco le parecería lo suficientemente "buena" a su suegra. Es decir, que ella a quien le está haciendo daño es a su propio hijo. Esa señora es tan insegura que hasta siente celos de usted. Pero, desgraciadamente, cuando uno se casa, también se casa, en parte, con la familia del esposo. Su problema no es único y es algo que sucede con mucha frecuencia. Así que, como ella no va a cambiar, la forma más inteligente de manejar este asunto es dándole la vuelta y no tomando lo que dice como algo personal.

Querida María Regina:

Tengo treinta años y estoy casada con un hombre de treinta y cuatro. Los problemas que tengo son con mi suegra. Nunca me ha aceptado. Ella lleva años enferma, pero ahora dice que está enferma por mi culpa. Como vive en el mismo edificio de apartamentos que nosotros, se mete en todo. Si no le mando los niños, se enoja, y si se los mando, también. Se molesta si no la visito todos los días y si voy a menudo me dice que la deje vivir. Cuando me grita me tengo que quedar callada ya que piensa que siempre tiene la razón. Mis cuñadas fuman y toman, pero para mi suegra son perfectas. Ellas sí lo pueden hacer, pero la otra gente, sobre todo yo, no. Necesito su ayuda. Ya no resisto más esta situación.

MARÍA MARTÍNEZ

ESTIMADA MARÍA:

Mi pregunta es: ¿dónde está tu esposo cuando pasa todo esto? En situaciones como ésta lo mejor que puede hacer una pareja es presentar un frente unido. Tu esposo es el que le tiene que hacer entender a su mamá que él es tan responsable como tú por cualquier decisión que se tome. Cualquier problema que se presente es tu esposo el que debe lidiar con su mamá, no tú. Tal vez la señora es tan insoportable que él no quiere ni enfrentarla y te hecha a ti ese "muerto" arriba. Recuerda también que muchas suegras se sienten celosas de que otra mujer les haya "quitado" a su hijo. Por otra parte, es importante que comprendas que tanta crítica por parte de esa señora es debido a su falta de autoestimación. Se puede sentir inadecuada y para compensar, te ataca, pues sabe que tú (tal vez a diferencia de sus hijas) no la vas a mandar a freír espárragos. Como nunca te ha aceptado, te echa a ti la culpa por todo lo que no le gusta del matrimonio de su hijo. Eso es muy fácil para ella, pero aquí quien realmente tiene la culpa es tu esposo. A lo mejor todavía no está listo para ser una persona adulta y alienta a su mamá a que piense que él es de ella y no tuyo, creando así en tu suegra un sentimiento de competencia. Mi amiga, llevarse bien con una suegra tan problemática no es tarea fácil. Pero lo que más ayuda es saber que nuestro esposo está de nuestra parte y que reconoce que su mamá se está portando de una manera horrible. De todas formas, recuerda que vale la pena

que aprendas a llevarte bien con ella—siempre hasta el punto de que no te humilles—por el bienestar de tu matrimonio.

Juntos, pero No Revueltos

Querida María Regina:

Me voy a casar dentro de cuatro meses con una muchacha que es muy apegada a su familia. Nos queremos ir de luna de miel a España y como los padres de ella nunca han ido, ¡quieren hacer el viaje con nosotros! A mí sus padres me caen muy bien, pero no hasta el punto de querer llevarlos con nosotros al viaje de novios. Como podrá suponer, tengo ganas de poder estar sólo con ella. Sus padres son "chapados a la antigua" y todavía creen que los novios deben de salir acompañados. Así que casi siempre salimos con su hermana y el esposo o con su hermano y la novia. Creo que nos merecemos pasar estos días sólos. Voy a seguir su consejo, así que dígame qué hago sin buscar problemas con mis futuros suegros.

Willy

Estimado Willy:

Si usted no puede hablar esto con su futura esposa, yo creo que debe de darle un poco más de consideración a sus planes matrimoniales. porque sino van a fracasar en el curso de la relación. Estos van a ser unos días muy importantes para ustedes y, definitivamente, deben de ser momentos muy íntimos en que deben estar sólos, lejos de la familia y las amistades. Si yo fuera usted, tiraría la cosa a broma y les diría que no quiere "chaperones" en su luna del miel. Trate la cosa como si fuera una tontería, pero que ellos se den cuenta que es usted firme y que no se dejará guiar por las ideas tontas de ellos. Tal vez les puede prometer que la próxima vez irán con ellos. Pero creo que lo primero es hablar con su novia muy abiertamente sobre esta situación y planear cómo van a lidiar con ese excesivo apego de ella a sus padres. Si su

esposa insiste en llevar a los padres en su luna de miel, sinceramente considero que ella no está lista para asumir las responsabilidades de un matrimonio.

¿Abuelas o Mamás?

QUERIDA MARÍA REGINA:

Tengo veintitres años y un bebé de seis meses. Me siento muy feliz en mi matrimonio. El problema más grande que tengo es con mi suegra. Cuando viene a la casa no me suelta al niño. Le quiere dar la comida, le cambia los pañales, y no deja que más nadie lo toque. Bueno, hasta le dice "mi niño." Creo que se le ha olvidado que el niño es mío y no suyo. ¿Qué me recomienda?

ALICE

ESTIMADA ALICE:

Tienes tantas cosas para ser feliz—¡y estás dejando que una tontería como ésta te amargue tu vida! Te aseguro que tu suegra en ningún momento piensa que el niño es suyo. El problema radica en que a lo mejor tu suegra ha sido una mujer que le ha dedicado toda su vida a su familia y ahora está loca de contenta con su nieto. Además, alégrate de que el niño tenga tantas personas que lo quieran. Demostrándole su amor y su interés le está dando a tu hijo un desarrollo emocional sano. Un niño de seis meses ocupa bastante tiempo. Lo que tienes que hacer es ser más positiva, y buscarle el lado bueno a la situación. Ponte de acuerdo con tu suegra y aprovecha el tiempo que ella se pasa con el niño para tu hacer tus cosas. Vete a la peluquería, vete de compras, sal con tus amigas. ¿Con quién mejor puede estar el niño que con una persona que lo quiere tanto?

Mi Suegro Me Atormenta

QUERIDA MARÍA REGINA:

El problema que tengo es con mi suegro. Mi esposa tiene un hijo de cinco años de su matrimonio anterior y cada vez que vamos a su casa, me quita la razón delante del niño. Si lo castigo, él viene y lo perdona. Si le llamo la atención, le dice al niño que lo que él hizo no tiene importancia. Me dice que no es mi hijo y que yo no le puedo decir lo que él tiene que hacer con su nieto. Yo adoro a este niño y todo lo que quiero para él es lo mejor. No será mi hijo, pero lo quiero como tal. Mi esposa me da la razón a mí y tampoco le gusta de la forma en su padre se comporta. Mi suegro es una persona mayor y no quisiera llegar a tener problemas con él. ¿Qué hago?

P.O.D.

ESTIMADO P.O.D.:

Ella, su esposa, es la que tiene que hablar con su papá, ya que usted no debe ponerse a discutir con su suegro. Él está totalmente equivocado y la decisión de cómo criar al niño debe ser suya, ya que se ha hecho responsable de él y lo quiere, y de su esposa. Los dos tienen que estar de mutuo acuerdo. De todos modos considero que es más deseable que ella sea la primera disciplinaria del niño y usted sea quien lo premie cuando tenga un comportamiento positivo. Claro, todo esto después que ustedes hayan acordado qué hacer con él. Deje que sea ella quien hable con su papá y le explique que está confundiendo al niño. A usted no lo va a oír y el mensaje le va a caer mejor si viene de su hija. Ella podrá llegar más lejos con él que usted. ¡Suerte!

De Suegras Manipuladoras, Líbreme Dios ...

QUERIDA MARÍA REGINA:

Empiezo por contarle que mi suegra es la mujer más egoísta, vaga y dominante que hay en este mundo. Imagínese que jamás invita a nadie a su casa, evita celebrar los cumpleaños y las Navidades, no le gusta pagar cuentas y ni siquiera sale a buscar el correo. Por suerte no vive con nosotros, pero es como si viviera, pues mi marido tiene que ir a servir sus caprichos a cada minuto. Tampoco le gusta ir al supermercado, ni a ninguna otra parte. Su único afán es quedarse en la casa. Cuando mi suegro vivía, él se lo resolvía todo: cocinaba, limpiaba y hasta le pagaba las cuentas. En otras palabras, él era su criado. Ahora que mi suegro murió, el esclavo es mi esposo, quien se lo tiene que hacer todo. ¡A ella no le importa que tenga una mujer y tres hijos que atender! Pero mi esposo se siente culpable si no lo hace. Sin embargo, a veces me dice que su niñez fue bastante mala y veo que se resiente mucho de cómo lo trató su mamá. En realidad, él hace las cosas de ella por obligación y no por el cariño que le pueda tener. ¿Por qué cree que mi esposo se deja dominar tanto por mi suegra?

ESPOSA DESESPERADA

ESTIMADA ESPOSA DESESPERADA:

Más bien yo le diría que su suegra es una mujer bastante desdichada. No creo que tanta dependencia sea el resultado de la vagancia. Creo que su suegra es una persona que está emocionalmente inhabilitada y profundamente deprimida, y esto la hace ser perezosa. A ninguna persona mentalmente sana le gustaría llevar esa vida, encerrada en la casa todo el día, sin recibir visitas ni celebrar ni siquiera las fiestas navideñas. Creo que su esposo tiene que poner algunos límites y explicarle que él también, como usted dice, tiene esposa e hijos que atender. Pero quién sabe

hasta dónde llegan los traumas infantiles de su esposo con respecto a ella, hasta dónde llegue el complejo de culpa que tal vez ella haya hecho nacer en él. Si ustedes tienen que salir en el fin de semana o él se tiene que quedar ayudándola a usted en la casa, su esposo se lo tiene que decir a su mamá sin sentirse culpable por hacerlo. Pero, al mismo tiempo le recomiendo que usted trate de hablar con ella. Entiendo su resentimiento, pero las cosas se mejorarían si usted pudiera sentir por ella un poco de compasión. Tal vez lo que su suegra necesita es alguien que la trate, no con obligación, sino con cariño. Su suegra es una mujer enferma y necesita buscar ayuda sicológica. También necesita tener algún tipo de actividad, y le haría mucho bien recibir muestras de afecto por parte suya y de sus nietos. La vida de su suegra debe ser un infierno, así que trate de ayudarla y demostrarle que usted es su aliada y no su enemiga. Estoy segura que si cambia su actitud las cosas van a mejorar notablemente.

QUERIDA MARÍA REGINA:

Mi suegra no me soporta, pero mi esposo ve por los ojos de su mamá. Todo lo consulta con ella y la tiene al tanto de todo lo que sucede en mi casa, hasta nuestros problemas más íntimos. Estoy cansada de decirle a él que los matrimonios necesitan tener privacidad, y que su mamá no tiene por qué saber todo lo que pasa entre nosotros. Pero él no me hace ningún caso, y no deja pasar ni un día sin visitar a su "mamita" para que ella no se moleste, pues de no ser así ella lo llama por teléfono una y otra vez hasta que él corre a visitarla. Por esta causa le he tomado antipatía a mi suegra, hasta el punto de que ya ni quiero visitarla. Me he vuelto tan irritable que por cualquier motivo le peleo a mi marido, ya que no puedo ni deseo hacerlo con ella. Creo que, de seguir así las cosas, mi suegra va a ser la causante de nuestra separación. Y estoy segura que eso la alegraría muchísimo. ¿Qué debo hacer?

N. MILL

ESTIMADA N. MILL:

Tu estás casada con un "hijito de mamá." Tu esposo denota poca madurez emocional, lo cual hace que tu matrimonio esté en peligro. En el fondo, él siente que está emocionalmente casado con dos mujeres a la vez, pero en esta especie de "bigamia" subconsciente no puede subsistir ningún matrimonio. Las estadísticas muestran que una de las principales causas de divorcio es precisamente cuando la suegra se convierte en rival, pues no resulta fácil para un hombre sentir que tiene compromisos y deberes que cumplir con dos mujeres. El problema de estos "hijitos de mamá" es que después de adultos la siguen queriendo de la misma forma, debido a que no han podido hacer una transición afectiva de la figura materna a la mujer que se ha convertido en su esposa. Lo primero que tienes que hacer es hacerle entender a tu esposo la relación que existe entre su mamá y él. Tal vez sea mucho más fácil que consulten un consejero matrimonial o un sicólogo de parejas que le explique esto a él con mayor precisión. Una vez que él la entienda, todo te va a ser mucho más fácil. Trata de ser flexible en aquellas cosas que no interfieren con tu vida matrimonial o que no sean realmente tan importantes para ti. Pero eso sí, sé firme con tu suegra, que ella vea que, si puede manipular a su hijo, contigo la cosa es distinta. Por ningún motivo ella debe tener voz ni voto en las decisiones que se tomen en tu hogar. Mantente cerca, pero a la vez alejada, teniendo en mente aquello de "juntos, pero no revueltos." Para que ella te respete, tú tienes que establecer territorios; la filosofía a aplicar es: "yo no me meto en tu casa y tu no te metes en la mía." Y por supuesto, tu marido debe darte en todo momento el lugar que te corresponde, considerarte lo primero para él. Si tu hombre sigue siendo un "pollito" pegado a "mamá gallina" y no cambia su actitud infantil, te veo muy pronto cambiando de nido.

La Vida Cambia

Querida María Regina:

Soy una señora de cuarenta y cinco años casada y madre de tres hijos. Quisiera que usted me diera su opinión acerca de este tema que le voy a exponer. Al principio de mi relación con mi esposo, mis suegros se oponían a nuestro compromiso por considerar que había diferencias de clase entre nosotros. En nuestro país, ellos tenían puestos importantes, además de ser personas muy cultas y mi familia era de clase humilde y trabajadora. Mi esposo no escuchó sus consejos y nos casamos. Al principio, yo era hóstil con toda su familia, pues sentía el desagrado de ellos hacia mí. Después, cuando tuve a mis niños, cambié mi actitud y los enseñé a quererlos y respetarlos. El que yo no le inculcara odio a mis hijos hizo muy feliz a mi esposo y ellos, al ver a su hijo feliz, también cambiaron. El tiempo ha pasado y los que un día fueron arrogantes y soberbios, se han convertido en ancianos asustados y confundidos que dependen muchísimo de mí, quizás más que de su propio hijo. Mi esposo siente miedo por ellos, pues comprende que sus facultades están fallando por lo propio de su edad. Recientemente le he dicho a mi esposo que los debemos acoger en nuestra casa. Él nunca me lo ha pedido, pero sé que sufre con la idea de meterlos en una institución. Sé que tendré que reajustar mi vida, pero he sido muy afortunada. El Señor me dio un compañero magnífico y nuestros hijos son nuestro orgullo. Tampoco creo en devolver mal con mal. Algunos allegados me dicen que no debo atenderlos ahora, que bastante mal me trataron ellos a mí cuando era joven, que tal vez la soledad deba ser su castigo. Pero yo no soy Dios para castigar a nadie y si está en mis manos el poder ayudarlos, no voy a dejar de hacerlo. No busco que me lo agradezcan, ni quiero lucir como mártir. Sólo le pido al Señor sabiduría para poder atenderlos como si fueran mis propios padres. Me gustaría saber su opinión.

Sra. A.M.

ESTIMADA SRA. A.M:

Opino que usted es una persona maravillosa y que posee uno de los dones más grandes que existe: el don del perdón. Las personas que no saben perdonar y son rencorosas y vengativas, llevan una vida miserable y nunca llegan a ser felices. Qué mayor satisfacción que poder devolver "bien por mal," como hace usted. Dios le ha dado un magnífico compañero y unos hijos admirables y estoy segura que también le dará esa sabiduría y paciencia necesaria para poderlos atender. ¡Cuánta dicha despreciaron sus suegros al pretender que, con su boda, perdían a un hijo en lugar de ganar a una hija! La felicito mucho y que Dios la bendiga.

Tampoco Es Fácil Ser Suegra

QUERIDA MARÍA REGINA:

Mi nuera me trata muy mal. No me dice las cosas directamente, pero no me siento cómoda en su compañía. Cuido a mi nieta para que ella trabaje y nunca, jamás, me lo ha agradecido. Es su actitud lo que más me molesta. No me respeta y me trata como si yo fuera su criada. Yo adoro a mi nieta, pero debido a mi edad, me es un sacrificio quedarme con ella todos los días. Mi esposo es una persona enferma y siento que mi nuera es una mal agradecida. ¿Cómo puedo resolver este asunto?

ABUELA TRISTE

ESTIMADA ABUELA TRISTE:

No se moleste en hablar con ella, pues si tiene el carácter que usted dice, jamás la comprendería. Su nuera parece ser una persona egoísta, sin clase y sin sentimientos. Su esposo la necesita a usted más que su nieta, quien ya tiene a sus padres. Además, cuidar a un niño no es cosa fácil. Es algo que acaba con las energías de cualquiera y tal vez ya usted no está para esos trajines. ¡Por

algo Dios sólo le da hijos a la gente joven! Hable con su hijo sobre este asunto, pero sin tratar de ponerlo en contra de su esposa. Usted no quiere declararle la guerra a su nuera, pero su hijo tiene que saber cómo se siente usted. Él es el que tiene que hablar con ella y exigirle que se comporte y la respete como usted merece. Usted, por su parte, trate de salirse del panorama de la vida de ella, pues parece que de esa mujer no se puede esperar mucho.

CAPÍTULO 12

Juntos y Felices ... pero sin Papeles

No hay una receta única para que una pareja sea feliz. Yo diría que hay tantas recetas como parejas hay. Algunas esperan a casarse para convivir bajo el mismo techo ... pero cada día hay más que hacen su nido antes de la boda. Y todos tienen su motivo: que si conocerse mejor antes de llegar al matrimonio, que si así se comparten los gastos, o que resulta cómodo para los dos. Pero lo cierto es que muchos nunca llegan a casarse, aunque hayan pasado años de convivencia, y los que sí lo hacen no tienen garantizado con esto la estabilidad matrimonial.

¿Quién no conoce alguna pareja que, mientras no se casaron, convivieron felizmente, y tan pronto legalizaron su compromiso se enfrió la relación? Indudablemente que el compartir la vida diaria tiene sus ventajas; el que pase esa prueba se llevará pocas sorpresas después con respecto a su cónyuge. Ya conocerá sus costumbres ... y sus manías; sus lados buenos ... y sus arranques de mal genio. Pero le habrá dejado muy poco a la imaginación. En esto, como en casi todas las pruebas que nos pone la vida, hay que arriesgarse. Y en todos los casos, afrontar el "qué dirán."

Mire, hablando claro, aunque yo sé que muchas parejas que no se han casado son perfectamente felices, yo no se lo recomiendo a nadie. No sea que la pase a usted lo de la vaca. ¿No se sabe la historia? Un campesino iba a comprar una vaca de un vecino, pero se dio cuenta que ordeñando a la vaca a través de la cerca, le podía sacar todos los días un litro de leche sin tener que comprarla ...

Yo no quiero que ninguna de mis lectoras le pase lo que a la vaca del vecino, que se quedó sin leche y sin comprarla. Si usted, como la mayoría de las mujeres, lo que desea, además de amor y una familia, es obtener un estado legal que, ante una crisis, la proteja y le dé ciertos derechos, entonces, el vivir juntos, sin "papelito," no es para usted.

Los Que Quieren Probar

QUERIDA MARÍA REGINA:

Tengo veintiséis años y vivo con mis padres. Mi novio me ha pedido que me vaya a vivir con él. Él tiene treinta años y ha estado casado antes. Llevamos un año de relaciones y pensamos casarnos pronto. Pero él tuvo una mala experiencia en su matrimonio anterior (sólo duró seis meses) y me dice que no quiere volver a cometer el mismo error. Por eso me pide que vivamos juntos por un año antes de casarnos. Mis padres están opuestos a ésto y más que nada por "el qué dirán." Mi novio es una persona excelente y tiene su propio negocio. ¿Qué me recomienda?

VIVIAN

ESTIMADA VIVIAN:

Esa decisión sólo la puedes tomar tú. Si tú te vas a sentir bien mudándote con él antes de casarte, entonces múdate. Pero, si te vas a sentir mal haciendo algo que va en contra de tu moral o forma de pensar, te recomiendo que no lo hagas, pues puedes llegar a resentir a tu novio. También debes tener en cuenta que, si la relación sigue adelante, tus padres terminarán por aceptarla. Pero el vivir juntos un tiempo antes de casarse no les garantiza que no van a tender contratiempos después, y si el matrimonio fracasa, tus padres te van a echar en cara que no seguiste sus consejos. De modo que tienes que estar muy segura de que eso es lo que deseas, antes de mudarte con él.

QUERIDA MARÍA REGINA:

Llevo cuatro años viviendo con este hombre, nunca me ha dicho que se quiere casar conmigo y yo, por miedo a perderlo, no le he preguntado. Pero yo sí quisiera casarme. ¿Qué me recomienda que haga?

IRENE

ESTIMADA IRENE:

No pierda otros cuatro años de su vida. El que no se arriesga, no gana y si lo pierde ... es que nunca ha sido suyo. Si quiere salir de dudas, no le queda otro remedio que hablar claramente con él y decirle que no está dispuesta a seguir perdiendo el tiempo. Que se siente bien con él y está enamorada, pero que sueña con tener hijos algún día y formar una verdadera familia, con la estabilidad que da el matrimonio. Y que si él no está preparado sicológicamente para eso, o no tiene las mismas aspiraciones, lo mejor es romper la relación antes que sigan pasando los años y usted tenga que quedarse para criar sobrinos.

Los Que No Se Atreven

QUERIDA MARÍA REGINA:

Tengo veintiséis años y estoy en relaciones con una muchacha de veinte años. Nuestra relación ha sido "on and off" por un promedio de dos meses. Ella considera que nuestras relaciones son serias y quiere mudarse conmigo. Pero en este tiempo yo la he visto salir con diferentes hombres y no sé cómo ella se comportará después que esté viviendo conmigo. No estoy seguro de que sea digna de mi confianza y de que me será fiel. Estoy preocupado y no sé que hacer.

V.G.

ESTIMADO V.G.:

Desde el momento en que sale con otras personas es imposible que piense mantener unas relaciones serias. No te mudes con ella por el momento. Te aconsejo que esperes más tiempo hasta que la conozcas mejor y entonces puedas tomar cualquier decisión. A nadie se le ocurriría dar albergue en su casa a una persona que apenas conoce o que le inspira desconfianza. Entonces, ¿cómo lo vas a hacer con el propósito de que sea una compañera sentimental? No creo que debes arriesgarte. Puedes decirle que has decidido esperar un poco para asegurarte de que los sentimientos de ambos son auténticos y que ninguno de los dos se va a arrepentir después del paso dado.

Los Que Cambian de Opinión

QUERIDA MARÍA REGINA:

Cometí el error de mudarme con esta muchacha sin conocerla bien. Hace seis meses que estamos juntos y los dos hemos estado casados antes. Me estoy dando cuenta que es insoportable. Nada le viene bien. Cada vez que le pregunto algo, me da unas cuantas posibilidades. Sea cual sea la que escojo, siempre es la equivocada. Trato de decírselo, pero me dice que me lo estoy imaginando. ¿Cómo puedo lidiar con este problema de una manera más efectiva? Es bonita y me gusta bastante.

ROBERTO

ESTIMADO ROBERTO:

Me atrevo a decirle que ella se comportaba así en su matrimonio anterior y ahora lo está haciendo con usted. Casi siempre las personas transfieren el mismo comportamiento de una relación a la otra, repitiendo los errores que cometieron antes. Necesita que

alguien le haga darse cuenta de eso, para que pueda partir de cero y rectificar su equivocación. Va a tener mucha dificultad en hacer que la relación funcione, a menos que siga el consejo de una persona autorizada, es decir, un terapista o consejero matrimonial. Si ella no quiere buscar ayuda profesional, le recomiendo que trate de buscar alguna forma para terminar con ella, antes que lo convierta en un amargado.

Uno Que No Quiere Aprovecharse

QUERIDA MARÍA REGINA:

Hace dos años conocí a una muchacha que acababa de llegar de su país. En aquel momento vivía con unos parientes, pero a los pocos meses le exigieron que buscara donde vivir y abandonara la casa donde la habían hospedado. Cuando ella me contó lo que ocurría sentí mucha pena, y le dije que podía irse a vivir conmigo; naturalmente, durmiendo en habitaciones separadas. Le juro que hasta entonces yo no me había fijado en ella como mujer. Sólamente me gustaba como amiga, pero ni siquiera me atraía físicamente. Pero resultó que al cabo del tiempo me enamoré de ella. Es una muchacha muy seria y trabajadora. Nunca tiene mal carácter, y estoy seguro de que podría hacerme muy feliz. Además, cada día que pasa la encuentro más bonita. El problema es que ahora me da pena pedirle que se case conmigo, por miedo a que piense que estoy aprovechándome de su situación. ¿Qué me aconseja?

JOSÉ M.

ESTIMADO JOSÉ M.:

Le auguro un futuro muy hermoso al lado de esa muchacha. Su relación con ella comenzó por donde deben comenzar todas: por una amistad sincera y desinteresada. Lo que ocurrió

después era lógico que ocurriera, tratándose de dos personas jóvenes, sin compromiso y que han pasado dos años tratándose día a día. Lo más seguro es que ella esté esperando que usted se decida a hablar; si no fuera así, durante este tiempo ya habría buscado otro lugar donde vivir y se hubiera alejado de usted, que no es "ni ariente ni pariente" de ella. Le deseo suerte y le aconsejo que no deje pasar tan bella oportunidad de ser feliz.

El Dilema de los Padres

QUERIDA MARÍA REGINA:

Estoy desesperada. Mi hija de veintitrés años me acaba de anunciar que está perdidamente enamorada, pero que no tiene la menor intención de casarse con el muchacho. Me dice que van a vivir juntos unos años y que después verán lo que van a hacer. Dice que no quiere acabar divorciándose y que por eso va a tratar primero de ver como se llevan viviendo bajo el mismo techo.¿Qué cree usted de todo esto?

SOLEDAD PRADO

ESTIMADA SOLEDAD:

Pues anúnciele usted a su hija que hubo una reciente encuesta donde más de tres mil quinientos mujeres confirmaron que las parejas que habían vivido juntas primero, tenían más dificultades en mantener un matrimonio. De todas formas su hija va a terminar haciendo lo que ella quiera. Una oposición abierta de su parte no lograría más que acelerar las cosas. Dígale lo que usted piensa y cuéntele lo que usted haría en su caso, pero sea cual sea la decisión que tome hágale saber que siempre contará con su apoyo y su cariño. Aunque su relación fracase, recuerde que "nadie experimenta por cabeza ajena."

QUERIDA MARÍA REGINA

Mi hijo de treinta y seis años vive con una mujer sin estar casado. Yo soy de otra época y esto lo encuentro muy mal. Estoy muy disgustada con él. Mi esposo me dice que no le diga nada, que ya él es una persona adulta y que no me meta en su vida. Trató por mucho tiempo de negarlo. Pero como de boba no tengo un pelo, me doy cuenta de que ella está mudada en su casa. Siempre que llamo contesta el teléfono. Cada vez que voy de visita, da la casualidad de que ella también lo está. Además he visto su ropa interior colgada en el baño. He notado que ella hace todo lo posible para que yo me entere. Llevan ya tres años. ¿Por qué no se casan?

LUCIA

ESTIMADA LUCIA:

Por algún motivo que desconozco, su hijo no se quiere casar con esta muchacha y creo que la mejor forma de lidiar con él es diciéndole que si él no la quiere para contraer matrimonio, que la deje y se quede libre para encontrar una que la guste lo suficiente para casarse. Comprendo que para usted es difícil aceptar algo así. Pero si no está lo suficientemente enamorado de la muchacha, es mejor que siga así, a que se case y después se divorcie. Nos guste o no, los tiempos han cambiado. Su esposo tiene razón. Su hijo es una persona adulta que en definitiva va a hacer lo que quiera con su vida. Así que acéptelo tal y como es y no lo aleje con críticas y reproches.

QUERIDA MARÍA REGINA:

Yo tengo setenta y un años y tengo una hija que tiene veintisiete. Es mi única hija y hace cuatro años que está de novia de un muchacho y pronto se van a casar. Por todo este tiempo ellos han vivido en el mismo edificio de apartamentos, pero hace como un mes él se mudó para otro lugar mejor. Mi problema es, que mi hija me dice ahora que no puede más con los gastos que tiene, y que se va a mudar con el novio. Aunque yo le dije que hiciera lo que ella considerara más conveniente, me cuesta mucho trabajo entender esto. Yo soy de la vieja escuela donde estas cosas no sucedían. No me he atrevido a preguntarle y puede que el apartamento tenga dos cuartos y yo esté pensando mal, pero aún así no me acostumbro a la idea. Considero que no es moral lo que está haciendo. Ella es muy buena hija y a mí me gusta mucho el muchacho. Sin embargo, a mi esposa no parece molestarle el problema. ¿Qué puedo hacer para poder lidiar mejor con esta situación?

FERNANDO TORRES

ESTIMADO SR. TORRES:

Me imagino cómo usted se siente con este problema, pero no voy a entrar en un debate moral de lo que es importante para usted como persona. Si usted se siente bien con su manera de pensar, no hay forma en que yo se la pueda cambiar. Me doy cuenta de que usted tiene una buena relación con su hija y lo felicito por eso. Hable con ella y explíquele que en el mundo en que usted creció no existían cosas así y que le está costando mucho trabajo aceptarlo, que usted la quiere mucho, pero que usted no está de acuerdo con lo que está haciendo. Estoy segura que su hija lo va a entender.

CAPÍTULO 13

Problemas de la Soltería

Muchas personas consideran (sobre todo si están casadas) que el estar soltero es algo muy divertido. Al no tener pareja, supuestamente no hay responsabilidades ni preocupaciones. Sin embargo, cada día es más difícil estar en este juego. Las mujeres no saben muy bien qué buscan o piensan los hombres. Sin son fáciles, piensan que el hombre no las va a respetar. Pero si se hacen las difíciles les entra el pánico porque piensan que si no dan algo a cambio después de que el hombre hizo la inversión (es una inversión, pues invitar a alguien a cenar no baja de cien dólares), el hombre no las vuelve a invitar. Los hombres a la vez tienen los mismos problemas. Si la mujer es demasiado independiente, se sienten intimidados. Si son sumisas y complacientes, se preocupan pensando que los quieren atrapar. Total, que la soltería está lejos de ser fácil. Toma mucho tiempo y energía poder descifrar al sexo opuesto.

Lo que está muy de moda hoy en día es terror (y en eso los hombres nos ganan) a la intimidad. Si no te gusta la persona, por supuesto que no pierdes el tiempo volviéndola a ver. Pero, ¡el problema es peor aún si te gusta! El pánico se apodera de ti al pensar que de pronto te vas a enamorar y vas a estar vulnerable a que la otra persona te haga sufrir. ¿Qué pasa entonces? Que tampoco sales por miedo a llegar a la intimidad. ¿Ven los que les digo? ¡Es muy difícil!

Las Que Intimidan

QUERIDA MARÍA REGINA:

Soy una mujer abogado, atlética, inteligente y no soy fea. La mayoría de mis amigos son hombres y mi pregunta es: ¿Por qué ninguno de estos hombres se han demostrado interesados en mí?

GRACE

ESTIMADA GRACE:

Me es muy difícil darte un "diagnóstico" para tu problema con tan corta carta. Pero, me atrevo a decirte que ha sido una de estas tres cosas: 1) Han sido los hombres equivocados para ti; 2) No reaccionaste de una manera interesada; 3) Se han sentido moderadamente intimidados por tu profesión. Seguramente proyectas una imagen de mujer demasiado independiente y segura de sí misma, y a los hombres, por lo general, les gusta creerse su papel de "protector" del sexo débil. O a lo mejor te mueves siempre en el mismo círculo de amistades, profesionales como tú, y cualquier hombre con una posición profesional inferior a la tuya lo pensaría dos veces antes de acercarse a ti, por temor a ser rechazado. Prueba a ampliar tu círculo de amistades, con personas que no te identifiquen como "la abogada" sino como una mujer atractiva y soltera, y, con las cualidades que dices tener, estoy segura que cuando vengas a darte cuenta te habrá salido más de un pretendiente.

A Quien Quiero Me Desprecia

QUERIDA MARÍA REGINA:

Tengo diecinueve años, un hijo y hace seis meses que me separé de mi esposo. En estos seis meses he salido con varios muchachos, pero veo, gracias a Dios a tiempo, que todo lo que quieren es tener relaciones sexuales conmigo. Pero hay uno que en realidad me interesa, que sin embargo evita hablar conmigo. ¿Qué puedo hacer para demostrarle mi interés por el? Con sus desprecios me siento la mujer más desgraciada del mundo.

DEPRIMIDA EN C.R.

ESTIMADA DEPRIMIDA:

¡No te deprimas, que no es para tanto! Cambia de táctica. No trates de demostrarle nada. Al contrario, ignóralo. Si él está interesado en ti, le picará su orgullo y sera él quien venga a hablarte. Analiza tu propia reacción y verás que el que más te ha interesado hasta ahora ha sido el que ni siquiera ha tratado de dirigirte la palabra. Págale con la misma moneda y lo más probable es que caiga en su propia trampa. De no ser así, es que no le resultas atractiva para nada o tal vez tiene su amorcito escondido y desea serle fiel. Pero esto tampoco deberá deprimirte. En ese caso, olvídalo, que el mundo está lleno de jóvenes solteros y guapos—¡ya encontrarás a otro!

¡Ay, Que Me Da Pena!

QUERIDA MARÍA REGINA:

Soy un muchacho de veinticinco años, bien parecido y nunca he tenido problemas para atraer a las mujeres. Pero, una vez que están interesadas en mí, no sé qué hacer o qué decir. Muchas veces me ha gustado una muchacha, deseo que se fije en mí y cuando lo hace no le digo nada. O sea, me da la oportunidad y no la aprovecho. Esto me ha pasado ya varias veces. Las novias que he tenido, ellas me han conquistado. Ahora estoy interesado en alguien muy especial, distinta, que apenas conozco. Sé que le gusto y no quiero que me pase lo mismo. ¿Qué hago?

ROGER

ESTIMADO ROGER:

Para vencer esa timidez tienes que poner de tu parte. Primero tienes que desarrollar tu autoestimación. Aprende a tomar riesgos y no temas ser rechazado. Cuando hables con ella, mírala directamente a los ojos y adopta una actitud de persona atenta e

interesada. Y lo más importante, sonríe. Puede que seas tímido porque estás mal informado y te cueste trabajo sostener una conversación interesante. En este caso, la lectura puede ayudarte a mejorar tu comportamiento social: lee el periódico todos los días o algún libro que esté de moda, que luego puedas comentar. La próxima vez que veas a esa muchacha tan especial olvídate de tu propio aspecto y concéntrate en establecer una relación amistosa, sin dar a entender claramente tus verdaderas intenciones. Verás que si pones de tu parte, te va a dar resultado.

¿Mudo de Amor?

QUERIDA MARÍA REGINA:

Hace como cuatro meses que salgo con un hombre soltero que me llama por teléfono todos los fines de semana. Cuando salimos busca un lugar obscuro para ponerse romántico. Nunca hemos llegado a lo máximo pero todo lo que hace lo quiere hacer sin decir una palabra. A mí me agrada él mucho, pero le pido su opinión. ¿Usted cree que él tenga buenas intenciones conmigo? ¿Debo exigirle que hable antes de proseguir esta relación?

UNA ASIDUA LECTORA

ESTIMADA ASIDUA LECTORA:

No le puedo decir qué clase de intenciones tiene ese muchacho con usted, pero es indispensable que hablen y se conozcan más antes de proseguir en la relación y llegar "a lo máximo." Pudiera ser que el muchacho sea de pocas palabras y le cueste trabajo comunicarse, pero a mí personalmente me da "mala espina" tanto misterio. Tal parece que está evitando comprometerse demasiado o prometer algo que no puede cumplir. También asegúrate de que el muchacho sea soltero. Trata de que cuando salgan vayan a lugares iluminados hasta que definas tu posición y sus intenciones en esta relación.

Avergonzada de Su Cuerpo

QUERIDA MARÍA REGINA:

Soy una muchacha de treinta y cuatro años de edad la cual nunca se ha casado. Tengo poca experiencia sexual. Esto no ha sido debido a falta de voluntarios, enamorados me han sobrado siempre. Pero, mi gran problema radica en que no me gusta que me vean sin ropa. En otras palabras, ¡odio mi cuerpo! Tengo un poco de estómago y celulitis en las piernas. Mi cara no es fea, inteligencia, me sobra. Pero este problema está acabando con mi vida amorosa. Si llego a la intimidad, tiene que ser con la luz apagada. Además, no lo disfruto pensando en que me están tocando todas las masas.

T. L.

ESTIMADA T.L.:

Tú no eres la única en el mundo que tiene este problema. La mayoría de las mujeres odian su cuerpo, sin comprender que nadie es perfecto: la que tiene el cuerpo bonito, tiene el pelo feo o la nariz larga. La que no tiene celulitis, tiene las piernas delgadas. Y la que tiene el estómago planchado, a lo mejor tiene por cerebro un aguacate. También los hombres odian la "barriguita de cerveza" y las lonjitas de los costados. Pero la diferencia es que no se vuelven bulímicos ni tampoco castigan esas "partes ofensivas" del cuerpo negándoles placer sexual. No se puede vivir postrada en una cama soñando tener un cuerpo como el de "Miss Universo" si se quiere disfrutar la intimidad sexual. Los "cuerpos imperfectos" también tienen derecho a dar y a recibir placer sexual. Si vas a la cama pensando en lo que "te falta" o lo que "te sobra," te estás negando inútilmente ese derecho, y te aseguro que lo que menos pasa por la mente del hombre en esos momentos son esos montoncitos de grasa que a ti tanto te preocupan (y que a él pueden darle muchísimo placer). Además, unas cuantas visitas a un gimnasio pueden hacer milagros por tu figura. Recuerda que un cuerpo funcional y saludable es un regalo glorioso de Dios.

El Caso del Otoñal Coquetón

QUERIDA MARÍA REGINA:

Mi pareja y yo estamos en los cincuenta. Aunque no compartirmos el mismo techo, tenemos una bonita relación afectiva. Resulta que siempre que salimos a una fiesta o reunión social, él siempre acaba "haciéndole ojos" o coqueteando con una chiquilla de dieciséis años o con una mujer de cuarenta. Ellas también le guiñan el ojo a él. A pesar de que esto me lastima, jamás en público he aparentado darle importancia al asunto. Cuando en privado se lo digo me dice que yo le doy mucha importancia a cosas que no la tienen. En una ocasión hasta dejó de hablarme por una semana. Los dos tenemos educación profesional y no entiendo el por qué de la falta de respeto. Cuando lo hace con menores o con mujeres casadas me da hasta miedo que pueda tener un problema.

Él me dice que siempre ha sido así y que jamás ha tenido dificultades. Que soy yo la que no tengo la mente abierta y que coquetear frente a mí con menores o con mayores no significa nada. Que despues no hay llamadas por teléfono ni nada más. Nunca antes había salido con alguien que se comportara así. Necesito su valiosa opinión. ¿Es normal molestar a su pareja de este modo? ¿Será esto un problema del ego? ¿Qué puedo hacer? Si cree que soy yo la del problema, por favor recomiéndeme algún consejo.

MARÍA R.

ESTIMADA MARÍA:

Usted no tiene ningún problema. El del problema es él. El coquetear significa que la persona está tratando de agradar por vanidad. La gente coquetea constantemente, ya que a todos nos gusta desplegar nuestros atractivos físicos. El problema radica cuando el coqueteo se convierte en seducción. O sea, cuando deja de ser algo inocente y pasa a ser algo que tiene una finalidad específica o sexual. Las personas que son así son básicamente

muy inseguras. Con el coqueteo excesivo sólo están demostrando que no tienen nada que ofrecer. Las personas que se sienten seguras de sí mismas no necesitan esa "constante" admiración de los demás. Digo "constante" porque es tonto pensar que a nadie le gusta ser admirado de vez en cuando. Considero que lo de que amigo es una falta de respeto hacia usted. No es algo "grave," pero si es algo que molesta bastante. Quizás el sienta que está perdiendo sus atractivos como consecuencia del deterioro lógico causado por los años, y quiera demostrarse a sí mismo que aún puede desempeñar el papel de conquistador. ¿Qué puede hacer? Pues darle una cucharada de su misma medicina. Cuando él se ponga a guiñarle el ojo a otra mujer (algo bastante tonto que denota una tremenda inmadurez) póngase usted a conversar con alguien que valga la pena. El jamás va a comprender lo mucho que a usted le molesta lo que él hace hasta que lo sufra él mismo. Hasta ahora no habrá tenido ningún problema, pero deje que un día se encuentre con algún "papá" que no le guste que le miren a su hija y ya verá el susto que va a pasar. Este señor está bastante mayorcito para andar con tanta bobería. Suerte y ¡no deje de mostrarle esta carta! A lo mejor así se da cuenta del "papelazo" tan grande que está haciendo.

Pero, ¿Dónde Están los Hombres?

QUERIDA MARÍA REGINA:

Soy una mujer soltera, católica, de treinta y un años. Quisiera que usted me diera algunos consejos para conocer a jóvenes solteros no divorciados, católicos, educados, que piensen en una relación seria para matrimonio. No he tenido mucha suerte con los hombres, pues en tres ocasiones fui engañada en el sentido de que me ilusionaron hasta el punto de creer que me iba a casar. He ido a grupos de solteros de la Iglesia Católica sólo para encontrarme con personas con problemas mentales y emocionales. También he ido a "happy hours" y a "night clubs" en los cuales sólo se conocen hombre divorciados, mayores, o muy jovencitos, sin ninguna preparación, en fin, hombres que no piensan en ninguna relación seria. Soy joven, bonita, buena y sólo busco un hombre con los mismos valores morales. No soy rígida, ni difícil de llevarme con nadie. Al contrario, todo el mundo me dice que soy simpática, alegre, etc. Me gustaría hacer feliz a un hombre bueno, decente y sincero, pero estoy desilusionada. ¿Qué me recomienda?

DESILUSIONADA

ESTIMADA DESILUSIONADA:

Tienes que tener paciencia, el mundo está lleno de hombres. Lo que pasa muchas veces es que les pasamos por encima y no le damos importancia a aquellas personas capaces de hacernos felices. Ese hombre lo podrás encontrar en los lugares más inesperados, como quien dice, cuando menos lo estés buscando. Pero eso no quiere decir que no debas seguir tratando. Las posibilidades de encontrar al hombre de tus sueños se pueden dar en muchos lugares, como por ejemplo: conciertos, encuentros deportivos, en las tiendas, conferencias, en los ascensores, en la oficina, en la biblioteca, en el supermercado, etc, etc. Debes participar en actividades que te gusten, donde puedas rodearte de personas que tengan gustos e intereses comunes contigo. Podría ser un curso nocturno, si te interesa estudiar, reuniones literarias, si te gusta escribir, o clases de ejercicios aeróbicos, si quieres mantenerte en forma. Aprovecha todas las oportunidades y piensa que socializar tiene que ser una de tus prioridades. Suerte y—¡no te des por vencida nunca!

QUERIDA MARÍA REGINA:

Soy una muchacha de treinta y un años, divorciada y desesperada. El motivo de mi carta es porque no sé donde encontrar "hombres." Para mi los "hombres" son una especie extinguida. No aparecen por ninguna parte. Los que aparecen no sirven, son unos sinvergüenzas o están casados. Me gustaría saber dónde los puedo conocer y por favor, no me diga que en la discoteca o en la parroquia local. Ya lo traté y no funcionó.

LOLITA

ESTIMADA LOLITA:

Esta especie rara, que llamamos "hombres," está en todas partes. Estos "hombres" son unos niños crecidos con una gran necesidad de encontrar a alguien que los escuche. Estar accesible y con una buena sonrisa, hacen que usted los encuentre con más facilidad. Además de un bar (que no es el mejor lugar) y la parroquia local (que ya trató), le voy a sugerir otros lugares: la biblioteca, el colegio o la universidad. El supermercado es un buen lugar para preguntar tonterías, el aeropuerto, clubs privados, en su trabajo, en restaurantes, viajes en grupo, en fin, la lista es interminable. Están en todas partes, siempre y cuando usted se muestre sonriente, vaya con una actitud positiva, no se muestre desesperada (ellos lo notan) y les de oportunidad para decir algo.

Más Vale Sola, que Mal Acompañada

QUERIDA MARÍA REGINA:

Todos los días leo en su sección cartas de personas que se conforman con cualquier cosa con tal de no estar solas. Se dejan manipular, abusar con tal de tener a alguien a su lado. Le contaré que soy una de esas miles de personas que viven solas, pero he podido superar los desagradables efectos que produce la soledad. Aprendí a disfrutar de una parte de las cosas buenas que existen en la vida al alcance de todas las personas, como oír música, leer, bailar, admirar los deportes, visitar una iglesia, hacer ejercicio, caminar, ir a la playa o al cine. También aprendí a educar mi imaginación para amar la naturaleza, las flores y la libertad. El secreto de conservar la alegría y la estabilidad está en sentir amor por todo lo que nos rodea y hasta disfrutar con la felicidad ajena para sentir y verse realizado como persona. Los humanos tenemos que aprender a vivir dentro de las dificultades mirando solo las cosas buenas que tiene la vida que son muchas y muy bellas. El reflejo de mirar y pensar en todo lo malo que nos ha tocado vivir es envejecer y tener eternamente cosas desagradables en nuestra mente para torturar nuestras propias vidas. Una buena actitud mental es lo único que nos libera de los fracasos recibidos, los complejos y los prejuicios que hacen daño y le seguirán haciendo daño a la humanidad.

SOLA, PERO FELIZ

ESTIMADA SOLA, PERO FELIZ:

La felicito por su buena filosofía de la vida. Todos poseemos recursos internos a los que probablemente nunca recurrimos. Gracias por compartir con nosotros sus sabios consejos.

CAPÍTULO 14

Antes del Sexo, Cuenta Hasta Tres ...

Entre todas las pasiones, sin duda no hay pasión menos paciente que la pasión sexual. Cuando llega la urgencia del amor erótico entre dos seres que están a punto de explotar de ganas de verse a sólas, pocas cosas se consideran, como no sea el logro del deseo. Tal vez por eso tantas mujeres se entregan a los hombres sin pensar en las consecuencias. Porque son ellas las que, casi siempre, más tienen que perder si no se cumplen las innumerables promesas que se hacen antes de la relación sexual.

Aparte de los peligros que significan—tanto para hombres como para mujeres—en ésta época de mortales enfermedades venéreas los encuentros amorosos instantáneos, la mujer tiene el doble deber de considerar responsabilidades como las del embarazo, que pueden sobrevenir luego de breves momentos de placer. Por otra parte, está el hecho de que todavía muchos hombres esperan que la mujer con quien se casan llegue virgen al matrimonio, a no ser que haya sido él mismo el encargado de haberla hecho perder la virginidad antes de la boda.

Por eso muchas de las cartas que recibo provienen de mujeres casadas o solteras, jóvenes o viejas, señoritas o señoras que, con palabras más o menos diferentes, hacen todas la misma pregunta: "¿Lo hago o no lo hago?" o "¿Cuándo es el momento de hacerlo?" La otra pregunta más común respecto a este asunto, es muy similar, aunque cuestionada con una diferencia de tiempo: "¿Por qué, ahora que lo hice, ya él no me hace caso?" Ninguna de estas preguntas, aunque parezcan iguales, puede ser contestada igual, pues todo depende del caso.

Sin embargo, sí hay algo que es bastante común en la mayoría de las circunstancias: muchas mujeres, después que se entregan, sienten que debieron haber esperado un poquito más. Ya sea aquella que se da cuenta que la hace lucir demasiado "fácil" a los ojos del desconocido al cual se entregó en la primera cita a ciegas, o aquella esposa traicionada que, por venganza, decide ponerse en los brazos del primer cretino que se cruza en su camino, todas descubren, después de consumado el hecho, que les habría convenido mucha más, haberse hecho un poco más de rogar. Al menos, ese tiempo les habría dado la oportunidad de pensar en las consecuencias de lo que hacían.

A continuación veremos cartas de mujeres que me han escrito con problemas del tipo descrito, personas que muchas veces se precipitan a una relación sexual, no por pasión, sino por miedo a perder al ser amado o por pura inconsciencia. Aunque el amor verdadero es la única excusa plausible para una relación íntima, nunca está demás darse un tiempo—a veces bastan unas horas—para pensar en que ese simple acto sexual puede tener ramificaciones definitivas en la vida. Como dice la vieja canción francesa: "El placer de amor dura sólo un instante ... la pena de amor dura toda la vida."

¿Me Entrego o No Me Entrego?

QUERIDA MARÍA REGINA:

Tengo veintitrés años y desde los quince he estado teniendo relaciones sexuales. Ahora me he encontrado con un muchacho encantador del que creo estar enamorada y no quiero echar a perder esta relación. Esta persona me interesa en especial y no quiero portarme con él como lo he hecho con otros hombres, pues me interesa que me tome en serio. Pienso que si me entrego demasiado pronto va a pensar que soy una mujer fácil, mientras que si me demoro mucho, me da miedo que se aburra y se vaya de mi lado. ¿Cuánto tiempo uno debe de esperar antes de tener relaciones con alguien?

GINA

ESTIMADA GINA:

No hay tiempo exacto para eso, pues todo depende de cada pareja, de las circunstancias en que se conocieron y de cómo son los caracteres de los dos. Si tú dices que desde los quince eres activa sexualmente, me da la impresión que, quizás, no eres de las que espera mucho. Por eso creo que, si este muchacho te interesa de verdad, espera un poco. Asegúrate de que que es una persona con fundamento y estúdialo un poco antes de iniciar con él una relación sexual. Recuerda el refrán que dice que "no por mucho madrugar se amanece más temprano." Lo que quiero decir es que, si tal vez por miedo a perderlo inicias una relación íntima sin conocerlo mejor, tal vez él y tú corran el riesgo de enfrentarse a una desilusión.

La Culpa de la Casada Infiel

QUERIDA MARÍA REGINA:

Mi esposo y yo llevamos dieciocho años de casados; él tiene cuarenta y yo treinta y cinco años y tenemos dos hijos. Hace cuatro años, cuando descubrí que él me engañaba con mi vecina, creí morirme. Era la primera vez que esto me sucedía y nunca había pensado que él me fuera a ser infiel, ¡Y menos con alguien que vive frente a mi casa! Estuvimos a punto de divorciarnos, pero después se calmaron las cosas. Al fin, nos mudamos de casa y seguí con el, pero yo continuaba amargada y resentida. Este resentimiento fue lo que me llevó a tener relaciones con otro hombre, de quien al principio pensé que estaba enamorada. Después, me di cuenta que era sólo una ilusión, ya que siempre he estado enamorada de mi esposo. Mirando a esa etapa de mi vida, reconozco que fue un error y que actúe por pura venganza. El problema es que mi esposo es vendedor en una agencia de autos y eso lo pone en contacto con mucha gente y tentaciones. Mi temor es que el llegue a enterarse algún día de lo que pasó con este otro hombre, ya que mi esposo lo conoce. Hay noches en que me desvelo pensando en esto y me aterra perderlo si él se entera de todo. ¿Dígame que puedo hacer?

ARREPENTIDA

ESTIMADA ARREPENTIDA:

Lo que pasó, pasó, y no tiene sentido tratar de arreglar el pasado. A estas alturas, no hay nada que usted pueda hacer para que las cosas sean diferentes, así que confórmese con saber que no llegó a perder a su esposo y que no cometió el error de ligarse con otro hombre del que no estaba enamorada. Comprendo su dilema y veo que sólo tiene dos caminos a tomar: o le cuenta a su esposo lo que paso, corriendo, naturalmente, el riesgo de perderlo—pero vive el resto de su vida con su conciencia tranquila—o se queda callada y olvida el incidente para siempre. Yo no creo que ese señor sea capaz de hablar con su esposo de algo tan privado como lo que pasó entre ustedes, pues con eso lo único que resolvería sería complicarse la vida. Con esto no le estoy aconsejando que no le cuente nada a su esposo, pues hay personas que no pueden sentirse libres emocionalmente hasta que no confiesan algo que les quema por dentro, en el caso suyo, el adulterio que cometió. Pero en esto usted tiene que aplicar su sicología y su conocimiento del carácter de su esposo. ¿Cree que él sería capaz de entender que, si usted le confiesa una cosa así, lo está haciendo por puro amor y por honestidad? ¿Será él de esos hombres que, una vez que se entere, nunca podrá olvidar aquel "mal paso" suyo? Recuerde el dicho norteamericano que recomienda prudencia cuando se trata de reparar algo que está mal: "si no está roto, no lo arregles." Lo más probable es que su marido nunca se entere de nada, pero también entiendo que usted quiere quitarse de la cabeza la preocupación de "lo que pudiera pasar." Consulte esto con su almohada antes de tomar una decisión—una decisión que puede darle paz o costarle el matrimonio.

Cuando el Matrimonio Pierde Su "Salsa"

QUERIDA MARÍA REGINA:

En estos momentos estoy muy confundida, pues como mi esposo—con el que llevo casada veintitrés años—no me satisface como hombre, he tenido que buscar ese cariño y satisfacción que él no me da, en otros hombres. Pero esos hombres no me quieren comprender y me da la impresión de que sólo me toman para complacer sus deseos físicos. Un día están conmigo y después no quieren nada más. ¡Hasta cambian sus teléfonos para que yo no los llame! Ahora tengo tres amantes al mismo tiempo y los tres me gustan, pero yo a ellos no, pues yo soy siempre la que tengo que caerles atrás para tener relaciones sexuales. Cuando me arreglo y me visto sexy. ellos ni se fijan. Comprendo que le soy infiel a mi esposo y acepto mi culpabilidad, pero ¿qué puedo hacer? En algún sitio tengo que ir a encontrar lo que encuentro en mi marido. Pero esto tampoco me satisface, pues cada vez que trato de acercarme a un hombre nuevo, él se aleja más de mí. ¡Me siento tan despreciada por los hombres y a la vez tan triste! Aunque mi esposo no me gusta como antes, no quiero hacerle daño con decirle la verdad de lo que siento. Me quedo callada por el bien de él, pero entonces mi vida se convierte en un infierno. María Regina, dígame que puedo hacer para resolver mi problema. Tengo miedo de quedarme sóla, sin ningún hombre en mi vida, ni siquiera mi marido.

JENNY

ESTIMADA JENNY:

A mi no me gusta tener que regañar a nadie, pero lo voy a tener que hacer contigo, pero entiende que mi intención es darte un buen consejo. ¿¡No te das cuenta que ningún hombre puede respetar a una mujer que esta casada y tiene tres amantes!? Cuando un hombre esta contigo es por pasar un buen rato, eso es todo lo que el espera de ti. Y si al principio tratan de seducirte, es para que te le dés más fácilmente, pues ellos se dan cuenta que tú estás falta de amor. ¿Nunca has oído un refrán que dice "prometer hasta conseguir y después de lo conseguido, nada de lo prometido"? Por eso, después que han logrado lo que quieren, cuando empiezas a llamar cambian el número de teléfono, pues ellos lo menos que quieren es dedicarte tiempo para ayudarte a resolver tu problema de soledad y vacío emocional, sino para

pasar un buen rato en la cama. No importa todo lo bien que tú te vistas, lo sexy o lo bonita que luzcas. Los hombres esperan mucho más que eso. Para pasar la noche, eso es todo lo que una mujer necesita, pero para tener una relación perdurable, se necesita tener muchas otras cosas más. Al hombre latino básicamente le gusta una mujer que sea fiel y esos tres amantes tuyos están viendo que tú no pareces serle fiel a nadie. Sé que no eres una mala persona y lo que estás haciendo lo haces por tu inexperiencia, tu poca falta de madurez y poca información. Claro que quedándote callada jamás resolveras tu problema. Tienes que asumir la responsabilidad de tu propio placer sexual, y eso se logra hablando con tu marido de lo que te sucede. Deja de esperar que cada encuentro sexual con tu esposo se convierta en un éxtasis maravilloso. Jamás lo compares con los otros hombres, sino trata de encontrarle a él su "sabor" propio. Posiblemente él ni se ha dado cuenta de que tú no te complaces y, como tú no dices nada, piensa que estás en el séptimo cielo cuando haces el amor con él. Acostándote con todo hombre que te llama la atención no vas a resolver nada, sino que te convertirás en una desprestigiada. Recuerda que no somos máquinas, sino seres humanos. Te recomiendo que busques ayuda profesional para que pongas en orden tus verdaderos sentimientos.

Todo Es Difícil Ahora—por Ser Tan "Fácil" Antes

QUERIDA MARÍA REGINA:

Soy una muchacha profesional de veintitrés años. Hace nueve meses conocí a un muchacho de veintisiete años. Yo nunca antes había tenido una relación seria, así que esto para mí fue algo muy especial. Este muchacho se interesó mucho por mí y hasta vino a conocer a mi familia. Nos veíamos frecuentemente y me trataba como nunca nadie antes me había tratado. Me enamoré de él y entonces él me empezó a presionar para tener relaciones sexuales. Al ser inexperta en estas cosas y a la vez estar muy enamorada, cedí.

Desafortunadamente, fue un desastre por parte de ambos—tal vez por estar yo demasiado nerviosa—y de pronto me sentí muy avergonzada y preocupada por lo que él fuese a pensar de mí. Esa misma noche, cuando él me vio un poco distante y preocupada, me juró que nunca me dejaría, que había hecho lo correcto, ya que los dos nos queríamos. Sin embargo, a pesar de estas promesas, poco después nos empezamos a distanciar. Yo no quiero ser injusta con él: estoy segura que este distanciamiento provino de que yo no lograba expresarle mis sentimientos y aun me sentía insegura y avergonzada por lo que había pasado. Por eso muchas veces me mostraba desagradable con él y yo creo que eso fue lo que enfrió la relación. Todo terminó una noche en que estábamos por salir juntos y el, a última hora, me dio una excusa para no ir. Me dolió mucho y le dije que no quería verlo más. Comenzamos a pelear y en medio de la agitada discusión él me confesó que yo había sido "fácil," que me había entregado enseguida, lo cual me hirió muchísimo. Recientemente, me lo encontré por casualidad; estaba acompañado por una muchacha, pero aun así se me acercó y me besó la mano y me demostró un gran aprecio. En ese instante todos los sentimientos de dolor y rencor que yo guardaba por él desaparecieron y volvieron los sentimientos de amor y ternura que siempre sentí. Aunque me avergüenzo de haber tenido relaciones sexuales con él—en realidad, sólo fue una vez y eso, "a medias"—no logro sacarlo de mi corazón. Me siento atrapada dentro de mí misma. No tengo a nadie a quien pedirle consejos, por eso le escribo a usted.

TRISTE Y CONFUSA

ESTIMADA TRISTE Y CONFUSA:

No te vayas a ilusionar con ese beso que él te dio en la mano, pues lo más probable es que lo hiciera por cortesía. Cuando estamos enamorados tendemos a ver las acciones más insignificantes de la persona de nuestros sueños como gestos de amor. El hombre que de verdad está interesado no deja ir a la mujer con tanta facilidad, como él te dejó ir a ti. A mí me da la impresión de que él había estado esperando la oportunidad para no verte más y

aquella discusión que tuvieron le dio la oportunidad para alejarse de ti para siempre. Además, es de muy poco hombre haberte dicho que habías sido "fácil." Eso no se le dice a nadie, mucho menos a la mujer que se quiere y muchísimo menos sabiendo, como él bien sabe, que si fuiste a la cama con él fue por su constante insistencia. No pierdas más el tiempo soñando con un hombre inmaduro y desconsiderado. Quiero que no te sientas avergonzada por haber tenido relaciones sexuales con él, pues lo que hiciste fue por amor. Tampoco creas que estás sóla, pues tu problema es el de muchas. Las mujeres debemos desarrollar un sexto sentido que nos permita abrir bien lo ojos cuando estamos cerca de un hombre que nos gusta y nos seduce para no dejarnos cegar por el entusiasmo y la pasión del primer momento o de sus promesas. Lo tuyo llevará su tiempo y cuando un hombre te demuestre con sus acciones que te quiere, dejaras de sentirte insegura y podrás demostrar con facilidad lo que sientes. El amor que dura es inconfundible. No dejes que esta mala experiencia te arruine las posibilidades de encontrar el verdadero amor.

El Énfasis en lo Sexual No Lleva a Nada

QUERIDA MARÍA REGINA:

Mi novio lee todos los días su columna en el periódico y la admira tanto a usted que creo que sólo un consejo suyo podrá tener un efecto en él, así que le ruego que escuche mi caso y le dirija un consejo a él y todos los que cometen el mismo error. Estoy de novia de un muchacho que, como yo, es divorciado y tiene un hijo. A pesar de que nos queremos, tenemos un grave problema que, de no superarlo, amenaza con destruir nuestros futuros planes de matrimonio. Desde el principio de la relación—y más por cansancio de su insistencia y miedo a parecerle anticuada—accedí a tener intimidad con él, pero le diría fue casi en contra de mi voluntad; él no me forzó físicamente, pero pienso que sí lo hizo sicológicamente. Yo soñaba con una luna de miel llena de sorpresas, algo que se atesora para siempre, pero todo se ha estropeado por su énfasis en lo sexual. Él es un hombre maravilloso y lo amo, pero quisiera un noviazgo serio, un poquito largo y más romántico, pero él no me escucha. Cuando le suplico que ordenemos nuestras vidas, que planee algo más que no sean los puros encuentros sexuales, me promete que no volverá a suceder pero al poco tiempo falla, vez tras vez, y me empiezo a sentir decepcionada de él. Él quiere que actuemos como si ya estuviéramos casados (los planes de boda están hecho para dentro de un año), pero yo quiero algo un poco más formal. Estoy tan harta de esta situación que he sentido deseosa de huir y romper con él para siempre, pero en ese momento pienso en cuánto lo quiero y lo tremendamente bueno ha sido conmigo y con mi hijito. Soy profundamente cristiana y esto lo hace más difícil todavía. ¿Qué hago? ¿Qué le digo?

DESESPERADA

ESTIMADA DESESPERADA:

Debido a que tú eres una persona de convicciones religiosas que piensa que no es correcto tener relaciones antes del matrimonio, considero que lo que él está haciendo es forzándote a pensar y hacer algo que no es de tu agrado. Así que, si él te acepta, tiene que aceptar tu forma de pensar. Comprendo que él, debido a que tú le gustas y además te quiere, sienta deseos de llegar a la intimidad contigo, pero tiene que tener en cuenta también tus sentimientos a este respecto, pues al amor es cosa de dos, Sin embargo, no quiero que esa situación sea motivo para que tú te sientas decepcionada por él y mucho menos rompas con alguien que, según tu misma dices, ha sido tan bueno contigo y tu hijo. Explícale que tener relaciones, por el simple hecho de complacer a la otra persona, te está dañando sicológicamente y te llena de resentimientos, lo cual no es nada bueno para la relación. Yo creo que como los dos tiene formas diferentes de pensar referente a cuando es el momento oportuno para tener relaciones sexuales, la única manera de resolver el problema es adelantando los ya existentes planes matrimoniales. ¡Suerte!

Historia de un Aprovechado

QUERIDA MARÍA REGINA:

Soy una muchacha soltera de veintitrés años. Recientemente tuve mi primera relación sexual con un hombre del cual estoy enamorada. Debido a mi crianza, esperé hasta ahora, ya que siempre pensé que únicamente me entregaría a alguien a quien verdaderamente amara. Desafortunadamente, la relación duró sólo varios meses, pues durante este tiempo tuvimos varias discusiones que la destruyeron. Siempre los problemas surgían de su necesidad de control, por el odio que le tomaba a ciertas personas que son mis amigas. Por el ser tan orgulloso siempre era yo la que cedía, hasta que un día me cansé, no quise ceder y nos peleamos. Le dije que no me volviera a llamar o a buscar porque estaba muy resentida. Pero después de la discusión, pensé que tal vez él tenía razón y me puse muy confusa. Sin embargo, no lo llamé, ni él—a instancias mías—tampoco se ha vuelto a poner en contacto conmigo. Ya hace seis meses que nos separamos y me he sentido bastante arrepentida, pues no logro olvidarlo. A veces pienso que todo se debe a que me siento un poco culpable por haber tenido relaciones sexuales con el, a que me entregué al hombre equivocado después de haber estado guardándome por tanto tiempo. Sin embargo, sé que aún lo quiero, eso lo siento en el fondo de mi corazón. Quisiera salvar algo de la relación, pero temo que ya él tenga otra.

TRISTE Y TEMEROSA

ESTIMADA TRISTE Y TEMEROSA:

Pero ¿qué vas a tratar de salvar? ¿Para qué tú quieres estar con alguien tan rencoroso, dominante y orgulloso? No te puedes pasar la vida pidiendo perdón. Lo que pasó entre ustedes, ya pasó. Tú, cuando te entregaste, no lo hiciste ni obligada ni por dinero ni por cálculo, sino por amor, pensando que le estabas revelando tu intimidad a alguien verdaderamente especial. Olvida si tiene otra

o no. Es obvio que no se llevaban bien, así que entonces. ¿para qué llorar por una relación que no funcionaba? Tal vez deberías alegrarte que todo se terminó a tiempo. Si él no ha tratado de verte o llamarte en estos seis meses es que no esta tan interesado como pensabas, pues si te hubiera querido, habría tratado de hacerte desistir, de decirte que iba a cambiar con tal de salvar la relación. Pero su orgullo y afán de dominación han podido más que él. Trata de olvidarte de él, empieza a salir y a divertirte y veras que cuando menos te lo esperes llegara a tu vida alguien que sí es merecedor de tu cariño.

El Extraño Caso de la "Espanta-Hombres"

QUERIDA MARÍA REGINA:

Tengo veintinueve años y aunque no me considero fea, sí soy muy desafortunada en el amor. He tenido varias relaciones, pero ninguna duradera. Todo parece funcionar muy bien hasta que empiezan las relaciones íntimas. Es como si de pronto, al conocerme a fondo, se les acabara la ilusión conmigo. Una amiga me dice que soy una "espanta-hombres," que yo hago algo en la intimidad que hace que el hombre se deje de interesar en mí. Me rompo la cabeza y no puedo adivinar lo que sea, pues me parece que yo actúo con ellos de manera normal, como cualquier mujer. ¿Hay algo que usted sepa que desanime a los hombres en lo que se refiere a lo sexual?

RITA

ESTIMADA RITA:

Todo el mundo se desilusiona de una manera diferente. Lo que para mi puede ser un aspecto desilusionante, para ti a lo mejor no lo es, sino todo lo contrario, algo muy excitante. A algunos hombres, por ejemplo, les cae muy mal estar con una mujer a la cual le gusta dar órdenes en la cama. A otros, por el contrario, los

desilusiona hacer el amor con mujeres que actúan como si no estuvieran interesadas o que dejan que el hombre haga todo el trabajo. Eso de que "todas las reglas tienen sus excepciones" se aplica perfectamente a las relaciones íntimas. Tal vez tu problema radica en que te apresuras mucho en llegar a la intimidad y no le das oportunidad a que el hombre se enamore de tus cualidades como ser humano. Pero nunca te vas a enterar si no se los preguntas a ellos mismos. Aplica tu "sexto-sexo sentido" para captar, cuando estás haciendo el amor, cuáles son las cosas que están funcionando y cuáles las que no. Entónate un poco hacia tu compañero, trata de sensibilizarte hacia los momentos en que más disfruta él. Posiblemente tú te concentras demasiado en ti misma y no le pones atención al disfrute de él. No hay nada de malo en preguntar y hablar con ellos sobre el asunto, después que termine la relación sexual. Cuando dos o tres te digan lo mismo, seguramente verás lo que debes hacer para dejar de ser una "espantahombres." Trata este último consejo y déjame saber si te da un mejor resultado.

La Que Se Acostó con el Jefe

QUERIDA MARÍA REGINA:

¡¿Por qué Dios no me pudo dar otro cuerpo?! Tengo veintidós años, pero no aparento mi edad. Durante los tres años que llevo con mi novio, lo he engañado, pero siempre me perdona, porque me quiere mucho. Ahora tengo miedo de decirle que lo he engañado de nuevo ... Y lo de ahora es peor, ya que ha sido con mi propio jefe. Cada vez que he salido con ese señor, siento dentro de mí un asco muy grande, como si el mundo se fuera a acabar. Me doy cuenta de que entre nosotros jamás va a pasar nada serio, pues él es casado y con hijos. A pesar de eso actúa como si no quisiera a nadie, ni a su esposa. Pienso que esta conmigo sólo por deseos sexuales. Él se cree que es el "super-playboy" y sé que no soy la única mujer con la que él anda por ahí. Una y mil veces me arrepiento de haberme acostado con él. Sé que todo esto es un juego, una simple diversión para él. Me siento como una cualquiera con mi novio.

LA CONFUNDIDA

ESTIMADA CONFUNDIDA:

Me cuentas cuanto te quiere tu novio, pero en ningún momento me dices cuanto lo quieres tú a él, lo cual no debe ser mucho si lo has engañado y requeteengañado tantas veces. Yo creo que tu problema radica en que a ti tu novio, en realidad, no te interesa. Estás con el porque ninguna otra oferta seria se te ha presentado, pero tus aventuras frecuentes reflejan que estás esperando otra cosa mejor. Sin embargo, vas bastante desencaminada si piensas que tu jefe podría dejar a su mujer por ti. No creo que tu malestar se deba a que le has sido infiel a tu novio (si fuera así, no habrías vuelto a hacerlo una y otra vez), sino porque te has dado cuenta que tu jefe te tomo el pelo. Si quieres sentirte mejor, te aconsejo que dejes a tu novio, pues no sólo estás perdiendo tu tiempo, sino que se lo estás haciendo perder al pobre muchacho, cuya autoestima debe estar a estas alturas por el piso. Es bastante poco honesto estar jugando con los sentimientos de otra persona.

Víctima de un Obsesionado

QUERIDA MARÍA REGINA:

Le voy a exponer un problema personal que me tiene nerviosa y desesperada. Tengo veintinueve años y hace unas semanas cometí el error de responder a un anuncio en el periódico de un americano, el cual buscaba una latina para una relación seria. Fui tan ingenua que le de mi dirección sin conocerlo. Llegó a mi casa, salimos y hablamos de los que pensábamos hacer. Al principio, me sentí atraída por él y llegamos a hacer el amor esa misma noche. Yo no sentí ninguna satisfacción, pero no se lo dije. A la salida, volvió a pasar lo mismo, aunque esta vez le hablé bien claro. Le dije lo mal que me sentía con todo esto, pero él no lo entendió. Él me planteó que me mudara con él, pero cuando le dije que no podía porque no lo conocía lo suficiente, se puso furioso y me amenazó diciéndome que era amigo de cuatro jueces y que me iba a llevar ante la ley por haberlo engañado. Ahora tengo mucho miedo de que cumpla su amenaza. Lo peor de todo esto es que, aunque él no lo sabe, mi estado aquí no es legal (yo le dije que era residente). Por favor, quiero que me conteste esta dos preguntas: ¿Puede este señor llevarme ante la ley y cuáles serían las consecuencias? ¿Debo mudarme con él a pesar de lo mal que me siento?

INGENUA Y DESESPERADA

ESTIMADA INGENUA Y DESESPERADA:

Pero muchacha, tranquilízate y piensa ¿por qué ese hombre te va a llevar ante la ley? ¿Porqué no son compatibles sexualmente? Si eso fuera un delito, ¡las cárceles estarían más llenas de parejas mal llevadas que de delincuentes! El todo lo que quiere lograr es intimidarte y asustarte—y parece que lo está logrando. Sin embargo, en realidad él no puede hacer nada si tú no quieres continuar esa relación. Lo que sí él sabe bien a estas alturas es que tú no conoces las leyes de este país. Por lo tanto, ni se te ocurra mudarte con él y mucho menos darle a entender que tu status no es legal. A mí ese señor me parece ser una persona a la cual le faltan algunos "tornillos." Te recomiendo que te mudes bien lejos, que cambies el teléfono y que no dejes en ningún sitio ninguna dirección donde él pueda localizarte. Él no me da muy buena espina y creo que puede ser peligroso, así que mientras más lejos lo tengas, mejor. Si crees que tu vida esta en peligro, llama a la policia, sin importarte que estés ilegal en este país, pues es preferible ser deportada que acabar en manos de un loco. Que esto te sirva de lección para que entiendas la locura que fue relacionarte sexualmente con un hombre al que apenas conocías y del que no estabas ni siquiera segura de que te gustaba. Esos son errores fatales que,

por desgracia, le han costado la vida a algunas mujeres. Nunca lo vuelvas a hacer y, si vuelves a conocer a alguien a través del periódico, sale con él unas cuantas veces, entérate un poco de cómo es él, antes de ir a cosas más íntimas. Suerte y ten mucho cuidado.

Una Desilusión ... y un Hijo

QUERIDA MARÍA REGINA:

Yo tuve un novio del cual me enamoré locamente. Un día me le entregué, o sea, que tuve relaciones sexuales con él. Salí embarazada y él se veía muy ilusionado, me decía que estaba muy feliz de saber que iba a ser papá. Hasta que un buen día se alejó de mi vida. Yo lo llamé varias veces, quedamos en encontrarnos en diferentes sitios, pero siempre me dejó esperando. Yo ya me cansé de su juego y he decidido no verlo más. Aunque lo quiero mucho, he decidido borrarlo de mi vida, él no existirá ni en mi recuerdo ni en la vida de mi hijo, que nacerá dentro de dos meses. ¿Qué piensa usted? ¿Cree que mi decisión en la correcta?

LA DESILUSIONADA

ESTIMADA DESILUSIONADA:

El amor no es un sentimiento obligatorio, pero lo menos que podemos hacer cuando decidimos terminar una relación con alguien, es plantearle claramente el por que de esta decisión. La actitud de su ex-novio ha sido la de un muchacho inmaduro, totalmente indiferente a las realidades de la vida y de un egoísmo extraordinario. Si cuando se han citado él no ha ido, es porque no tiene valor para enfrentarla. Tú, para él, representas la realidad, y ésa es una verdad para la cual él no está preparado. Él fue muy hombre para enamorarte y hacerte suya, pero no fue nada hombre para aceptar su responsabilidad. Los seres humanos no son obje-

tos que se toman, se usan y después se tiran. No pienso que es una actitud inteligente seguir insistiéndole a que te acepte a ti como amante, pero sí creo que, aunque sea a través de la ley, hay que hacerle ver que tiene una responsabilidad como padre de esa criatura que viene al mundo. Tu no concebiste a tu hijo sóla, y por lo tanto, tampoco te tienes que enfrentar a esa tarea sóla. Por otra parte, si como dices él estaba contento con ser papá, tampoco puedes negarle a él su derecho a conocer y ocuparse de su hijo, ni tampoco a tu hijo el conocer a su padre. Si él está de acuerdo en reconocer y ocuparse de su hijo, no se lo impidas, pues recuerda que de hacerlo, el único perjudicado será el niño. Por el contrario, si lo ves renuente a aceptar ninguna responsabilidad—y si a ti te hace falta la ayuda de él desde el punto de vista financiero—ponle presión para que, por lo menos, reconozca al niño y te pase la mensualidad que indica la ley.

¿Su Amante o Su Amiga?

QUERIDA MARÍA REGINA:

Hace tres meses conocí a un hombre que me lleva seis años (yo tengo treinta). Él es divorciado, tiene dos hijos, esta muy metido en la política y es miembro activo del Partido Demócrata Cristiano de su país. Incluso lo conocí en una actividad que organizó su Partido. La atracción fue mútua desde que nos vimos y comenzamos a tener una relación amorosa formal. Me decía que quería estar siempre conmigo y que sus intenciones eran serias, pero que no debíamos apurarnos, ya que teníamos todo el tiempo del mundo. Después de un mes y medio de relaciones y a pesar de que yo era virgen, tuve relaciones sexuales con él, por puro amor. Él fue muy gentil y delicado conmigo y todo era felicidad. Pero al poco tiempo empecé a notar que delante de sus amigos él se comportaba diferente, un poco más distante, y siempre me presentaba como "su amiga." Esto empezó a afectarme y yo le pedí que me explicara el motivo de esa actitud. No se imagina, María Regina, cual fue mi sorpresa al oírle decir, en mi propia cara, después de todas las promesas que me había hecho, que él no podía en ese momento ofrecerme nada más. Yo casi no podía creerlo cuando me decía que yo era una buena muchacha, pero que él tenía dos hijos y que sus actividades en el Partido le ocupaban mucho tiempo, que lo mejor era que nos separáramos por un tiempo para pensar en cuales eran nuestros sentimientos. Yo me quise morir, pero acepté por orgullo su propuesta y él prometió que me llamaría para saber como estaba. Pasaron unos días y no me llamó, pero nos volvimos a encontrar en una reunión política y para mi asombro me trató como si nada hubiera pasado, casi como si yo fuera una extraña, y al irse ni se despidió de mí. Lo que más me duele es que me entregué a el y ahora me siento usada.

ENAMORADA DE UN IMPOSIBLE

ESTIMADA ENAMORADA DE UN IMPOSIBLE:

No te sientas mal por haber tenido relaciones sexuales con un hombre del cual estabas enamorada, pues el amor nunca debe dar vergüenza. Es verdad que resulta triste que la relación acabara así, pero tienes que llenarte de orgullo y de valor y ponerte a usar tu memoria al revés: es decir, ¡olvídalo! Tal vez no estás en lo cierto en eso de que él te "usara" y que su unico objetivo contigo fuera hacerte el amor. Más pienso que él aun puede estar resentido por su divorcio y que, si su matrimonio fue una amarga experiencia, no quiere involucrarse en otro compromiso por ahora. También puede ser cierto que por el momento tenga muchas responsabilidades sociales y políticas. Pero ten por seguro que cuando se de cuenta de que perdió otra posibilidad de ser feliz, se arrepentirá. También cabe la posibilidad de que no esté totalmente "curado" de su amor por su ex-esposa y no quiera que ella sepa que tiene relaciones con otra persona. En cualquier caso lo mejor que puedes hacer es salir con tus amigas, estudiar, ir al cine y, por qué no, aceptar amistades de otros hombres. Así, poco a poco lo irás olvidando. Si puedes, evita ir a los grupos donde él va, para no encon-

trártelo más, pues si lo ves a menudo te será más difícil y doloroso olvidarte de él. Recuerda que el tiempo cierra todas las heridas y considera esta relación como una experiencia que te sirva para que la próxima vez lo pienses un poquito más antes de complacer a tu pareja.

CAPÍTULO 15

Parejas del Mismo Sexo

Durante decenas y decenas de año, científicos, filósofo, siquíatras, moralistas y escritores han comentado y analizado, uno de los comportamientos sexuales discutidos de la historia: el homosexualismo. ¿Se nace homosexual? ¿Es cuestión de genes o de crianza? ¿Es una enfermedad o una actitud? ¿Es posible dejar de serlo o convertirse en homosexual? Éstas y muchas otras preguntas han dominado parte de las discusiones sobre sexo en los libros sobre ese tema, pero pocos han podido llegar a conclusiones muy precisas.

Durante los últimos años ha habido grandes cambios en el acercamiento a esa situación, comenzando por la creación de los movimientos y organizaciones de gays y lesbianas, por la eliminación del concepto de homosexualismo como una enfermedad en las enseñanzas de medicina y por la mayor aceptación que ha habido en la sociedad respecto a las parejas de un mismo sexo. De todos modos, aunque en menor escala (y especialmente entre las familias hispanas) el homosexualismo sigue siendo un tema espinoso y que no se debate abiertamente, por lo general.

Esto ha hecho que muchas personas heterosexuales desconozcan bastante cómo funciona el mundo homosexual y se asombran cuando ven que ese mundo, en el terreno de las relaciones humanas, los sentimientos y los problemas entre parejas—funciona de manera muy parecida al de ellos. Sin embargo, el homosexualismo encara para la persona que lo es una serie de circunstancias vitales más complicadas que para el resto de la población. Vivir en un mundo que, casi oficialmente, plantea las relaciones entre hombre y mujer como las relaciones normales, hace la vida de los homosexuales un poco "especial" y, por ende, complicada. Yo recibo numerosas cartas de personas homosexuales que me piden consejos, aunque en muchos de esos casos el dilema mayor es el de dar a conocer a sus amigos o su familia su verdadera sexualidad, cosa que no constituye un problema en absoluto para aquellos que prefieren a las personas del sexo opuesto.

Pero aparte de esto, las situaciones sentimentales de los homosexuales tienen muchos puntos de contacto con las del resto de los humanos. A continuación les presento una serie de cartas enviadas por algunos lectores que, ya sea en sus propias vidas o en las de sus seres queridos, están teniendo problemas debido a lo difícil que resulta todavía, en nuestro mundo actual, aceptar las preferencias de muchas personas por otros de su mismo sexo.

Hombres Que Aman a Otros Hombres

Una Madre ¡Se Entera!

Querida María Regina:

Le diré que tengo ya tantos problemas que para mi la vida no tiene sentido. He averiguado que mi hijo mayor de diecinueve años está viviendo íntimamente con otro muchacho. Esto me ha dolido en lo más profundo de mi corazón, pues siempre le he dedicado mi vida y hemos tenido buena comunicación o por lo menos eso creía yo hasta ahora. No sé que ha pasado, ni en lo que yo he fallado. Él es un muchacho como ninguno, respetuoso, estudioso, considerado, cariñoso y físicamente muy guapo. Está en el cuarto año de la universidad y tiene un bello porvenir. Nunca he tenido problemas con élporque nos adora a todos. Aunque él disimula muy bien lo que está haciendo, yo me enteré por una carta que él escribió. Le tengo mucha confianza, pero sin embargo, temo hablarle del asunto, explicarle el daño que nos hace a mí, a su padre y sus hermanos. Tanto su padre como yo no sabemos que hacer, pero no queremos que eche su futuro por la borda. Sé que lo va a negar hasta su muerte, pero quiero ayudarle y que él comprenda la gravedad de lo que está haciendo. ¿Existe algún lugar donde yo pueda recurrir para que me orienten acerca de como yo puedo ayudarlo?

A.I.

ESTIMADA A.I.:

Comprendo que no es fácil aceptar lo que me cuenta en su carta, pero me alegra saber que siempre ha mantenido una buena relación con su hijo. Esto es un signo de que las cosas se pueden resolver bien entre ustedes. Su hijo sigue siendo un muchacho con un gran porvenir y usted no tiene que tomar el hecho de su orientación sexual como un desastre, aunque no haya sido lo que usted deseara para él. Pero imagínese, nosotros no tenemos control de las vidas de los demás. Su hijo sigue teniendo las mismas oportunidades de triunfar en la vida, aunque es cierto que, socialmente, la vida de las personas homosexuales es un poco más difícil. Concéntrese en las cosas positivas que tiene su hijo: respetuoso, cariñoso, estudioso, etc. Usted no puede dejar que las preferencias sexuales de él arruinen la relación tan buena que hay entre ustedes. Piense que esto es sólo una faceta de quien es él, y que todos sus otros aspectos en la vida seguirán como antes. Es más, lo único que ha cambiado es que usted se enteró ahora, pues probablemente su hijo es homosexual desde hace tiempo, en esa misma época en que usted no tenía queja de él. ¿Qué hubiera preferido usted? ¿No enterarse? No se preocupe por "el que dirán" y mucho menos piense que usted ha "fallado," en algo. Nadie ha "fallado," pues la decisión sexual de él es algo determinado por la naturaleza (aunque sobre esto hay discusiones científicas todavía). Cada uno de nosotros somos "únicos" y su hijo también lo es, no sólo en las cosas que ha logrado en su vida, sino también en su sexualidad. Nuestras inclinaciones sexuales son sólo un aspecto de nuestra personalidad. Si lo que usted quiere es ayudar a su hijo, muéstrese más comprensiva con él y mantenga abierta siempre esas líneas de comunicación que

ya existen. Recuerde que el verdadero amor consiste en aceptar a la persona tal y como es. No deje de querer a su hijo y recuerde también que el amor de su esposo hacia él es muy importante. Vera que si lo aceptan, no lo perderán.

El Incomprendido

Querida María Regin:

No voy a exponerle ningún trauma o problema, pues gracias a Dios no los tengo. Tan sólo quiero contarle mi pequeña historia con la esperanza de que ayude a quienes estén en la situación que yo confronté en el pasado. Soy un hombre homosexual y por tal razón mi padre me expulsó de la casa, no sin antes aplicarme un castigo disciplinario. Contaba con diecisiete años, pero afortunadamente no caí en los vicios a que se ven impulsados muchos jóvenes que se ven sin hogar en esa edad tan difícil. Durante algunos años, me lastimo la incomprensión y la falta de apoyo de algunos familiares y algunos llamados "amigos." Hoy sólo siento lástima por ellos, por su falta de tolerancia, amor filial y sentimientos humanos y cristianos. No les guardo rencor y me siento en paz conmigo mismo. Uno no pide venir al mundo ni escoge deliberadamente esa forma de sentir y ni Dios rechaza a ninguno de sus hijos por sus gustos o preferencias íntimas. Él aprecia los sentimientos que se anidan en el corazón de los seres humanos. Lo demás, son dogmas y sofismos de las diversas religiones y las iglesias que los sustentan. El pecado consiste en hacerle daño a otro ser humano en acción o pensamiento.

Un Alma Libre

Estimado Alma Libre:

Pienso que lo más importante en la vida—más importante que el dinero, la carrera o hasta el amor—es sentirse bien con uno mismo. Como usted bien dice, uno no pide nacer ni tampoco tiene

la oportunidad de elegir como quiere ser. Muchos padres, en vez de avergonzar a sus hijos por sus preferencias sexuales, deberían aconsejarles vivir con dignidad, evitar la promiscuidad y que pensar que uno vale por lo que es y no por el sexo de la persona que elija para tener relaciones íntimas. Nunca me cansaré de repetirle a los padres que tengan comunicación con sus hijos; si alguno resulta homosexual, no lo desprecien, ya que bastante tienen ellos con el rechazo social que deben enfrentar y al que, aun hoy día, a finales del siglo XX, se ven sometidos.

LLEGÓ LA HORA DE "SALIR DEL CLÓSET"

QUERIDA MARÍA REGINA:

Tengo un problema que me está volviendo loco. Soy homosexual y no sé como decírselo a mis padres. Durante años he podido esconder este secreto, ya que no parezco, ni actúo como la gente común piensa que actúan los homosexuales. Pero la situación se me ha complicado porque he conocido a un hombre muy bueno que quiere compartir su vida conmigo. He tenido una relación maravillosa con mis padres y siempre hemos sido muy unidos; ellos me visitan y me llaman con mucha frecuencia. Pero ahora, que este muchacho viene a vivir conmigo, me va a ser imposible seguir escondiendo mi secreto. Yo quiero mucho a mis padres y no quisiera que esto terminara una bella relación de tantos años. Pero al mismo tiempo quiero encaminar mi vida de acuerdo a mi forma de ser y me gustaría compartirla con esta persona de quien estoy enamorado. Como ve, estoy "entre la espada y la pared."

VÍCTOR

ESTIMADO VÍCTOR:

Me alegra saber que siempre has mantenido una buena relación con tus padres. Aún cuando ustedes sean muy cercanos, tienes que comprender que no va a ser fácil para ellos aceptar la noticia que les vas a dar. Es como un mundo nuevo que se abre antes ellos. O quizás no—¿no has pensado que ellos, que te conocen tan

bien, deben haberse dado cuenta de tu verdadera sexualidad? Tal vez ellos lo adivinan, pero sienten la misma pena de compartirlo contigo. Tu confesión les dará a ellos una oportunidad mayor para acercarse a ti y tú a ellos. Tienes que expresarles tus sentimientos con amor y con claridad para que ellos te puedan entender. Cuando lo hagas, se paciente y comprensivo. No trates de imponerles a tu compañero hasta que ellos no se acostumbren a la idea. No tengas miedo, los hijos siempre se quieren y yo creo que para tus padres tú estás por encima de todas las cosas. Tus preferencias sexuales son sólo una faceta de tu personalidad.

EL AMOR DE LOS PADRES SIEMPRE ES AMOR

QUERIDA MARÍA REGINA:

Desde hace diez años comparto mi vida con un americano que tiene mi misma edad (treinta y siete años). Soy cubano como las palmas y él se ha amoldado a mis amistades y a mi cultura cubana. Con sus padres no tengo problemas, pues son comprensivos de esta situación. Cuando vamos a casa de ellos, nos arreglan un sólo cuarto y dorminos en la misma cama. Vivimos en una casa propia de tres habitaciones y utilizamos un sólo cuarto con una sóla cama. Donde vivimos, nadie nos ha visto nunca como extraterrestres, como les sucede a otros amigos míos. Mi problema es que dentro de un mes llegan mis padres de visita de Cuba y no sé que hacer, pues ellos son bien tradicionales. Se vienen a quedar conmigo, o mejor dicho, con nosotros. No sé que hacer para que ellos no se sientan mal en nuestra casa. Mi amigo insiste en que sea franco y les cuente nuestra relación. Pero temo que reaccionen desfavorablemente debido a nuestra cultura latina, que como usted sabe le da la espalda a estos problemas y tiene una proyección distinta del mundo "gay," muy vulgar y despectiva. Por favor, dígame que debo hacer.

EL MAMBÍ

ESTIMADO MAMBÍ:

Como tus padres no conocen tu verdadera orientación sexual y vienen de un país donde el homosexualismo está tan mal visto y ha sido tan reprimido por el gobierno, es mejor que vayas poco a poco. Si vinieran a vivir contigo para siempre, mi consejo sería que fueras honesto con ellos—tal vez no desde el primer momento—y les dijeras la verdad. Ellos son entonces lo que tienen que tomar la decisión de aceptarte tal y como eres y seguir viviendo contigo o no aceptarte y buscarse otro lugar en donde vivir, o volver a Cuba. No puedes dejar de ser quien eres para acomodar a otras personas. Además, si te quieren, te aceptarán por lo que eres. Pero como sólo vienen de vacaciones, creo que debes ser un poco más discreto. Lo que tú quieres en estos momentos es que tus padres estén contentos y se vayan con un buen recuerdo tuyo. Tú no quieres que se sientan incómodos o que vayan a pasar un mal rato. Por ejemplo, el ser discreto consiste en dormir en cuartos separados, en controlarse en cuanto a los gestos de afecto en público, pero sin cambiar tu ritmo de vida. Si dentro de un ambiente de cierta formalidad, ellos van viendo cómo tú te comportas, poco a poco se darán cuenta, por sí mismos, de las cosas, sin ofenderse; verán que, aunque tú tienes preferencia afectiva por una persona de tu propio sexo, tu vida en otros sentidos, es muy normal y tan decente como la de ellos. Si al final de las vacaciones lo crees conveniente, entonces llénate de valor y cuéntales la verdad. ¡Lo que no me explico es porque has esperado tanto! Tu compañero es una persona muy afortunada por tener unos padres tan comprensivos. Suerte y sé paciente con tus padres. Tú no sabes cuando los vas a poder tener otra vez a tu lado.

EL GRAN SECRETO DE UN ESPOSO

QUERIDA MARÍA REGINA:

Soy un hombre mayor, con esposa e hijos, ya casados, pero me gustan los hombres. Siempre he tenido ese sentimiento, aunque esto ha ido aumentando con los años, pero sufro mucho porque no puedo desahogarme ni espiritual ni sexualmente en ese sentido. Conozco de otros hombres casados que tienen por ahí sus aventurillas homosexuales, pero a mí me da miedo ponerme a buscar pareja por temor a que me descubra mi familia. ¿Dígame que debo hacer?

ALFONSO

ESTIMADO ALFONSO:

Si, como dice en su carta, es usted una persona de cierta edad, ya debe llevar mucho tiempo con esta parte de su personalidad escondida y en tinieblas. Si ahora ha decidido sacarla a la luz, es mejor que vaya muy poco a poco. Usted no es el único hombre en el mundo al que le ha pasado esto. Tiene que llenarse de valor y poner en una balanza todo lo que ha logrado en el ámbito familiar y social y ver si está dispuesto a casi abandonarlo todo. Eso de llevar una doble vida a estas alturas no creo que le vaya a convenir emocionalmente, pues se pondrá más nervioso que feliz. Recuerde que ahora tendrá que empezar una nueva vida en un mundo desconocido, puesto que nunca se ha adentrado en el ambiente de los homosexuales. Busque el apoyo de una persona discreta y de mente abierta con la cual pueda examinar su situación. No estaría mal que consultara su problema con un sicólogo que le proporcionara alguna manera de lidiar con esa situación tan especial.

SIGA AL AMOR ... DONDEQUIERA QUE VAYA

QUERIDA MARÍA REGINA:

Recuerdo que, cuando tenía alrededor de ocho años, iba al cine y me atraía, aun a esa corta edad, ver a Tarzán semi desnudo. Sin saber describirlo, me daba cuenta que sentía algo raro dentro de mí y me decía que con el tiempo este sentimiento de atracción, de excitación y miedo desaparecería. Sin embargo, cuando cumplí los quince y vi que seguía igual, pensé que cambiaria a los dieciocho.

Pero al cumplir los dieciocho pensé que a los veinte sería como mis amigos de infancia, que eran totalmente diferentes a mí y hasta ya se estaban casando. Al llegar a la mayoría de edad, aquello tan enigmático era algo que bullía ante mí y no quería aceptar la realidad. Pero ocurrió que conocí a un muchacho de mi misma edad y me enamoré, con la misma pasión con la que mis amigos se enamoraban de las chicas. Con ese muchacho vine a este país, en el que ya llevamos veinte años. Con nuestro trabajo compramos casa y vivimos desahogadamente. Hace año y medio, a mi amigo su trabajo lo trasladó para Chicago; él me pidió que me mudara con él, pero yo no quise vender la casa y me quedé aquí. Él viene a verme tres veces al año. Resulta que ahora he conocido a un joven hondureño, veinte años más joven que yo, que dice que me quiere y me presiona para que me mude con él. Aquí esta mi dilema: al otro, ya lo veo como a un hermano o un primo y no me excita sexualmente, mientras que el hondureño me apasiona y me hace sentirme joven otra vez. ¿Qué hago?

LEMPIRA

ESTIMADO LEMPIRA:

¿Ha oído usted la frase "Escobita nueva siempre barre bien?" Yo creo que usted se encuentra en ese caso. Su comparación no es válida, pues no puede poner al mismo nivel la pasión de una relación que tiene ya veinte años con una que acaba de empezar. Todo al principio de la relación es fabuloso, tal parece que nunca antes habíamos experimentado algo tan perfecto. Sin embargo, sólo con el tiempo descubrimos que "no todo lo que brilla es oro." Con esto no le quiero decir que este muchacho de ahora no sirva, sino que piense bien las cosas antes de echar por la borda una relación estable y de tantos años. Usted no sabe con que cosa, con qué problema, le va a salir este muchacho de aquí a un tiempo. ¿Por qué nunca ha considerado vender la casa e irse a vivir a Chicago? Ésta seria una buena alternativa si cree que todavía siente algo por su compañero de tantos años. Aunque en esa relación no exista el fuego de antes, si parece haber respeto y

cariño, y eso es muy importante para que dos personas puedan vivir juntas felizmente. Si piensa que su antiguo compañero ya no le interesa, entonces es mejor que sea sincero con el para que ambos rehagan sus vidas al lado de otras personas. Suerte y piense muy bien lo que va hacer.

Una Equivocación que Puede Ser Fatal

Querida María Regina:

Soy estudiante de Medicina y tengo un buen amigo y compañero de estudios del cual estoy muy enamorado. El sabe que soy homosexual, pues yo se lo dije. Le he confesado que lo quiero mucho, no sólo como amigo sino también como hombre. Aunque él me dice que "no entra en eso," pero yo creo que sí, pues cada vez que lo veo está con algún homosexual al lado. Los celos me tienen desesperado. Él camina, conversa y hace deportes junto con otras muchachos y eso me hace sentir humillado, ya que él se cuida mucho de hablarme en público, ¡a mí, que soy mucho menos "loca" que todos los que andan con él! Debido al amor que le tengo, lo he complacido en todo y creo que, por eso, él es feliz con cualquiera menos conmigo. Quiero aclararle, María Regina, que yo soy muy reservado y no se me nota que soy homosexual. Me gustaría que me dijera que debo hacer, pues estoy sufriendo por ese gran amor que no se puede cumplir.

El Amante Humillado

Estimado Amante Humillado:

Yo creo que lo que sucede es que este muchacho conoce tus verdaderos sentimientos y por eso se le hace difícil tratarte, pues sabe lo que tú quieres con él. El que el sea de mente abierta, no significa que sea homosexual. Ni tampoco el que sea homosexual quiere decir que tenga que estar interesado en ti. A cualquier persona que no corresponde a los sentimientos que causa en la per-

sona que le ama, se le hace difícil tratar a esta, muchas veces por temor a infundir falsas esperanzas. Existe un viejo refrán que dice que debemos tratar al amor como a las aves: "Si amas algo, déjalo libre. Si vuelve a ti, es tuyo, si no vuelve, nunca lo fue." Desafortunadamente, no podemos tener todo lo que queremos. Que esta experiencia te sirva para no abrir tu corazón a quien no sabría reconocer su latido.

NO TODO ES LA APARIENCIA

QUERIDA MARÍA REGINA:

Tengo una sobrina a la cual quiero como a una hija. Ella está pensando casarse con un muchacho que me tiene bastante confundida, pues tiene un hermano homosexual y él mismo tiene gestos bastante afeminados. Le he llamado la atención a mi sobrina por este problema, pero ella me dice que, como el hermano es mayor, él le ha copiado algunos de sus gestos. El padre del muchacho es muy varonil y ha sido bastante mujeriego, pero la madre no es nada femenina. Mi pregunta es: ¿es la homosexualidad hereditaria? ¿está en los genes? Me siento muy triste pensando en los hijos que vendrán.

TÍA TRISTE

ESTIMADA TÍA TRISTE:

No podemos hablar nunca de cómo sea una persona en su interior a partir de sus gestos, pero no hay dudas de que muchas veces los manerismos pueden ser una indicación de un cierto gusto por las cosas femeninas. Sin embargo, es absolutamente cierto que las manías y los gestos son costumbres aprendidas. Existen muchos muchos hombres que tienen manerismos femeninos, que cualquiera diría que son homosexuales y, sin embargo, no lo son, ¡por el contrario, les encantan las mujeres y pueden ser hasta excelentes amantes! Hay varias teorías respecto al origen de la homosexualidad (que está en los genes, que es aprendida, que es

traumática, que es un desarrollo emocional interrumpido, que es una preferencia como cualquier otra, que se debe a una forma particular del cerebro, etc.), pero ninguna ha sido probada y yo creo que hay un poquito de verdad en todas esas hipótesis. Todos los factores que influyen sobre nuestra orientación sexual (que pueden ser categorizadas como biológicas, sicológicas y culturales), ejercen una influencia mútua unos sobre otros y todos, combinados, nos ayudan a seleccionar nuestra preferencia sexual. Si hasta ahora no ha habido una teoría única que sea capaz de explicar como se desarrolla nuestra orientación sexual, es porque los comportamientos y las emociones humanas son demasiado complejas para ser explicadas en una simple teoría. ¿Es posible describir de dónde sale el amor, por ejemplo? Lo que sí se sabe es que los cromosomas de las personas homosexuales y bisexuales son iguales en número y estructura a los cromosomas de las personas heterosexuales, lo cual ha ayudado a poner de lado totalmente la antigua y absurda explicación de la preferencia por personas del mismo sexo pertenece al mundo de las enfermedades. Tampoco se ha podido encontrar un gene que sea específico de los homosexuales, bisexuales o heterosexuales, aunque esto no quiere decir que no exista. Perdóneme que no le haya podido dar una respuesta más precisa a su preguntas, pero es que hay mucha información conflictiva sobre este tema.

Las Hijas de Lesbos

La Amistad por Encima de Todo

Querida María Regina:

El motivo por el cual le escribo es el siguiente: tengo una amiga a la que conocí en el colegio y a quien apreciaba mucho, y aunque a veces notaba en ella un comportamiento que me contrariaba, siempre fue conmigo como una hermana, muy cariñosa y considerada. Hace un mes se fue a otro país y me escribe cada semana. Ahora, a través de otras personas, me acabo de enterar de que mi amiga es lesbiana y me sentí muy mal al confirmarlo. Por ese motivo he dejado de comunicarme con ella, aunque creo que la veré pronto. Quisiera terminar de raíz con esta amistad, pero me parece que tal vez estoy siendo injusta, pues creo que ella necesita ayuda. Ella es una muchacha de veintidós años, de agradable presencia y con una buena profesión y posición social. ¿Hay alguna forma de ayudarla?

E.C.

ESTIMADA E.C.:

La mejor forma de ayudarla es continuar como amiga de ella, pues usted le haría un gran daño emocional si le deja de ver por el hecho de que sea lesbiana. Sus preferencias sexuales son un problema de ella y no tienen porque intervenir en el carino que tu puedes sentir por ella. Esa es sólo una faceta de su personalidad. ¿Te pelearías tú con alguien porque fumara, porque fuera de un partido político contrario al tuyo o porque no le gustaran los deportes? Si tu amiga te ha demostrado afecto y se ha mantenido respetuosa contigo, sería injusto que te alejaras de ella. Ya que han sido amigas por tanto tiempo, creo que lo más conveniente es que hables con ella y trates de expresarle tu punto de vista, para que vea que, sin pretender cambiarla, estás interesada en su provenir. No te sientas apenada y sé sincera. Quien sabe si desde hace tiempo está queriendo abrirse contigo y esto le da la oportunidad de compartir contigo algunas de sus preocupaciones. De esa forma ella sabe cual es tu posición y al mismo tiempo se va sentir con la confianza de poder contarte algún problema que tenga. Suerte y déjame saber como te fue.

UNA EXPERIENCIA NUEVA

QUERIDA MARÍA REGINA:

Durante años fui una mujer a quien mis amigas envidiaban por la clase de hombres tan guapos que salían conmigo, aunque le diré que todos ellos eran pura careta, pues ninguno me resultó bueno. Me casé dos veces y las dos veces fueron un desastre. Tanto como amante, como esposa o como novia, mi experiencia con los hombres ha sido tan funesta que desde hace un tiempo los estoy rechazando un poco. Ahora me ha sucedido una cosa única en mi vida: hace unos meses conocí en el gimnasio a una mujer de mi edad, también divorciada, de la que me he hecho muy buena amiga. El otro día, cuando teníamos unas copas de más, tuvimos una relación íntima, algo que no sé ni cómo ocurrió. No quiero ocultarle la verdad, pues esto es lo que más me preocupa: a mí me resultó agradable y me da miedo que de ahora en adelante esto me vaya a gustar. Yo no he hablado más con esa mujer, pero sé que en cuanto tenga oportunidad, la voy a ver otra vez y quién sabe lo que vuelva a pasar. María Regina, ¿será que me estaré volviendo lesbiana?

CONFUNDIDA

ESTIMADA CONFUNDIDA:

Yo creo que no es raro que si usted se ha sentido tan frustrada en sus relaciones con los hombres, le haya resultado satisfactoria esa relación íntima con esa amiga. Nadie "se vuelve lesbiana" de un momento a otro, como si fuera una cosa mágica, sino que usted ha respondido a una serie de ansiedades que tenía ocultas en su subconsciente, quien sabe desde cuándo. Yo le aconsejo que vaya a ver a un sicólogo para que le cuente su caso y puedan indagar en su pasado, en las raíces que provocaron en usted esa reacción tan especial. Yo no le digo que evite a esa amiga, pero sí que, cuando la vea de nuevo, trate de ver si usted se entrega a ella como producto de una seducción poderosa (quizás ella ha aprovechado su necesidad de amor y comprensión) o debido a un genuino deseo que proviene de usted. No hay dudas de que su mala historia con los hombres ha tenido que ver con esto, pero ¿no ha pensado usted que si ninguna de sus relaciones heterosexuales ha funcionado es, tal vez, porque usted misma las ha rechazado? Lo único que le puedo decir, es que, haga lo que haga, no

tiene usted de qué avergonzarse, pues lo que hizo fue abrirle la puerta a sus sentimientos más genuinos.

¡CUIDADO CON LOS VECINOS ... !

QUERIDA MARÍA REGINA:

Tengo treinta y siete años y desde que soy jovencita mantengo relaciones sexuales exclusivamente con mujeres, a pesar de que mis maneras, a primera vista, no dejan traducir ningún tipo de amaneramiento masculino. Hace unos meses me separé de mi compañera, con la que había vivido durante ocho años, y le confieso que estos han sido tiempos difíciles para mí. Pero mi vida se ha iluminado ahora, pues estoy perdidamente enamorada de una vecinita mía que tiene diecisiete años y a la que yo creo que le gustó. Sus padres son vecinos míos desde hace tiempo y a la chica yo la conozco desde pequeña, pero en los últimos dos años se ha convertido en una mujer preciosa. A mí me parece que ella "me está buscando," pero no puedo estar segura, pero ésa es la impresión que me da. Como ella me gusta con locura, el otro día que estuvo sóla en mi casa, por poco le dije algo, pero me contuve. ¿Qué usted cree que debo hacer?

J.T., LA ILUSIONADA

ESTIMADA J.T., LA ILUSIONADA:

En primer lugar le digo ¡mucho cuidado y póngase los frenos! Fíjese que esa niña es menor de edad de acuerdo a la ley y si usted actúa de una forma que la ofenda a ella o a los padres, la pueden llevar a usted ante las autoridades. Yo entiendo que se sienta confundida e ilusionada ante la actitud de la chica, pues a veces los jovencitos actúan—si saberlo ellos mismos, aunque a veces también con un poquitín de malicia—con cierto tono de seducción que puede hacerles surgir ideas a las personas que están cerca de ellos. No le niego que la niña a lo mejor está viendo surgir en ella

ciertas tendencias lesbianas y la busca a usted como una especie de modelo, pero recuerde, es una niña y usted se puede meter en tremendo lío por tratar de meter la mano en la candela. Además, es la hija de unos amigos que han puesto su confianza en usted. Yo creo que, en vez de acercarse, usted tiene que alejarse de ella, aunque sin hacer mucho revuelo. Usted lleva algún tiempo sóla y posiblemente está queriendo buscar una pareja, pero le recomiendo que busque alguien de su edad, o por lo menos no una chica que está por debajo de la edad legal y que es su vecina. Si la niña quiere ser lesbiana, que se inicie con otra persona, pues eso a usted le traería muchas complicaciones.

EVITE LOS "ACCIDENTES" DE TRABAJO

QUERIDA MARÍA REGINA:

Desde que tengo uso de razón soy lesbiana y nunca me he avergonzado de que me gusten las mujeres. Yo soy muy abierta en mis preferencias y no me oculto de nadie, aunque soy respetuosa con la forma en que piensan los demás, siempre y cuando sean respetuosos conmigo. Mi problema es que ahora me he enamorado perdidamente de una compañera de trabajo a quien no le gusto, pero a mí me parece que ha tenido relaciones con otras mujeres. Sin embargo, a mí me ha dicho varias veces que la deje tranquila, que ella no quiere tener nada conmigo. Pero mientras más me desprecia, más me enamoro yo. El otro día la sorprendí en el baño y traté de besarla, pero me despreció y hasta se rió de mí. Sueño con ella todas las noches, escribo su nombre donde quiera y ya he pensado hasta en ir a hablar con su esposo para decírselo. Como yo soy su jefa, hasta le he dado responsabilidades mayores y le subí el sueldo, pero no he logrado nada con esto. María Regina, ya hasta he perdido peso por esa mujer, de lo obsesionada que estoy con ella. ¿Qué me puede usted decir de esto?

ENAMORADA DE SU AMOR

ESTIMADA ENAMORADA DE SU AMOR:

Yo no creo que, teniendo usted un puesto de jefatura en su empresa, nunca haya oído hablar de algo que se llama "acoso sexual." ¿O cree usted que esa ley sólo aplica su castigo a los hombres que acosan a las mujeres, o a las mujeres que acosan a los hombres? Perdóneme, pero, aunque entiendo que está enamorada, eso es precisamente lo que está haciendo usted con esa mujer: acosándola. Dé gracias de que a ella no se le haya ocurrido todavía denunciarla o ponerle una demanda de dinero. Trate de controlar su obsesión e intente dirigirse a otras avenidas amorosas menos complicadas (dígale a sus amigas que le presenten a alguien, vaya a fiestas donde sepa que va a encontrar a otras lesbianas, etc.) Sin duda esta mujer no está interesada en usted, y eso de que usted "crea" que ella ha tenido relaciones con otras mujeres, no le da derecho a usted a molestarla. ¿Le gustaría que un hombre le hiciera a usted? Póngase los frenos y mantenga su dignidad en el trabajo. Deje tranquila a esa mujer desde mañana mismo y vea su pasión como una obsesión peligrosa.

UN HIJO PARA DOS MADRES

QUERIDA MARÍA REGINA:

Soy lesbiana y desde hace doce años vivo con una amante, con quien además, tengo instalado un negocio. Nosotras nos llevamos mejor que la mayoría de los matrimonios, nos gustamos y nos respetamos y queremos terminar juntas nuestras vidas. Tenemos una buena entrada de dinero, dos casas, un buen grupo de amistades y el respeto y el cariño de su familia y la mía (excepto mi padre, que nunca ha aprobado esta situación). Como las dos tenemos treinta y cinco años, hemos pensado que estamos en los últimos momentos de decidirnos por algo que ha sido un viejo sueño: tener un hijo de ambas, pero un hijo natural, no adoptado. Hemos analizado varias ideas para lograr esto, pero nos gustaría que usted nos diera su opinión sobre el asunto. Tenemos dos o tres amigos que están dispuestos a servirnos de padres del bebé. ¿Qué consejo nos puede dar?

ELVIRA Y LOLA

ESTIMADAS ELVIRA Y LOLA:

Las felicito por haber logrado una relación tan permanente y feliz. Lo que ustedes piensan hacer es bastante común hoy día entre las parejas de personas del mismo sexo. En el caso de las mujeres, es más sencillo que en el de los hombres que viven juntos y quieren tener un hijo, pues ustedes no tienen que contar con una mamá extraña a la familia. Yo creo que, si están dispuestas a hacerlo, es una buena idea, aunque también recuerden que hay muchos niños sin familia que necesitan un hogar. Hablen entre ustedes y con su médico y decidan cuál de ustedes dos es la más apropiada para llevar una criatura en sus entrañas durante nueve meses. Tal vez las dos los son, así que una puede tener un niño ahora y otra puede tener el "hermanito" después. Entre los amigos que se han ofrecido, seleccionen el que esté más saludable y aquel cuyas características físicas y espirituales les gustaría más para su hijo. Eso me parece mucho mejor que dirigirse a un banco de semen, en los que nunca he confiado mucho. Por lo menos en este caso, ustedes conocen a la persona que será el padre del niño. Como no creo que ninguna de ustedes dos quiera tener relaciones sexuales con el amigo, pueden recurrir a la inseminación artificial, pero háganlo en un ambiente profesional. Recuerden que también, como esto será un caso especial de embarazo, ustedes deben determinar antes una serie de cuestiones legales que, en caso de problemas futuros, hará más fácil determinar quién tiene la responsabilidad por la criatura: cuál es la madre legal, qué derechos tiene el padre, qué deberes, etc.

LA VIUDA QUE DESCUBRIÓ EL AMOR

QUERIDA MARÍA REGINA:

Al cabo de cincuenta y cinco años, tengo un dilema terrible en mi vida y me gustaría que me ayudara. Soy una mujer viuda, con hijos casados y nietos, los cuales me adoran y yo a ellos también. Mi esposo murió hace siete años, pero nunca nos comprendimos y vivimos una relación muy mala. Él siempre tenía sus queridas por ahí ya para mí hacer el amor era un sufrimiento. Yo siempre me sentí mucho mejor junto a las mujeres, pero no fue hasta hace cuatro años que tuve mi primera experiencia sexual con una de ellas (aparte de una que tuve antes de casarme). Aquello para mí fue como haber descubierto un mundo nuevo y aunque al principio me asustaba, después lo he llegado a disfrutar mucho. Y no hablo sólo de lo sexual, sino también de los otros aspectos: la conversación, la amistad, etc. Después de ése he tenido algunos otros encuentros íntimos con mujeres, pero eso se acabó hace un año, desde que conocí a otra señora, de mi misma edad y de la que estoy enamorada. Nuestra relación es lo mejor que he tenido en mi vida. Pero tengo un problema: yo tengo hijos y ellos no tienen la menor idea de que esta situación existe, pues para ellos yo soy la mamá y la abuelita sin necesidades íntimas (¡y mucho menos lesbiana!). Yo no sé qué pasaría si ellos se llegaran a enterar. Como yo vivo sóla y bastante amplia, pensamos que sería bueno que mi amiga se mudara conmigo (como una "roommate"), pero no sé si mis hijos aceptarían esto o si empezarían a sospechar. Yo soy independiente de ellos económicamente, pero no quiero ofenderlos ni que se pongan furiosos conmigo, pues eso destruiría mi vida. Por otro lado, con mi amiga estoy disfrutando de los mejores momentos de mi existencia. ¿Qué hago?

ROSA DE OTOÑO

ESTIMADA ROSA DE OTOÑO:

Yo creo que ya usted hizo bastante por sus hijos, pues fue una buena madre, sacrificó sus vida sentimental por ellos y les dio un hogar, a pesar de que usted sufría en ese hogar. Ahora que ellos crecieron y tienen sus vidas, tiene usted que darse un chance de ser feliz. Si su amiga y usted quieren mudarse juntas y tienen la posibilidad de hacerlo, háganlo. Claro, que en el caso suyo, debe

tener cierto cuidado especial, pues tal vez (como dice que no quiere ofender a sus hijos) no puede vivir como lesbiana tan abiertamente como otras mujeres que están menos comprometidas con su familia. Hay muchas mujeres que viven juntas y no tienen relaciones íntimas y nadie tiene que enterarse de lo que sucede cuando ustedes se quedan sólas en casa. Mantenga la apariencia de que son "roommates" teniendo dos dormitorios separados y no discutiendo nada privado delante de los demás. Cuando pase el tiempo y sus hijos vean que usted es feliz con este arreglo, si a caso se dan cuenta de cuál es la verdadera situación, posiblemente estarán contentos (aunque no lo hablen) de ver que usted vive con alguien que la hace feliz. Y si por el contrario, a ellos no les gusta el arreglo ... ¡mala suerte! Ninguno de ellos va a vivir su vida por usted.

Capítulo 16

Los Que Dejan y los Dejados

No hay nada más injusto que esa ley eterna del amor, según la cual siempre, en una relación, hay un "amado" o "amada" y otro que ama. ¡Qué desgracia que el amor no sea democrático, pero así es la vida! Yo creo que—aparte de que hay mucha gente descarada que no cumple sus compromisos y otros que se aprovechan de la necesidad de cariño de los demás—esa ley, la del amado y el amador, es lo que hace que tantas parejas se separen. Y aquí es donde viene el terrible problema de "los dejados."

Como comprenderán, todo es más fácil para el que deja. El que deja, deja porque ya no quiere o no está feliz en la relación. Sin embargo, el dejado sigue amando y a su manera se siente feliz, o digamos, "acomodado" en la relación. Además, ¿a quién le gusta ser dejado o rechazado por otra persona cuando nuestro ego está por el medio? Cada quien tiene una reacción diferente a esta situación. Están los que sufren, se arrodillan y hacen lo que tengan que hacer por evitar el final.

Otros, sin embargo, son orgullosos y antes de declararse perdidos, prefieren salir pretendiendo que después de todo era lo mejor para los dos. Soy de las que piensan que nadie está obligado a estar con nadie y que el amor es algo que no se puede forzar. El llorar y suplicar sólo hace que el que deja, en el mejor de los casos, sienta compasión por el dejado, y que encuentre aún más encantadora a la persona por la que ha decidido romper el matrimonio (cuando hay una tercera persona).

El sufrimiento de que a una la dejen es inenarrable, pero es parte de las experiencias de la vida. Si todo fuera un camino de rosas,

¿cuándo iba usted a aprender? Yo sé que no es fácil encontrar resignación ante la ida de ese ser que queríamos tener siempre a nuestro lado. Pero no olvide que es mejor siempre estar sóla o sólo que con mala compañía. La persona que abandona a otra sin razón—¡porque a veces la gente da razones suficientes para que los abandonemos!—lo iba a hacer más tarde o más temprano. Piense positivamente que es mejor que la separación, por dolorosa que sea, suceda ahora y no después, cuando los lazos son más fuertes.

Una "Dejada" Que No Se Resigna

QUERIDA MARÍA REGINA:

Después de catorce años de matrimonio y dos hijos mi esposo me acaba de decir que se quiere divorciar. Le lloré y le supliqué que no me dejara, pero por fin me admitió que tenía otra mujer. Estoy desesperada. Me le he arrodillado y no sé qué más hacer. ¿Cómo puedo hacer que me vuelva a querer? Me siento sóla y sin él no me interesa seguir viviendo.

ENAMORADA

ESTIMADA ENAMORADA:

Usted no está sóla, ya que tiene a sus dos hijos. Ellos sí merecen que usted siga viviendo. Dudo que en estos momentos pueda volver a recuperar el amor de su esposo. No le suplique, ni le llore más, ya que eso sólo empeora la situación y estoy segura que usted no quisiera que él regresara sólo por lástima. Es duro lo que le ha pasado y sé que se va a sentir sóla y triste, pero llénese de orgullo y trate de salir adelante. El tiempo es lo único que la hará olvidar. Concéntrese en hacer una vida nueva para usted y sus hijos.

Amigos Que Dañan

QUERIDA MARÍA REGINA:

Yo tenía "aparentemente" un matrimonio feliz para todo el que nos conocía. Un día nos dimos cuenta que no éramos felices y de mútuo acuerdo decidimos divorciarnos. Desde que nuestros amigos saben lo que ha pasado, todos los días alguien me llama para decirme lo bien que hice en dejar a mi esposo. Las historias que me han contado de él son increíbles. Yo quiero tener un divorcio amigable y no quiero oír más ninguna historia de él. Además, que ya no me interesan. ¿Qué hago con todos estos "amigos" que no son más que unos chismosos?

ESTELA

ESTIMADA ESTELA:

Cambia el teléfono y no se lo des a nadie excepto a tus verdaderos amigos, ya que esos que te están llamando no lo son. Seguramente que esos mismos que te dan tantos chismes, hasta ahora también se hacían pasar por amigos de tu esposo. Pero no pierden oportunidad de "hacer leña del árbol caído." Y la próxima vez que alguien te venga con un cuento le dices que no te interesa y que hay cosas más interesantes de qué hablar. Muy importante ... no les des la oportunidad de empezar un cuento, para que no te entre la tentación de oírlo.

Los Sorprendidos

QUERIDA MARÍA REGINA:

Mi esposa de quince años me ha dejado por un hombre que conoció hace dos semanas. Esto era algo que no me esperaba. ¿Cómo se pudo enamorar de él en tan corto tiempo? En nuestra relación no había problemas. Imagínese, que lo ha dejado todo, incluyendo a sus hijos. Sinceramente no creo que sepa lo que está haciendo. ¿Qué puedo hacer para que ella se de cuenta del error que está cometiendo?

VÍCTOR L.

ESTIMADO VÍCTOR:

No creo que en estos momentos pueda hacer nada. Nadie deja todo por alguien que acaba de conocer. Pienso que tal vez lo conocía desde antes sin que usted lo supiera, o algo la tenía tan desesperada que actuó precipitadamente. Aunque se está comportando de una manera muy irresponsable, sobre todo en lo que respecta a sus hijos, debe de haber estado muy infeliz con usted y con los problemas del matrimonio. Y me parece casi imposible que usted no se haya dado cuenta nunca de que esos problemas existían. Por ahora no le queda otro remedio que buscarse un abogado, y, por supuesto, darle a sus hijos el apoyo que no pueden encontrar en su madre.

Las Indecisas

QUERIDA MARÍA REGINA:

¿Por cuánto tiempo uno debe de tratar de mantener un matrimonio? Llevo casada once años y tengo treinta y ocho. Este es mi segundo matrimonio. Mi esposo tiene muy mal carácter y se pelea con todo el mundo. Yo he tratado de hablar con él en varias ocasiones, pero me ignora. Le he tratado de decir que tenemos problemas y debemos de buscar ayuda, y también me ignora. Yo creo que yo ya he hecho todo lo que está a mi alcance. ¿Qué cree usted?

MATILDE

ESTIMADA MATILDE:

Dée un ultimátum. Dígale que está muy descontenta en su matrimonio y que, o buscan ayuda profesional, o lo va a dejar. Lo tiene que forzar a buscar ayuda. Si la quiere y desea continuar en la relación, tratará de hacer algo por ella. Podría ocurrir también que no le interese conservar el matrimonio, y que por comodidad, o por no atreverse a decírselo, estuviera esperando a que sea usted quien decida abandonarlo. La mayoría de los hombres no suelen dar ese paso definitivo si no tienen entre manos otra mujer que se haga cargo de ellos, y mantienen una relación que nos les interesa emocionalmente por costumbre. Trate de averiguar si es ése su caso, y si es así, le aconsejo que se separe de él inmediatamente. Nadie tiene derecho a usar a otra persona de esa forma.

¿Por Qué No Decirlo?

QUERIDA MARÍA REGINA:

¿Cómo puedo decirle a mi esposa que me quiero divorciar? Tengo cuarenta y un años y ella treinta y dos. Llevamos nueve años de casados y tenemos dos hijos de diez y ocho años. He encontrado otra mujer con la cual quiero pasar el resto de mi vida, pero tengo miedo de hablar con mi esposa. No me interesa salvar mi matrimonio. Yo nunca la he querido. Sólo me casé con ella porque tenía dinero, salió embarazada y me amenazó que si no nos casábamos, nunca vería a mi hijo. Y por eso le escribo ahora. Tengo miedo que me diga lo mismo, ya que adoro a mis hijos y no puedo vivir sin ellos. ¿Cómo se lo digo?

M.M.

ESTIMADO M.M.:

Como ya usted me dijo que no quería salvar su matrimonio le voy a dar el siguiente consejo: Ella legalmente no puede hacer nada para que no los vea, pero sí le puede hacer la vida miserable a

usted y a sus hijos. No deje que se entere de esta relación, ya que esto empeoraría las cosas. Yo le diría a la otra mujer que por el momento no la puede ver más hasta que su divorcio sea final. No va a ser fácil, pero si la relación es sincera, dura hasta que las cosas se arreglen. Si trata de seguir en esta relación mientras sigue casado tiene más probabilidades de que su esposa de entere. Consulte a un abogado y hable con sus hijos. ¿Y cómo se lo dice a ella? Pues le dice que usted se casó con ella porque salió embarazada. Que no la quería entonces y que no la quiere ahora y además, su matrimonio nunca ha funcionado.

Ellos Dejan ... pero No Se Amarran

QUERIDA MARÍA REGINA:

Me estoy divorciando por otra mujer y ella quiere que en cuanto mi divorcio sea final, me case con ella. Yo quisiera esperar un poco. Yo la quiero y no veo la razón por qué hay que salir corriendo a firmar los papeles. ¿Qué hago?

OSCAR

ESTIMADO OSCAR:

¡¡Esperar!! Casi siempre cuando uno se divorcia por otra mujer, después de un tiempo se da cuenta que la relación no era lo que uno esperaba. Usted necesita tiempo antes de ir a otro matrimonio. Disfruten de esa relación ahora que no va a haber obstáculos que se interpongan entre ustedes. A veces lo que mantiene unida a una pareja son las dificultades que tienen que superar para encontrarse; es el atractivo de estar tomando algo prohibido. Pero, cuando esas trabas desaparecen, también se enfría el interés.

Abandonada y sin Palabras

QUERIDA MARÍA REGINA:

Tengo una niña de tres meses y mi esposo me acaba de dejar. Estoy muy deprimida y me preocupa mucho qué es lo que le voy a decir a mi hija cuando me pregunte por su papá. ¿Tiene algunas recomendaciones?

TANIA

ESTIMADA TANIA:

Aunque todavía falta un poco para ésto, le recomiendo que cuando llegue el momento le hable lo más honestamente posible. No lo haga en forma de tragedia, háblele de una forma en que ella la pueda entender. Dígaselo de una forma en que ella no piense que su padre la rechazó. Le dice que su padre y usted no se llevaban bien y decidieron vivir vidas separadas. Que fue muy triste para su papá, ya que él la quería mucho. Cuando tenga edad suficiente para comprender lo que pasó, si no es cierto lo que le dijo, de todas formas le va a agradecer siempre que la haya engañado para evitarle un sufrimiento.

Rabia de Amor ... ¿o de Despecho?

QUERIDA MARÍA REGINA:

Yo me siento muy deprimida. Después de cuarenta y cinco años de matrimonio me estoy divorciando. Mi esposo sale con mujeres más jóvenes que yo y eso me da una rabia tremenda. Por eso no le he querido dar el divorcio y llevamos cinco años de abogado en abogado. Creo que jamás se lo daré. Le voy a hacer pagar por lo mucho que estoy sufriendo. Se cree que me va a dejar en la calle y no se lo voy a permitir. Me he dedicado a hacerle la vida imposible y cada vez que lo veo, le formo un escándalo. ¿No cree usted que tengo razón suficiente para comportarme así? Mi hija me dice que estoy equivocada. Y usted, ¿qué cree?

TERESA MORALES

ESTIMADA TERESA:

Yo creo que usted está equivocada. Comprendo que le disguste el comportamiento de su esposo y es muy normal que después de tantos años de matrimonio usted espere que él la ayude económicamente. Pero, su carta está llena de odio. Está gastando energías positivas en algo que ya no tiene solución. No se rebaje con los escándalos, quiérase un poquito más y acabe de darle el divorcio. Verá que se va a sentir mejor. Nada que usted haga va a hacer que él regrese. Vea las cosas positivas que tiene en su vida y aprovéchelas. Quítese esa amargura y haga nuevas amistades. Usted se beneficiaría mucho si buscara ayuda profesional.

Un Camino Lleno de Esperanza

QUERIDA MARÍA REGINA:

Después de treinta y cinco años de matrimonio, mi esposo se fue con la sirvienta de la casa. Ahora ella está disfrutando de mi casa en la playa y de mi barco de cuarenta y dos pies. Estoy muy adolorida, pero me he propuesto salir adelante. Comprendo que no ganaría nada con amargarme por lo que me ha sucedido. Después de todo, yo disfruté los mejores años de mi esposo, y las alegrías que vivimos juntos no me las puede quitar nadie. Quiero empezar una nueva vida y dejar todo esto atrás. ¿Tiene algunas sugerencias?

ESPERANZADA

ESTIMADA ESPERANZADA:

Ante todo, quiero felicitarla. Usted posee el don más grande del mundo que es "el don del perdón." Hace muy bien en querer salir adelante en vez de amargarse la vida por algo que no tiene solución. Cuando una relación se acaba, la mejor receta que hay es llenar su vida con nuevas actividades siete días a la semana. Y *nunca* hacer hincapié en los aspectos negativos de lo que pasó. Haga una lista de todas las cosas que quiso hacer durante estos treinta y cinco años y hágalas. Ya no tiene que buscar la aprobación de nadie. Pase el tiempo con amigos y siéntase bien con usted misma. Y no se preocupe más por el "payaso" que se fue con la sirvienta. La felicito por una tan positiva actitud sobre la vida. Estoy segura de que saldrá adelante.

CAPÍTULO 17

Antes del Matrimonio

El matrimonio debe ser la coronación de un período de acercamiento y compenetración entre la pareja. Ese noviazgo, lleno de un romanticismo que muchas veces desaparece durante el matrimonio, es como un período de prueba donde la pareja—aparte de disfrutar de las fantasías típicas de los enamorados que no han vivido juntos—se va tanteando mutuamente, descubriendo sus metas comunes, sus diferencias, sus valores y sus defectos. Claro, esto es lo ideal ... y del dicho al hecho hay mucho trecho.

En muchas ocasiones, los novios pierden el tiempo de su noviazgo en puras boberías, sin intentar descubrir la verdadera personalidad, intereses y sentimientos, de quien, se supone, va a pasar la vida junto a ellos. Muchas veces, por no estar sólos y por el deseo de tener una familia y casarnos rápidamente, nos lanzamos a un noviazgo y, luego, a un matrimonio precipitado sin dedicar parte del tiempo a conocer a la otra persona.

Por otra parte, el noviazgo no es más que el preámbulo de lo que va a ser nuestra vida de casados y casi siempre lo que suceda en él es una especie de anticipación de cómo va a funcionar el matrimonio. Y, por una extraña ley, casi siempre los defectos que se ponen de manifiesto en el noviazgo, por desgracia empeoran durante el matrimonio . Por eso es muy importante conocer bien a la persona antes de dar un paso tan importante como ése, en el que se invierte tanto de nuestra vida fsica y espiritual. Hay que tener en cuenta antes del matrimonio—aunque esto parezca muy poco romántico—que el 50 por ciento de las parejas de divorcian y se estima que sólo el 25 por ciento de las parejas son realmente felices.

¿Qué son las cosas más importantes a tener en cuenta? Conocer bien a la familia del novio, ya que ésa también va a ser tu familia en el futuro. Sus amistades también son importantes. Si sus amigos son tomadores, usan drogas, son vagos o promiscuos, es muy probable que tu novio o novia sea por el estilo. Es esencial que su pareja sea una persona que demuestra su amor de muchas formas, no sólo sexualmente sino con palabras y con hechos, que sea alguien que le de apoyo moral y que sea consistente. Si te trata bien a ti, pero no a las demás personas, lo más probable es que, si no ahora, sí en un futuro te va a tratar mal a ti también.

Las personas que se van a casar tienen que prestarle mucha importancia a su voz interior, a ese instinto que, cuando descubre algo que no le gusta en la pareja, se pone en guardia, aún cuando la razón no lo procese. Pero no se sienta mal si usted es de las que han fallado en el matrimonio, pues eso es algo que pocos hacemos. Sea usted de quienes todavía están a tiempo de no cometer un error casándose con la persona equivocada, pues cuando esa "vocecita interior" susurra que algo está mal ... es porque está mal.

¿Qué Hay Más Allá del Altar?

QUERIDA MARÍA REGINA:

Llevo dos años de novio de una muchacha y queremos casarnos, pero ambos estamos un poco asustados con esas estadísticas de los muchos matrimonios que se divorcian. Además, hemos tenido amigos que se adoraban de novios, y no han durado ni seis meses de casados. ¡Nosotros no queremos que eso nos sucede! Por eso, antes de dar el paso definitivo, quiero estar seguro de que estamos haciendo lo correcto. A veces he pensado que sería mejor seguir de novios y no arriesgarnos a un compromiso tan serio. ¿Será que tal vez la institución del matrimonio no funciona en el mundo moderno? Como verá, estoy lleno de dudas y ansiedades, pero sí quiero a mi novia y ella a mí y desearíamos estar toda la vida juntos. ¿Habrá posibilidades de toda esta felicidad se nos eche a perder si tratamos de asegurarla con el matrimonio? ¿Cómo podemos estar seguros de al casarnos estamos haciendo lo correcto?

JORGE

ESTIMADO JORGE:

El matrimonio es, en parte, como dijo la mamá de Forrest Gump, el de la película, que era la vida: "una caja de chocolates: nunca sabes lo que te vas e encontrar." Desafortunadamente, no existe un cuestionario donde usted pueda saber si su matrimonio va a funcionar o no. Pero esto no lo debe hacer sentir mal o diferente, pues todo el mundo tiene esas mismas dudas antes de casarse. Así que no le queda otro remedio que correr el riesgo, una especie de "peligro" en el cual reside parte del encanto de una relación. Lo que más va a pesar en la relación es lo que ustedes se conozcan como individuos y lo mucho que se amen. El amor es muy importante, pues les va a dar comprensión, tolerancia y paciencia para soportar, en la pareja, cosas que no se aguantarían a otras personas; y el conocimiento de cada uno es esencial, pues así saben cómo la otra persona reacciona a determinadas cosas, qué es lo que la hace feliz y qué lo que la hace miserable. Así y todo el primer año está lleno de sorpresas ... como la caja de chocolates. Yo creo que el amor crece con la amistad y si ustedes tiene esa amistad, entonces van por el camino correcto.

Dos Mundos Diferentes

QUERIDA MARÍA REGINA:

Tengo un novio con el que quiero casarme, pues nos amamos y pienso que es la persona con quien me gustaría pasar la vida. Pero a veces no sé que hacer, pues somos tan diferentes que temo que no podamos entendernos en una relación larga. El es un poco alocado, ligeramente irresponsable, fuma, toma más de la cuenta y a mí eso no me agrada. En cambio, yo soy tranquila, no tengo ningún vicio y me gusta llevar una vida ordenada. El se ríe y dice que lo que me hace falta es un poquito de la "locura" de él para disfrutar la vida. También, a veces discutimos porque él es mujeriego (más bien yo diría, "supercoqueto"). Le gustan todas las mujeres, aunque dice que como yo no hay dos ... Me ha prometido cambiar y aunque lo quiero con adoración, no se si casarme con él. ¿Qué me recomienda que haga?

PREOCUPADA

ESTIMADA PREOCUPADA:

No voy a andarme por las ramas y te daré mi consejo en cinco palabras: no te cases con él. Si ahora de novio se comporta así, prepárate para cuando se casen. Parece que es de estos tipos que cautivan con su forma de ser excitante, pero déjame decirte que esos, si bien de novios pueden ser divertidos, de maridos son un desastre. A mí me da la clara impresión de alguien que continuara alocado, fumador, vicioso y mujeriego, con todas estas características aumentando a medida que pasen los años. ¡Todavía estas a tiempo de no cometer el error! No te dejes llevar por el enamoramiento y hazte a ti misma el favor de ahorrarte bastante sufrimiento en el futuro.

Ella Tiene "Dos" Novios ...

QUERIDA MARÍA REGINA:

Tengo veintitrés años y mi novio veinticinco. Los dos estudiamos—nos conocimos precisamente en la universidad—y nos pensamos casar el año entrante. Mi novio me desconcierta mucho, pues delante de la gente tiene tremenda personalidad: es conversador, agradable, simpático y se ve muy seguro de sí mismo. A mis padres y a mis amigos les encanta por ser así. Sin embargo, cuando estamos sólos se desdobla como otra persona: es penoso, inseguro y se comporta de una manera más adulta, pero también menos divertida. Claro, en cualquiera de sus dos "personalidades" siempre demuestra quererme y ser considerado conmigo. Pero cuando lo veo cómo es cuando está a sólas, siento como que me tiene miedo y eso me saca de mis casillas. Quiero saber su opinión.

JULIA

ESTIMADA JULIA:

Todas las personas tenemos nuestros estados de ánimo diferentes y nos comportamos de manera distinta de acuerdo al ambiente en que estemos. Posiblemente su novio, cuando está a sólas con usted, es más "él," es decir, es más genuino, pues puede que su verdadera personalidad sea más retraída que lo que demuestra en público. Tal vez él, que la quiere y sabe que usted lo quiere, se siente con más confianza con usted como para manifestarse como realmente es, sin tener que caerle bien a nadie. Por otro lado, a lo mejor usted lo intimida y está haciendo algo que lo pone nervioso. Si usted lo quiere, estése tranquila. Deje que sea él mismo siempre, que se exprese como quiera ser (con tal de que siempre lo haga con amor) y no trate de controlarlo o de quererlo forzar a ser de la manera que usted quiere que sea.

¡A la Segunda Va la Vencida!

QUERIDA MARÍA REGINA:

¡Estoy que no duermo por las noches debido a que me voy a casar por segunda vez! Mi novio y futuro esposo es un señor que también ha estado casado. Hace ya unos cinco años que nos conocemos, y no habíamos dado el paso por miedo a fracasar de nuevo. Nuestras relaciones anteriores no fueron exitosas y él sufrió con su mujer anterior como yo sufrí con mi primer esposo. Ninguno de los dos queremos que nos vuelva a suceder lo mismo y creo que podemos lograrlo, pues nos queremos, nos llevamos bien y nos respetamos mucho. Pero tengo tres hijos y no quisiera, en ningún momento, darles un mal ejemplo con un matrimonio que sea un desastre. ¡Ya bastante tuve con el primero! Como a mi novio le pasa lo mismo, decidimos consultarlo con usted. ¿Cree usted que podremos triunfar? ¿Qué piensa usted de las personas que deciden casarse por segunda vez?

LORENA P.

ESTIMADA LORENA P.:

Un segundo matrimonio puede, en muchas ocasiones, ser considerado como un "primer matrimonio" si se considera que el primero fue lo que se llama una "arrancada en falso," una de esas relaciones que lo único que tienen de bueno es la experiencia que nos dan para no volver a tropezar con las mismas piedras. Pero el haber pasado por una mala experiencia matrimonial no influye para nada (¡pero para nada!) en el éxito de la segunda. Es más, yo conozco varios casos de mujeres y hombres que, después de un breve y tormentoso primer matrimonio cuando eran jóvenes, se han vuelto a casar y han estado en matrimonios felices durante el resto de sus vidas. Todo depende de ustedes y de las ganas que tengan de hacer que esta relación funcione. Como le dije, la mayoría de las personas aprenden de sus experiencias anteriores (aunque otras no aprenden nada) y usted debe ver su primera relación como una universidad que le hará más fácil poder tener, esta vez, un matrimonio feliz. Por lo general, las personas que están en segundos matrimonios se comunican mejor y son más sinceras expresando sus sentimientos. No se guíe por el elevado índice de divorcios, pues los divorciados acaban casándose de nuevo en busca de un nuevo amor. Una gran cantidad de ellos, por su experiencia, triunfan en su nueva unión. Si ustedes se han conocido ya durante cinco años, eso es bastante tiempo para llegar a conocer una persona bien. Si hasta ahora se han comprendido y se sienten bien juntos, yo no veo porque las cosas van a ser diferentes una vez que firmen el "papelito." Si se

proponen que van a ser felices y le van a dar un buen ejemplo a sus hijos, ¡estoy segura de que su matrimonio va a ser un éxito rotundo! El secreto de un relación perdurable es que las dos personas estén decididas, contra vientos y mareas, a hacerla funcionar ... y yo creo que usted está dispuesta a eso.

Enamorado ... pero No Gasta un Centavo

Querida María Regina:

Mi novio tiene un magnífico trabajo, pero sin embargo, jamás me compra nada que valga la pena. Dice que eso lo deja para cuando nos casemos, pero a mí me gusta que en mi cumpleaños y en Navidades me regale algo bueno. No estoy con él por el dinero, pues antes de conocerlo tuve un pretendiente rico y sin embargo no quise nada con él. Pero, María Regina, ya estoy cansada de los perfumitos baratos del pulguero y las cajas de chocolate que venden en especial. Pocas veces salimos a cenar y siempre busca una excusa para hacerlo en casa (claro, en mi casa, no en la de él, pues así no le cuesta nada). Nuestras únicas salidas a "comer fuera," si así puede llamarse a eso, son al Burger King o algún lugar de comidas rápidas donde estén dando un especial de dos por uno. Por si esto fuera poco, tampoco me lleva a las discotecas, y la razón que me da es dice que yo soy una dama y que esos lugares no son apropiados para las mujeres decentes. Ya llevamos un año de novios y, después de ver cómo es el, se me han quitado las ganas de casarme. Sin embargo, no puedo negar que me gusta muchísimo y que en los otros aspectos de su vida no tengo quejas. ¿Cree que hago mal en estar reconsiderando unirme a él definitivamente?

E.P.

Estimada E.P.:

Claro que no haces mal en poner en duda una relación con un

hombre tan ridículamente tacaño y si ya se te quitaron las ganas de casarte con él—cosa de la que no te culpo—no lo hagas. Ese tipo de persona, jamás cambiara sus hábitos de ahorrar a toda costa y posiblemente con el tiempo se pondrá peor. Cuando los hombres enamoran a las mujeres, siempre están tratando de impresionarlas, así que si ahora te compra los regalos en el pulguero, ¡imagínate como sera la cosa después! Tú dices que te quiere, pero ¿hasta qué punto es válido el amor de una persona que no se sacrifica un poco por complacerte, que no se sale de sus hábitos de ahorro para tener una atención contigo? Yo no digo que te tenga que regalar cosas (ni eso es lo que tú quiere tampoco), pero ese exceso de tacañería pone de manifiesto a una persona muy egoísta que sólo es capaz de pensar en él. Además, las excusas que te inventa para no meter la mano en su bolsillo son dignas de un inveterado mentiroso. Yo creo que, aunque te guste, tú harías mejor dejándolo y buscándote otro partido que te demostrara un poco más el valor que tienes para él.

Machismo a la Vista

QUERIDA MARÍA REGINA:

Tengo veintidós años y desde hace tres mantengo relaciones con un joven con el que espero casarme. Pero tenemos problemas que hacen que discutamos constantemente, especialmente el hecho que yo deseo salir a trabajar y a estudiar, pero él no me deja. Yo quisiera seguir una carrera para tener mi propia profesión, pero él dice que, cuando nos casemos, el que va a trabajar es él. Hasta ahora me lo ha tratado de decir con mucho cariño, pero yo sé que está decidido a que yo me quede en la casa, atendiendo la cocina y los niños que tengamos. A mí no me gusta la idea de quedarme en la casa todo el día limpiando y cocinando, pues en mi familia mi madre siempre fue una mujer muy de avanzada, criándome a mí y desarrollando su carrera de maestra. Yo no me quiero sentir como una inútil, sino ser una mujer realizada y no creo que, con el carácter que tengo, las labores del hogar me satisfagan. Mi novio está renuente a eso y por eso discutimos. A mí esta situación me tiene nerviosa, pues lo quiero, pero tampoco voy a convertirme en su "muñequita." ¿Qué puedo hacer? Temo que si hago lo contrario de lo que me dice lo voy a perder.

C.M.

ESTIMADA C.M.:

Ten en cuenta que muchos de los conflictos que se presentan en el matrimonio aparecen enmascarados durante el noviazgo, y yo creo que tú todavía estás a tiempo de darte cuenta de lo que te espera cuando te cases. No quiero que te sucede lo que le pasa a tantas mujeres que se casan: tienen los problemas ahí, en sus narices, pero optan por ignorarlos. Si el noviazgo es un preámbulo de como va a ser nuestra vida matrimonial, en tu caso debes considerar que, si ahora de novios tú y tu prometido se llevan como el "perro y el gato," ¡cuando se casen eso sera la batalla de Waterloo! ¡Y ojalá que tú no te conviertas en el Napoleón de esa batalla! Imagínate como será la cosa una vez que hayas firmado el "papelito." Vivirás en la prisión que él quiere mantener para ti, como en una jaula de cristal. No quiero que esto salga de tu mente: tu novio es un abusador en potencia y se va a poner peor cuando se case contigo, pues este tipo de hombres piensa que, después de casarse, ya tienen a la mujer atrapada. Él no quiere que salgas a trabajar o a estudiar para poder controlarte. No te creas ni por un momento que él te esta haciendo un favor con no dejarte trabajar, pues lo que tu novio quiere es que te vuelvas completamente dependiente de él para así poderte manipular a su manera. Este muchacho, aunque parezca muy viril, debe ser una persona muy, pero muy insegura. ¿Qué puedes hacer? Lo primero, inscribirte en el colegio y buscarte un trabajo, hacer algo para mantener en tu vida esa misma independencia con que vivía tu mamá. Hay demasiados hombres en este mundo para que tú, una mujer moderna, con un espíritu libre, te conformes con uno que es un "dictador." Jamás podrás llegar a ser lo que tu quieres al lado de una persona así,

sino que por el contrario, vas a sufrir y a ver todas tus metas frustradas. ¡Él acabará por destruirte moralmente, así que záfate de eso antes que sea demasiado tarde!

Una Madre Se Preocupa

QUERIDA MARÍA REGINA:

Mi hija mayor es una profesional de diecinueve años y desde hace tres años es novia de un muchacho menos educado que ella. La forma en que él la trata nos duele a toda la familia, pues en mi casa no estamos acostumbrados a ese tipo de trato. Si van a salir, él busca cualquier excusa para retrasar la salida y enojarla. Si ella dice que algo es bonito, él le dice "trabaja y cómpratelo." Jamás tiene nada agradable que decirle. ¡En fin, que es un bestia y si se cae ... come hierba! Además, es un abusador con las cosas de la casa. Como siempre está a dieta, las verduras y ensaladas que tengo las usa mi hija para prepararle sus comidas. ¡Yo no tengo tanto como para que él se compre una semana su comida y viva el resto del mes comiéndose la mía! Como ya llevan tres años de novios, se ha hablado de matrimonio y ya hasta el padre de él vino a pedirla. Mi consulta es la siguiente: ¿Debo decirle a él que no apruebo su trato ni su conducta con mi hija o debo dejar que la humille porque eso es cosa de ella? Ellos piensan casarse dentro de dos meses. ¿Debo decirle que compre su comida o debo esperar estos pocos meses? ¡Figúrese que ya lleva dos años o más comiendo de mi refrigerador! Tengo miedo que él sea un patán aprovechador o abusador que mañana puede pegarle a mi hija. ¡Es tan duro escuchar como la humilla y la trata mal! Ella es una muchacha encantadora que ha estudiado en los mejores colegios y universidades, pero siempre fue tímida y yo creo que él se ha aprovechado de esto. ¡Ayúdeme!

UNA MADRE ANGUSTIADA

ESTIMADA MADRE ANGUSTIADA:

Comprendo su dilema y creo que tiene mucha razón para estar

preocupada. Ese muchacho tiene todas las características de ser un abusador, pero, aunque me duela decirlo, tengo que admitir que el problema, más que en el novio de su hija, radica en la poca autoestimación que su hija tiene de ella misma. Él lo sabe y se aprovecha de esto, destruyéndole aún más su amor propio. Usted podrá decirle lo que quiera, pero él no va a cambiar, y además corre el riesgo de empeorar las relaciones con su hija, pues en estos momentos ella está ciega con él. En este momento es importante que mantenga una buena relación con ella para que este receptiva a cualquier sugerencia que usted le haga. Referente a la comida, si lo ha permitido por tres años, dos meses más se puede soportar. Lo esencial aquí es hacer para que su hija abra los ojos y no se case con él, pero hay que hacerlo con mucho cuidado. Desafortunadamente, la madre es casi siempre la persona menos adecuada para eso. ¿Qué tal una amiga en quien ella confíe y que hable con ella? ¿Tal vez si, como quien no quiere la cosa, usted permite que ella vea algunas de las desconsideraciones de su novio? Hay "truquitos" que pueden funcionar. Aunque, sinceramente, es poco lo que puede hacer ya que estoy segura que en estos tres años usted ha tratado, por todos los medios de que esta relación termine. Expresar una opinión es una cosa e insistir en que la acepten es otra. Lo que puede hacer para no perder la confianza de su hija es apoyarla en todo momento. Ella necesita toda la información que usted le pueda dar. Ayúdela a trabajar en su autoestimación, enséñela a que descubra sus magníficas condiciones y que vea cómo su novio no considera esos valores. Hágale ver a ella lo que vale como persona. Ella sóla puede cambiarse a si misma y para eso tiene que verse de otra forma. Una terapia la podría ayudar a sentirse una persona valiosa. Pero tratar de cambiar al muchacho o de enfrentar a su hija con él es una mala estrategia.

CAPÍTULO 18

Lo Quiero . . . ¡Pero Me Vuelve Loca!

Hay quienes, por quejarse, se quejan de todo. Y muchas veces no saben que, por quejarse en demasía, se pone en peligro una relación. Sin embargo, la queja es un instrumento eficiente para medir cómo va el desarrollo de una relación. Si usted se queja mucho y de muchas cosas, sin duda que su relación con su pareja le está dejando mucho que desear.

Como la vida en pareja es una relación tan íntima—la más íntima de todas las relaciones humanas—los miembros de un dúo amoroso tienen numerosas actividades en común como para que, naturalmente, surjan oportunidades en la cuales quejarse unos de otros. No hay nada de malo en quejarse, siempre que sea con una razón y con un objetivo. La queja—ya sea de cómo come él, del carácter de ella, de lo tacaño que es el marido, de lo malgeniosa que es la mujer—puede dar lugar a que la pareja se vaya conociendo, a que vaya reconociendo las cosas en que están actuando mal, a que vaya arreglando aquellos aspectos del carácter o el comportamiento que no son del agrado de su otra mitad.

Cuando se tiene una queja de la pareja no es conveniente ventilarla con otra persona, sino con la pareja misma; ésa es la única manera de resolverla. Igualmente, la queja debe ser expresada de forma más o menos inmediata a cuando se produzca la actitud que la causa, porque si pasa mucho tiempo, no va a tener efectividad; es decir, ¿cómo se va a quejar usted a su marido de que él mira demasiado a las mujeres, cuando lleva haciéndolo diez años y usted nunca se lo había dicho? Por otra parte, la queja debe ser formulada en privado, en tono agradable y sin afán de crítica, sino como algo que debe ser superado para que la relación funcione mejor. Aunque, a decir verdad, algunos de los casos que presento a continuación, son de ese tipo de quejas para las que ni el médico chino tendrían solución . . .

No Da ni Dice Dónde Hay

QUERIDA MARÍA REGINA:

Me casé con un hombre sumamente hogareño, ¡pero extremadamente tacaño! Mi experiencia con él ha sido horrorosa. Cuando salimos a hacer nuestras diligencias, puede pasar la hora del almuerzo y no se conmueve a sacar el dinero de su bolsillo para comer. Llegan las principales épocas del años y no se digna en gastar ni un centavo, ni siquiera en cosas para el hogar. Yo sé que él me esconde el dinero que gana, pero cuando le he planteado estos problemas, no quiere reconocer nada. Puede haber la necesidad más grande en la casa que lo esencial para él es ser tacaño en todo momento. Nunca le da un cinco a ningún mendigo y siempre está haciendo planes para tener más dinero. Lo peor de todo esto es que en el amor es igual: tan avaro como con su dinero, no da ni dice donde hay. Tengo que esperar que a él le dé la gana—cuando le da la gana—para que me abrace o tenga contacto con mi cuerpo. En lo íntimo, sólo se preocupa de satisfacerse él y a mí siempre me deja "con las ganas." Si hace cualquier trabajo independiente (que por esto él cobra) siempre me niega la cantidad que le pagan. Estoy cansada de su tacañería, de su forma de ser en general, y lo estoy empezando a ver con un poco de odio. Yo sé que al fin y al cabo terminará sólo, pues por mucho que lo quiera una mujer (como yo lo quise) siempre se va a cansar de vivir con un hombre que se preocupa más por guardar dinero que por ser feliz. Este marido mío—que no creo lo va a ser por mucho tiempo más—aunque tenga una mujer perfecta a su lado, la perderá por ser tan *tacaño* . . .

CANSADA DE LA TACAÑERÍA

ESTIMADA CANSADA DE LA TACAÑERÍA:

Tal vez algunas personas no van a estar de acuerdo conmigo, pero yo siempre he pensado que la forma que una persona gasta el dinero es un reflejo de su propia forma de ser emocional. El que es tacaño con su plata y se muestra reacio a compartir, también lo es a la hora de darle amor a una persona. El dinero puede llegar a convertirse en un problema bastante grave en una relación. Las estadísticas lo dicen: en el 90 por ciento de los divorcios el dinero es un factor crucial. Yo creo que dos tacaños pueden llevarse bien, lo mismo que dos manirrotos, pero que si no se comparte la misma actitud, la relación matrimonial va a ser un fracaso. Mi experiencia en el campo de los consejos me ha mostrado que las mujeres normales que se casan con hombres tacaños (y viceversa, aunque casi siempre es él el tacaño), tarde o temprano terminan rechazando a su pareja. Esto es algo de la personalidad de su esposo que tal vez procede de su infancia o su juventud, o quizás él es egoísta de nacimiento, pero no creo que vaya a cambiar, y usted va a tener que aceptarlo así como es si quiere continuar a su lado. Sinceramente, dudo mucho que lo pueda cambiar a estas alturas, por mucho que usted trate de hacer entender. Pero lo peor de todo, es el hambre de amor en qué él la tiene, la avaricia de cariño en que ese hombre vive. Eso no puede hacerla feliz, por supuesto, y creo que va a empeorar con el tiempo y va a llegarla a hacer sentir muy mal. No me dice en su carta si usted trabaja o si tiene su propio ingreso. Si no lo tiene, le aconsejo,que vaya buscando algo que hacer para que así no tenga que depender de un hombre con el que se le hace difícil vivir a cualquier persona que tenga un gramo de generosidad y un poco de autoestima. La próxima vez que salgan a hacer diligencias y a usted le entren deseos de comer, cómprese su propia comida y déjelo a él pasando hambre. El que por su gusto muere, la muerte le sabe a gloria. Pero usted no debe permitir que su vida siga siendo ensombrecida por una persona así.

¡A Callar a Sus Gallinas!

Querida María Regina:

Tengo un problema que se ha convertido en un gran complicación en mi vida: mi pareja no me deja abrir la boca cuando estamos compartiendo con nuestras amistades. Si estamos en medio de una conversación en la que él tiene la palabra y a mí se me ocurre recordarle algo—algo tan sencillo como hacer un comentario jocoso o añadir algo de mi cosecha—se enfurece, me regaña como si yo fuera una niña chiquita y me hace pasar una vergüenza tremenda delante de las demás personas. No resiste perder ser el centro de atracción y mucho menos por culpa mía, y me dice que sólo lo hago por interrumpirlo. Hace unos días, como parte de una conversación, se me ocurrió decir que él era diecséis años mayor que yo (cosa que es cierta). ¡Para qué fue aquello! Bueno, pues sin venir al caso y como por venganza dijo que yo pesaba ciento ochenta libras (lo cual es incierto). Cada vez que tengo una opinión diferente a la de él, ¡si usted viera cómo se pone! Se acalora, el rostro se le pone rojo y deja de hablarme por días. Y cuando le da por pelear . . . no hay como callarlo. Yo soy una mujer profesional, independiente y liberada. Sinceramente me parece imposible que a estas alturas de mi vida—tengo treinta y dos años y él cuarenta y ocho—yo vaya a cambiar mi personalidad y convertirme de un momento a otro en una mujer sumisa, como parece que es lo que él desea. De la misma forma, le digo que él tiene otras buenas cualidades y que nos gustamos sexualmente. ¡Pero esta situación que le conté le resta atractivo a todo lo otro! ¿Qué puedo hacer? Créame que cada día entiendo más como se sentía Lorena Bobbitt momentos antes de . . . bueno, ya usted sabe.

Una Amiga Opinionada

Estimada Amiga Opinionada:

Le faltó contarme algunos detalles de la relación, como por ejemplo, el tiempo que lleva al lado de este señor. Si usted lo ama

y quiere tratar de encontrarle una solución al problema antes de separarse, usted tiene que hacerle comprender a él que dos personas se pueden querer muchísimo y a la vez tener opiniones diferentes. Además, cuando una mujer pierde su individualidad se siente resentida y deprimida y a la larga esto arruina cualquier relación. Yo creo que en la suya eso está a punto de suceder, a menos que él reaccione. Explíquele que—además de que ustedes están en un país libre y que cada cual tiene derecho a dar su opinión—en una relación saludable cada quien respeta lo que piensa el otro. Por otra parte, a mí me parece mucho más ameno y excitante estar con alguien que siempre tiene algo que decir—mientras esto no sean boberías y lo que dice viene al caso—que con una persona que es una especie de sombra. A los cuarenta y ocho años, ese hombre no está en edad de comportarse como un jovencito, pues su actitud lo que revela es una gran inmadurez sentimental e intelectual. No sé por qué, pero me da la impresión que le molesta mucho que le descubran su edad y por eso se desquitó en esa ocasión haciéndola quedar como "gorda" delante de sus amistades. ¿No será que él, al sentirse mucho mayor que usted, tiene necesidad de demostrar que él es más capaz que usted en lo que se refiere a las ideas? ¿Qué esa es su forma de decir, "Ella será una jovencita, pero miren, yo sé más que ella?" Yo creo que si se quieren, usted debe de darle menos importancia a las cosas que él le dice que no haga. Sígalas haciendo de todos modos, pero no se incomode con él. No le consejo que usted abandone su personalidad chistosa y conversadora para convertirse en una mujer sumisa y sin opinión. Además, si él está con usted, es porque le gusta la forma en que es usted. Posiblemente, si usted no expresara sus opiniones, él se aburriría muchísimo. Vigile esa situación y si empeora aún después de usted haber hablado con él, será hora de ir pensando en buscarte otra pareja.

Él Que No Quiere "Genios" en Casa

QUERIDA MARÍA REGINA:

Mi caso es muy singular: llevo diez años de casado con una mujer "autoproclamada" genio. Al menos eso se cree ella (aunque no puedo negar que se ha ganado competencias de conocimientos generales y tiene un coeficiente de inteligencia más alto de lo normal). De todo sabe, todo lo remedia, a todos aconseja ... y en todo se mete, valiéndose de "lo que sabe." En más de una ocasión se ha metido en líos por su "bocota aconsejadora," pero lo más bonito del caso es que, cuando ella se mete en esos días, soy yo el que paga los platos rotos por no sacarle las castañas del fuego. Mire, yo tengo dos trabajos y aunque no me gusta trabajar tanto, lo hago para no estar mucho tiempo oyéndola con sus autoelogios y para no quedarme a su merced. No le digo que yo soy la última Coca-Cola en el desierto, pero creo que soy un hombre hábil, inteligente y que resuelve. Sin embargo, nada de lo que hago le gusta a ella. Yo la comparo con un radio viejo, el cual suena mal y nadie sabe como apagarlo. No pido consejo para mí, porque creo no tener problemas (¡como no sea estar casado con ella!), sino pido consejos para ella. Por favor, María Regina, déle alguna orientación a esta mujer mía. Quizás con su ayuda, usted esté salvándole, más que el matrimonio, su propio pellejo, pues le juro que hay veces en que quisiera arrancárselo (y yo no soy el único que se siente así).

ABURRIDO

ESTIMADO ABURRIDO:

Su esposa además de tener un problema de la personalidad se siente terriblemente insegura. Lo de ser "genio" ni ella misma se lo cree. Todo es un frente para ocultar su poca falta de autoestimación. Además muchas personas reaccionan ante la ansiedad y el nerviosismo con acciones bucales (comiendo, fumando o hablando en exceso). El frenesí verbal de su esposa puede deberse a que ella trata, de este modo, compensar su inseguridad. Usted no

está encadenado a su esposa. Si tan aburrido está de ella, por qué no la deja? Si ella siempre ha sido así y no le interesa cambiar es porque no le ha ido tan mal y tanto usted como todos los que están a su alrededor la soportan. Amigo, el matrimonio no es una prueba de resistencia. Créame, no le van a dar una medalla de oro por haber soportado una situación tan desagradable. Si no es feliz a su lado, divórciese, no creo que eso sea algo tan difícil. Me parece mucho más difícil el no poder llegar a la casa. Si trabaja tanto (como dice) me parece que merece un poco de comprensión y consideración. Como me imagino que ella no va a buscar ningún tipo de ayuda, porque las personas con problemas de personalidad no consideran que lo necesitan, usted tiene dos alternativas: la acepta como es y vive feliz a su lado o termina la relación y se da el derecho de ser feliz. Pero ni se le ocurra arrancarle el pellejo a su esposa, esto sólo le traería más problemas de los que ya tiene.

QUERIDA MARÍA REGINA:

Mi esposo y yo tenemos cuarenta y tres años cada uno y desde que nos casamos, hace dos años, hemos tenido una relación muy bonita y sin problemas de ninguna clase. Somos muy unidos y no damos un paso el uno sin el otro. Pero tengo un problemita que me fastidia y me gustaría que usted me ayudara a resolver: ¿qué puedo hacer para impedir que mi esposo continúe con la manía de mirar insistentemente a cuanta mujer o jovencita que se le cruza en su camino? Me quedo callada para no disgustarlo, pero cada vez que lo hace sufro horriblemente. No quiero que piense que soy celosa ya que sé positivamente que esto puede dañar nuestra felicidad. Hasta ahora he tratado de ignorarlo o disimular lo mucho que esto me afecta, pero ya no puedo más. En dos ocasiones le he hablado del tema, pero él no le dio importancia, lo tomó con mucha indiferencia y me dice que eso lo hacen todos los hombres a los que les gustan las mujeres. A mí esto me molesta más de lo que se imagina y mi miedo es que un día ya no pueda más y explote con una escena de celos delante de él. ¿Qué puedo hacer para que él deje esta manía?

LA PREOCUPADA

ESTIMADA PREOCUPADA:

Mi amiga, relájese un poco y tome la vida con un poco más de sentido del humor. A todo el mundo le gusta mirar, tanto a los hombres como a las mujeres ... ¿o me va a decir que a usted no? Lo que pasa es que unos lo hacen más disimuladamente que otros ... pero todos miran, hasta los que se hacen los "moscas muertas." No le niego que puede resultar ligeramente irritante no saber lo que le está pasando por la mente a la persona que una ama cuando mira a otra mujer. Pero yo creo que eso es parte de los privilegios de la privacidad de cada persona. Puede que su esposo esté recordando sus años de juventud sin ninguna malicia, o que admire a una mujer de la misma forma en que se admira a un cuadro o a una obra de arte. Aunque a cualquier mujer le gusta mirar a un joven buen tipo, eso no quiere decir que esta pensando tener relaciones sexuales con él. Lo que usted tiene que hacer es hablar con él un día que estén tranquilos y en que él éste receptivo a oírla. No lo haga jamás cuando está enojada o celosa. Dígale cómo usted se siente cada vez que él lo hace y pregúntele qué cree él que podría hacer para no causarle a usted esa molestia. No pretenda que le diga que jamás va a volver a mirar a otra mujer, porque entonces lo que usted quiere es que le mienta. Respete su masculinidad y pídale que lo haga con más discreción. Otra cosa que puede hacer es "darle un cucharadita de su misma medicina." La próxima vez que usted vea a un joven buen tipo, lo mira. Si él le reclama algo, le dice que se le están contagiando sus manías. Póngale un poco de humor al asunto ya que no es para tanto. Lo que a usted le pasa es bastante común y no debe darle tanta importancia.

Su Amor Empieza en el Suelo

QUERIDA MARÍA REGINA:

Quizás le resulte increíble saber mis verdaderos sentimientos respecto a las mujeres: ¡soy un hombre que se enamora por los pies. Por ese motivo podrá deducir las pocas mujeres que he tenido. No me explico por que las mujeres no cuidan más este complemento de su cuerpo. Unos pies con las uñas bien cortaditas, sin callos, sin manchas detrás y bien limpios son mi delirio. Una mujer con unos pies así puede hacer de mí lo que quiera. No creo que yo sea el único en el mundo que tenga este gusto, pero sí sé que me rindo ante unos pies hermosos. Mi mirada se vuelve indiscreta cuando los veo y nada me complace más que ver a una mujer en "chancletitas" o—¡Aaayyy!—con zapatos transparentes. ¡Eso me vuelve loco! Cuando soy hechizado por unos pies bonitos o al menos de mi gusto, no me importa que la mujer sea fea o bonita, ni que tenga un cuerpo hermoso. Caigo inmediatamente de rodillas ante sus pies y después de declararle mi amor, es ése precisamente el lugar por donde empiezo a besarla. En estos momentos soy soltero y estoy sólo esperando que pasen por mi lado unos pies perfectos para volver a enamorarme. Por favor, María Regina, ayúdeme a que haya más mujeres con los pies cuidados. Así quizás algún día se tropiecen conmigo,

EL ADORADOR DE PIES

ESTIMADO ADORADOR DE PIES:

Aquí he publicado su carta para ayudarlo en su campaña de que las mujeres cuiden más sus pies. Claro que unos pies bellos también pueden ser seductores, aunque creo que usted lleva las cosas al extremo. Aunque, claro, cada uno tiene sus fetiches ... Espero que encuentre los pies de sus sueños bien pronto, antes que se enferme de la cervical de mirar tanto hacia abajo.

Tiene Mucho ... pero Quiere Más

QUERIDA MARÍA REGINA:

Tengo veintisiete años, dos de casada y un bebé de un año. Mi esposo es muy bueno, cariñoso, hogareño, comprensivo y no es mujeriego, pero es un poco (por no decir bastante) dejado en sus cosas. No hace un esfuerzo un poco más allá de su alcance, ni en su trabajo ni en nada en la vida. Se conforma con poco: una casita segura, un trabajito que le pague más o menos para salir de las deudas, tranquilidad y, sobre todo, unión. Pero cuando hace algo, nunca lo hace completo. Por ejemplo, lava el auto y saca las alfombras ... pero después las deja tiradas en el patio durante un mes. Igual es en todo. Saca la basura, pero deja el bote mal parado, con la tapa mal puesta y sin bolsa. Sé que son cosas insignificantes, pero cuentan para mí porque en esos pequeños detalles se conoce a la persona. Yo, por el contrario, soy muy detallista. Y quiero que trabaje más, que haga más dinero, que haga ese esfuerzo "extra," pero no lo logro. Todo esto lo pongo en una balanza y me consuelo con saber que, por lo demás, todo camina sobre ruedas. Aunque mis hermanos dicen que así jamás vamos a avanzar, ellos carecen de lo que yo abundo: tienen dinero, pero son muy infelices en sus matrimonios. No sé si conformarme y poco a poco enseñarle que hay que luchar un poco más en la vida o entregarme a él con sus limitaciones y ser yo así también. Pero eso me va a ser difícil, pues vengo de una familia muy luchadora y no quiero ser un "Dona Nadie." Lo quiero, pero no quiero vivir con temores e inseguridades.

LA CONFUNDIDA

ESTIMADA CONFUNDIDA:

En la vida no se puede tener todo a la vez, ni tampoco se puede esperar que una persona llene todas nuestras necesidades. Dudo mucho que su esposo se vuelva de la noche a la mañana esa persona ordenada y luchadora que a usted tanto le gustaría tener a su lado. Así que lo primero que tiene que hacer es evaluar la situación y decidir cual de las dos cosas es más importante para usted: tener un esposo cariñoso, hogareño y comprensivo o uno que sea emprendedor y le sepa poner ordenadamente la tapa al latón de la basura. Usted misma me cuenta que sus hermanos son muy luchadores, pero carecen de todo lo que a usted le sobra y que, después de todo, es lo más importante en la vida: felici-

dad. Referente a lo de "Dona Nadie," eso está en la forma en que se mire el asunto. ¿Se considera usted una "Dona Nadie" por no tener cosas materiales? Hay cientos de personas pobres que se sienten como reyes porque tienen una familia unida y viven con tranquilidad. Recuerde que no todo el mundo es feliz de la misma forma y parece que su esposo está feliz con lo que tiene. Olvídese de lo que opinan sus hermanos. Sólo usted sabe cuales son las cosas que la hacen feliz y que son realmente importantes para usted.

CAPÍTULO 19

Donde Hubo Fuego...

Desafortunadamente, una relación no se termina con el divorcio, pues muchas veces los matrimonios (al menos desde el punto de vista mental) persisten más allá de la oficina del abogado. La inversión espiritual y física que se hace en un matrimonio es muy grande como para que, firmando un simple papelito, podamos sacar de nuestra vida a la persona con la que hemos compartido, por varios años, sueños y esperanzas, tormentos y frustraciones, momentos de amor y de desesperación.

No es raro el caso de los que se separan y uno de los miembros de la expareja sigue amando al otro miembro a pesar de que éste se haya vuelto a empatar; tampoco es extraño que, después de la separación, él o ella decida continuar haciéndole la vida insoportable a ella o él. Yo soy de las que cree que, a menos que haya hijos o un negocio por el medio, el divorcio es el fin de una relación entre dos personas y que lo único que debe ocurrir después es una cortés amistad. Es mejor cortar por lo sano que no seguir machacando en una situación que, si terminó, es porque no era saludable.

Claro que hay "ex's" de todo tipo, desde los que hablan bien de una hasta los que se empeñan en campañitas de odio. Estos son algunos de esos casos de personas que me escribieron pidiéndome consejo sobre qué hacer con ese "ex" que, por culpa de alguno de los dos, no acaba de salir de sus vidas.

El Que Se Fue para No Volver

QUERIDA MARÍA REGINA:

Hace veinticinco años que me divorcié y ni mi ex-esposo ni yo hemos vuelto a casarnos. Durante todo este tiempo yo lo he llamado varias veces y siempre ha sido muy indiferente conmigo. Durante los años en que estuvimos casados, nunca discutíamos, ni peleábamos. Pero un día él se fue y nunca supe la razón. Esa pregunta siempre ha estado en mi mente. Si por lo menos él me hubiera dicho qué fue lo que pasó, me hubiera sentido mejor. Esto me ha afectado tanto que nunca he vuelto a rehacer mi vida ni a casarme por culpa de eso. Además, todavía lo quiero y no me puedo olvidar de él. Todo este tiempo he estado buscando a alguien como mi esposo anterior, pero no lo he podido encontrar. ¿Qué puedo hacer?

EMELINA

ESTIMADA EMELINA:

Usted me recuerda una novela del autor inglés Charles Dickens, *Grandes Esperanzas,* donde había un personaje de una muchacha que se iba a casar, pero el día de la boda el novio tuvo una muerte trágica. Durante treinta años ella lo esperó vestida de novia con el pastel y los platos puestos para los invitados. Se murió esperando a su novio, que nunca llegó, naturalmente. Yo creo que, aunque usted crea ahora que su matrimonio fue "el séptimo cielo," en realidad nunca tuvo una relación saludable. Seguramente había entre ustedes problemas de los que quizás no hablaban, pero que fueron los que hicieron a su marido irse de una manera. No digo que fuera culpa de usted, sino de los dos. Los matrimonios tienen que discutir y hablar las cosas, y posiblemente ustedes no querían ver lo que estaba pasando. Usted, sin embargo, a pesar de aquel golpe, que debía haberla hecho despertar, vive en una fantasía y sigue pensando algo que NO es cierto: que él va a regresar. ¿Sabe usted por que se fue? No quiero ser

cruel, pero tengo que decírselo a ver si reacciona: porque no la quería. Ya usted tiene la respuesta. Ahora, acepte la realidad y continúe con su vida. Usted necesita otro hombre (muy diferente a su esposo) que la ayude a crecer y le llene su soledad. Todavía tiene una vida por delante. ¡No la malgaste!

Una Ex-Eterna

QUERIDA MARÍA REGINA:

La "ex" de mi esposo nos persigue a todas partes. Ahora le ha dado por pasar por mi casa y visitarnos para "hablar de los muchachos" (los dos hijos que ella tuvo con mi marido) y de paso se toma un café con mi esposo. Cada vez que vamos a visitar a la hija de mi esposo—que vive con su abuelita—no sé como se las arregla, pero siempre trata de estar presente. El colmo fue que, hace poco, mi esposo tuvo que estar unos días en el hospital, y ella tuvo la cara tan dura de ir a verlo. Primero pensé que lo mejor sería irme de la habitación, pero fue tanta la rabia que me dio que acabé echándola. Después de todo, ella fue quien dejó a mi esposo y creo que ahora está arrepentida de haberlo hecho. No sé si hablar con ella, con los hijos o con mi esposo. Él me asegura que no la resiste, pero cuando la ve, habla con ella y a mí—quizás por celos—hasta me parece que la trata con cierta coquetería (esto puede ser sólo mi desesperada imaginación). Pero sí me parece que la "ex," con la ayuda de sus hijos, está tratando de romper mi matrimonio. Ayúdeme, María Regina, ¿qué hago?

DESESPERADA

ESTIMADA DESESPERADA:

No hay nada peor que una "ex" arrepentida y con ganas de molestar. Hable con su esposo y explíquele bien claro que usted no quiere que esa señora vaya más por la casa. No creo que usted

pueda hacer nada acerca de encontrársela en casa de sus hijastros o de la abuela, pero si usted está ahí y ella llega, agarre su cartera (y su esposo también) y váyase. También le puede decir a sus hijastros que cuando inviten a su mamá a la casa, que no la inviten a usted, que no se siente confortable a su alrededor de ella y prefiere no tener que hacerle una grosería. En realidad es su esposo quien debe hablar con ella (después de todo, fue él quien estuvo casado con ella, no usted) y tal vez dejarse de darle tanta confianzita, pero si él no puede (o no quiere por no buscarse problemas con sus hijos), sea usted más directa con ella—ya que, a fin de cuentas, usted no tiene por qué quedar bien con ella ni con los hijos—y háblele bien claro. Le dice que no la quiere ver más por su casa y que la próxima vez no le piensa abrir la puerta. No sé que más decirle, ya que es muy difícil controlar a otra persona si ésta no se deja. Ojalá que tenga suerte, porque la va a necesitar ante esta "ex" ¡que se niega a desaparecer!

Ama a un Hombre "con un Pasado"

QUERIDA MARÍA REGINA:

Tengo veinte años y mi novio, que tiene veintitrés, ya estuvo casado una vez y tiene un hijo de dieciocho meses. Él no tiene a nadie aquí en los Estados Unidos, sólo a mi familia y a mí, pues su familia e hijo están en Sur América. Ahora estamos pensando casarnos y reuniendo dinero para comprar una casa. María Regina, mi problema es que yo lo quiero mucho y tengo muchos celos de su hijo y de su "ex." Cada vez que menciona a su hijo me pongo furiosa, no por el hijo sino porque pienso que cuando lo recuerda, también recuerda a la mamá del niño, su "ex." Siento que ella siempre va a estar en su vida. Cada vez que llega una carta o llamada de su país creo que tiene que ver con algo de la otra mujer. Me pongo muy triste, molesta y hasta empiezo a pelear por cualquier bobería. Él afirma que me quiere mucho, pero cuando él recién llegó aquí tuvimos una discusión grande y me dijo que lo que sentía por la "ex" era un amor "platónico." Nunca he podido olvidar esas palabras. ¿Qué puedo hacer para no ser tan celosa? ¿Para no seguir sufriendo y llorando por un hombre que está a mi lado, pero tiene un pasado que no puedo olvidar?

T.T.

ESTIMADA T.T.:

Si quieres ser feliz al lado de este hombre, vas a tener que aceptar que tiene un hijo y una ex-esposa. Esto es algo que él no puede borrar de su vida, ni tú tampoco si vas a vivir con él. Si sigues así, estoy segura de que lo vas a alejar de tu lado y terminarás perdiéndolo. Pareces ser una muchacha muy insegura. Acuérdate de que los celos están basados en una autoestimación baja y pueden ser una fuerza muy destructiva en una relación si dejas que te controlen. La persona celosa no se siente merecedora de cariño y esto, de alguna manera, influye en que la otra persona deje de querer. Te recomiendo que si esto no lo puedes resolver sóla, busques ayuda profesional.

Vivo Obsesionada Contigo ...

QUERIDA MARÍA REGINA:

Hace tres años y medio me casé con una mujer obsesiva, que se celaba hasta de sus propias hermanas. Actualmente, a pesar de que estamos separados, ella me sigue persiguiendo y me llama constantemente. Esto ha dado motivos para que las mujeres con las que he salido—tratando de formar una nueva relación en mi vida—se alejen, ya que temen que mi ex-esposa les dé un escándalo de marca mayor. Hasta mis amigos se han alejado de mí, pues ella, con malas intenciones, crea chismes y confusiones que me han buscado problemas con ellos. Yo ya le he dicho que estoy saliendo con alguien y le he pedido que trate de rehacer su vida sin mí, pero esto a ella poco le importa. Ella, en su locura, imagina que es sólo a ella a quien yo amo, pero que no lo quiero admitir. Es curioso, pero—y esto tal vez se debe a la confusión que ella ha logrado crear en mí—cuando salgo con otra muchacha, simpática y mucho más agradable que ella, no siento satisfacción plena, no sólo sexualmente, sino también en las cosas simples, como el compartir en un lugar hermoso. Lo peor es que, como ella es modelo y actriz, a veces, cuando más tranquilo estoy, prendo mi televisión ¡y aparece ella en pantalla! He decidido irme de la ciudad donde vivo, pero temo que se aparezca otra vez cuando más tranquilo esté.

EL PERSEGUIDO

ESTIMADO PERSEGUIDO:

Hay ocasiones en que a los problemas se les puede dar la espalda, pero hay otras en cambio, en que hay que enfrentarlos. Yo creo que su caso pertenece al último tipo. Pienso que lo más prudente sería enfrentar de lleno esta situación con su ex-esposa. Si es preciso ser cruel con ella al hablarle la verdad, séalo, pero lo que no puede haber es ni la más mínima duda que pueda mantener en ella una falsa ilusión. Recuerde que el ser humano siempre suele creer lo que más le conviene, es probable que usted, en su deseo de no hacerle daño, de no ser cruel con ella, haya creado, sin darse cuenta, una esperanza de reconciliación. Dígale que no le permitirá ni un escándalo más y que si es preciso llamará a la policía e irá ante un juez para que le ponga una orden de que no lo persiga ni se le acerque más a usted. Hágale saber, bien claramente, que ella no tiene ningún derecho de interferir en su privacidad y menos aun en su sano intento por ser feliz. Termine con esta situación de una vez por todas, pues las cosas resueltas a tiempo, suelen tener un mejor final.

La Quiere ... Hacer Sufrir

QUERIDA MARÍA REGINA:

Hasta hace un año estuve casada con un hombre que me hizo la vida imposible durante una década. Aunque de novios fue muy agradable, cuando estuvimos casados empezó a atormentarme y a tratarme de manera despótica. Nunca me pegó, pero sí me maltrató de palabra, me creó una gran falta de autoestima y me hizo sentir como que yo no valía un centavo. Tuve el valor para salir de esta relación tan dañina y hace un año que me divorcié ... pero aunque usted no lo crea, ¡pienso que el remedio ha sido peor que la enfermedad! Ahora a él le ha dado por perseguirme, por celarme y tratar de averiguar cómo yo desarrollo mi vida a diario. Yo no sólo le he perdido el respeto, sino también todo cariño que le pudiera tener, aún más ahora. Tengo miedo de salir con otros hombres por temor a que él me haga pasar una vergüenza y no hallo manera de quitármelo de encima. ¿Qué consejo me puede dar?

LA PERSEGUIDA

ESTIMADA PERSEGUIDA:

No piense que el remedio fue peor que la enfermedad, pues salir de él fue la mejor solución, aún cuando ahora él la persiga. Ese hombre lo que tiene es una especie de obsesión malsana por usted y, aunque no quiero asustarla, me parece que debería tomar medidas para parar esa situación. Ante todo, que él no se dé cuenta que usted está asustada o que se impresiona por su persecución, pues parte de su objetivo es atemorizarla. Haga sus labores normales, salga con amigos, aunque naturalmente, siempre con cierta precaución. No ande sóla en lugares oscuros y fíjese si él la sigue en el automóvil. Yo creo que usted debe informar a la policía acerca de este asunto y, si es necesario, ir a un juez para que le ponga a él una restricción con relación a andar cerca de usted. A él lo que le ha dolido es que usted haya

tenido el valor de dejarlo, de no ser más el objeto de su abusos, y eso no lo puede aceptar. Pero dejarlo y hacer su propia vida le ha servido a él para saber que usted tiene el valor de tomar sus propias decisiones y de no ser un juguete de sus caprichos. Me parece que esto es sólo una situación que va a durar hasta que él se encuentre una nueva compañera, porque todo lo está haciendo para molestarla. Si usted demuestra que eso no la molesta, más rápido se irá de su vida. También tiene otro camino: ¿cree que pueda usted hablar con él de una forma adulta? ¿Será posible sentarse con él y conversar, decirle tranquilamente por qué lo dejó, qué quiere hacer usted con su vida y aclararle de una vez por todas que usted no lo quiere ni lo querrá? Tal vez él no está tan loco como parece y entienda cuando usted le hable con sinceridad.

CAPÍTULO 20

Cuando No Se Sabe Qué Hacer

Aunque haya libros de instrucciones para todo, en realidad la vida nos presenta a veces situaciones—especialmente en lo que se refiere a relaciones amorosas—para las que nos cuesta trabajo encontrar solución, situaciones tan embarazosas que no sabemos si nos deben dar más vergüenza que risa, situaciones que, de tan ridículas, se pueden volver insoportables.

Cuando yo he recibido este tipo de cartas, me he sentido al principio tan perdida como las personas que me han escrito. ¡Pero Santo Cielo, ¿qué decirle a un señor que usa "panties," a una novia que no soporta el mal aliento de su amado, a un señor que fue atacado sexualmente por quien creía su amigo?! Las respuestas no son sencillas, porque las situaciones, aunque parezcan simples, no lo son. Sobre muchos de estos casos no hay nada escrito y hay que ver qué se aconseja para no meter a la persona en un lío. Las situaciones embarazosas de este tipo tienen la característica de que nos ponen en un "tres y dos," sin saber a ciencia cierta cómo responder a ella, pero sin perder la conciencia de que tenemos que solucionarlas, pues no podemos resistir más la vergüenza o el malestar que nos causan. Muchas son solucionables con tacto y paciencia, pero otras son una advertencia de que, tal vez, la persona que tenemos al lado no es la que más nos conviene para compartir la vida.

El Hombre de los "Panties"

QUERIDA MARIA REGINA:

Tengo cuarenta y tres años y mi esposa treinta y ocho. Llevamos trece años de matrimonio y somos muy felices, pero desde hace ocho años ella me obliga a usar sus "panties" y no me deja usar ropa interior de hombre. Aunque le parezca mentira, yo ya me acostumbré a dicho hábito. Esto ha llegado al punto de que, ahora que ella está de viaje, intente usar ropa interior masculina, pero me sentí muy incómodo. ¡Y me tuve que volver a poner los "panties!" Me considero un hombre normal, no soy homosexual ni afeminado y me gustan mucho las mujeres. Quiero su acertada opinión sobre este problema.

PREOCUPADO #1

ESTIMADO PREOCUPADO #1:

No creo que usted tenga nada para preocuparse. Si el usar "panties" de mujer significará para usted un símbolo sexual que reemplazara a su esposa, entonces le diría que buscara ayuda profesional. Pero yo creo que éso para usted es, sencillamente, una comodidad a la que se ha acostumbrado. Yo sé de mujeres, perfectamente heterosexuales, a las que les encanta usar calzoncillos de hombre en vez de "panties," pues dicen que les resultan más confortables. En las ropas, como en todo, para gustos se han hecho colores. Como para usted el usar esa prenda de mujer no significa nada, ya que es sólo un hábito que ahora le resulta cómodo, le recomiendo que se olvide del problema. Eso sí, para evitar malentendidos, no lo comente entre sus amigos....

Esencias Que Perturban el Amor y el Hogar

QUERIDA MARIA REGINA:

Estoy enamorado de una mujer que es lo mejor del mundo. Todo lo de ella es exquisito ... excepto por el mal olor que tiene en los pies. Es increíble, una mujer tan bella, fina y educada con ese mal olor. La situación ha llegado a un punto que he optado por pedirle que haga el amor con los zapatos puestos. Sin embargo, me doy cuenta que ésta no es la solución. ¿Qué puedo hacer para que la peste de sus pies no me mate a mí y a ese amor que siento por ella?

JUAN L.

ESTIMADO JUAN:

Una buena higiene diaria es la solución para combatir el mal olor en los pies. Es una pena que su novia no esté consciente de esto, pues una persona bella y agradable pierde todos sus encantos si huele mal. Ese olor del que ella padece y con el que lo atormenta a usted, es causado por el sudor excesivo acompañado con poca ventilación en los zapatos. Déjeme decirle que cada uno de nuestros pies tiene más de 100,000 glándulas sudoríparas que producen humedad. Esta humedad no sólo crea bacterias sino que también pueden tener una reacción negativa al ponerse en contacto con el material de su zapato. Como verá, las dos cosas pueden causar mal olor en los pies. Ante todo, dígale a ella que trate lo siguiente: Que se lave los pies por lo menos dos veces al día. Esto es algo que, aunque le resulte embarazoso, usted debe hacerlo si quiere salvar su relación. Es importante que los seque bien con una toalla y después se aplique talco o desodorante. También es importante que si usa medias, éstas siempre estén limpias y que los zapatos tengan ventilación. Aconséjele que evite los zapatos de goma y que por nada del mundo use los mismos zapatos todos los días. Así que lo mejor que usted puede hacer por su novia es hablarle claramente, comprarle un buen desodorante y una colección de sandalias. Espero que su amor no muera antes de que el problema de los pies y el olorcito quede resuelto.

QUERIDA MARIA REGINA:

Vivo con un hermano mío que es casado y tanto mi cuñada como yo necesitamos su consejo. Mi hermano es un hombre bastante grosero al cual no se le puede llamar la atención, pues tiene un carácter verdaderamente bestial. Jamás acepta que nadie le diga lo que es correcto y mucho menos su esposa o yo. Come con la boca abierta y a la hora de comer suena mucho la boca. También llena muchísimo de comida la cuchara o el tenedor con el que come. ¡Imagínese del tamaño que tiene que abrir la boca para que la comida le entre! Cuando nos sentamos a ver la televisión, tiene la boca en continuo movimiento. Él es mi hermano, pero no dejo de reconocerle sus faltas y estos problemas están destruyendo su matrimonio y a mí me tiene con ganas de decirle que me voy a mudar (aunque ahora estoy sin trabajo). Para colmo, no se baña todos los días y se sienta a comer hasta sin lavarse las manos. ¡Esto es lo nunca visto! Mi mamá no nos crió así y su esposa es una mujer limpia. Espero su contestación y también a ver si alguna de sus lectoras tiene algo que decir al respecto.

LA HERMANA AFECTADA

ESTIMADA HERMANA AFECTADA:

Debe ser terrible vivir con una persona como la que usted describe. El comportamiento de su hermano es antisocial, tanto por lo grosero como por su falta de higiene. Como él considera que no tiene ningún problema y que su forma de actuar es normal, dudo mucho que ustedes puedan hacer algo para cambiarlo. Pero el quedarse calladas no es la solución tampoco. Si tanto les molesta como come, háganlo antes o después que él, de forma que él se dé cuenta. Su comportamiento tiene que tener alguna consecuencia para que él ponga un poco de su parte y quiera cambiar. Y usted trate de conseguir un trabajo para que pueda mudarse y no tenga que seguir viviendo en esas condiciones desagradables.

QUERIDA MARIA REGINA:

Tengo un grave problema. Tengo un novio al cual quiero mucho, le diría que con locura. Pero tiene un pequeño defecto: su boca tiene siempre mal olor. Tanto que me repugna hablar de cerca con él. No sé como decírselo debido a que me da mucha vergüenza, pero es una situación que sé que no puede continuar, porque si no me voy a separar de él. Cuando me quiere dar un beso lo rechazo de una manera muy discreta. Me siento desesperada y no sé que hacer ni como decirle que su mal aliento me molesta.

CONFUSA Y DESESPERADA

ESTIMADA CONFUSA Y DESESPERADA:

Pena te debe dar, no con él, sino contigo, que tienes que soportar algo tan desagradable como eso. Además, le vas a hacer un favor siendo sincera con él. Ten en cuenta que sus amigos o compañeros de trabajo se deben sentir igual que tú. Las posibles causas del mal aliento son muchas: pueden ir desde estreñimiento hasta tensión nerviosa, caries dentales, etc. El paso más importante para evitar esto es lavarse los dientes con frecuencia. Cuando estés sóla con él se lo dices, le explicas cuales pueden ser las causas y le recomiendas que vaya a un dentista o a un médico para estar seguro de que no sufre de alguna enfermedad física. Tus opciones son dos: te quedas callada y te conformas con besar a un hombre con mal aliento o se lo dices y resuelves el problema. Tu novio parece ser una buena persona y no vale la pena que lo pierdas por algo que todavía tiene solución.

El Novio Que Se Toca Demasiado

QUERIDA MARIA REGINA:

Mi novio se está tocando sus partes íntimas constantemente, sin importarle quién esté delante. Todo esto ocurre a través de su ropa y él trata de ser discreto, pero todavía así lo hace y se nota muchísimo. Hasta mi mamá se dio cuenta y me lo dijo el otro día. Yo estoy segura que él lo hace sin darse cuenta y que nada malo pasa por su mente, pero de todas formas es una costumbre bastante fea y me molesta bastante. Nuestra vida sexual es buena pero esto me tiene preocupada. ¿Cree usted que lo que hace es normal?

D.L.

ESTIMADA D.L.:

Para dar respuesta a tu pregunta de si es normal o no, te diré que lo "normal" es lo que la mayoría de las personas hacen así que, si nos guiamos por esto, el comportamiento de tu novio "no es normal." Puede que sea algo compulsivo, algo que no puede dejar de hacer. Es como si tuviera una necesidad inconsciente de saber que todavía "eso" esta ahí, cosa que es algo que hacen algunos hombres como una manera de afirmar su virilidad. Y, quién sabe, tal vez esté padeciendo de un escozor producido por un problema de su piel. En fin, te pudiera dar alguna explicación de porque tu novio hace esto, pero estaría adivinando y lo más probable es que no tenga nada que ver con el problema. Lo importante es que sepas que su comportamiento es compulsivo y que te va a ser muy difícil poder cambiarlo. También puede que sea un hábito, algo que aprendió a hacer en su ambiente familiar y desde muy niño, cuando no le corrigieron esa fea costumbre. Los hábitos, de la misma forma en adquieren, se pueden dejar. Todo lo que se necesita es cambiar ese hábito por otro (que no sea tan embarazoso). Aquí el problema radica en que si tú puedes o no tolerar su comportamiento.

Un Amigo Demasiado "Confianzudo"

QUERIDA MARIA REGINA:

Soy un muchacho fuerte, atractivo (eso es lo dicen las muchachas) y heterosexual. Hace poco tiempo conocí en el "gym" a otro hombre, un joven fuerte, policía de este condado, divorciado y con dos hijos. Nos hicimos muy amigos, ya que yo también soy divorciado y con una hija. El problema es que comencé a dudar de esta amistad cuando él me invitada a correr y hacer pesas en su casa. Fui en unas tres o cuatro ocasiones. Me molestaba su insistencia a que me quitara la camisa o a que me pusiera shorts. Una noche fuimos a una discoteca, según él, para "pescar" muchachas, y sin suerte regresamos a su casa. Ahí, él, medio borrachito, comenzó a pasarme la mano por la cabeza y a decir que yo era un "indio good-looking" (buen tipo). Bueno, cuando me senté trató de propasarse conmigo. Sabiá que estaba borracho. Lo empujé fuertemente y me fui de su casa. Durante tres semanas trato de comunicarse conmigo, pero no lo dejé. Un día me lo encontré en una tienda y vino a disculparse conmigo y a decirme que estaba borracho aquella noche. Otra vez lo vi en el "gym" y me saludó como si nada hubiera pasado. Sé que es una buena persona, pero ahora me molesta intensamente, hasta cuando me saluda de lejos. Tengo novia y siempre me han gustado las mujeres, siempre. ¿Es esto una paranoia mía? Él me dijo que no supe interpretar un chiste de mal gusto. ¿Será cierto que quién estará mal seré yo? ¿Habré perdido a un buen amigo por no haber sabido entender un broma?

E.A.H.D.

ESTIMADO E.A.H.D.:

No creo que haya sido ninguna broma. Ese hombre se emborracha y expresó lo que sentía en su interior, pues usted sabe que la bebida puede abrir las compuertas de los sentimientos más íntimos. Además, antes de que esto pasara, tú ya dudabas de la amistad. En cuanto a lo de perder un buen amigo, todo es relativo. No niego que él sea una buena persona, pero es obvio que no tiene nada en común contigo. Además, aunque trates, jamás podrás volver a confiar en él o a sentirte bien a su lado. Es una pena que una buena amistad se haya acabado así. Sin embargo, debido a que él trató de disculparse contigo en varias ocasiones, acéptale las disculpas y cuando lo veas actúa normal. No creo que pretenda iniciar de nuevo su amistad contigo, pero tampoco le des mucha confianza si es que tienes todavía ese recelo (justificado) con él.

Capítulo 21

¡Créalo o No lo Crea!: Cartas Fuera de Serie

En los años que llevo escribiendo me he encontrado con casos que me han sido bastante difíciles de creer—desde mujeres extraterrestres enamoradas de terrícolas hasta hombres que están seguros de que Sharon Stone está enloquecida por ellos—pero siempre ha sido mi política la de no dudar de la credibilidad del que me escribe. Como se dará cuenta, yo he tenido que desarrollar una enorme capacidad de credibilidad…

Lo bueno que tiene esto es que muchas de estas cartas dignas del "Créalo o No lo Crea" de Ripley, me han hecho reir y admirar la capacidad de imaginación y el humor de algunos de mis lectores. Si a mí me han hecho reír, me imagino que a ustedes les pasará lo mismo. Como dice el refrán "todo es posible en esta vida" y yo quiero que ustedes se llenen de esta filosofía antes de dar lectura a esta sección donde he incluído alguna de esa correspondencia cuya respuesta tiene que ser tomada con mucho humor. Espero que las disfruten igual que yo las disfruté al leerlas.

¿En la Cama con E.T.?

Querida María Regina:

Soy un hombre al borde del suicidio. Mi vida ha sido y es un constante martirio a partir del accidente automovilístico que sufrimos mi esposa y yo en la carretera hace casi dos años. Desgraciadamente, a mi esposa le quedó completamente desfigurado el rostro, al extremo de que he gastado una fortuna en tratar de reconstruirle la cara con los mejores ciudadanos plásticos de la ciudad donde vivo. Sin encontrar otra solución, ella decidió alejarse de todo contacto social. Nos aislamos completamente comprándonos una finca en las afueras de la ciudad, en un lugar muy recóndito. Con la cicatriz se produjeron en ella cambios tantos físicos como espirituales. No quiso volver a la ciudad jamás, ni a las tiendas, ni ir de compras. Así que yo también tuve que asumir ese papel. Pero lo más grave de todo esto radica en que hemos dejado de tener contacto sexual. Hace dos semanas mi esposa me ha manifestado que se encuentra embarazada. Ante mi admiración y asombro, me confesó que hace más de un año la visita un extraterrestre. Al principio pensé que ella había perdido la razón, pero al ponerme en vela por las madrugadas, he sentido de pronto una ventolera terrible en el platanal que tenemos en nuestro enorme patio, como si algún objeto no identificado, un OVNI, aterrizara en ese lugar. Cuando esto pasa, la veo salir inmediatamente de la habitación (dormimos en habitaciones diferentes) y dirigirse al lugar del donde procede ese barullo. He querido salir, pero me da un miedo terrible enfrentarme con lo desconocido. Nuestro perro Lobo huye despavorido ante esos acontecimientos. Estoy al borde de la locura. Dígame qué puedo hacer, pues ella no quiere cooperar con esta situación y cada vez que le voy a hablar de eso, evade explicarme.

EL ABATIDO DEL PLATANAL

ESTIMADO ABATIDO DEL PLATANAL:

Me cuesta trabajo pensar que una persona inteligente, como usted parece ser, se crea semejante cuento, digno de Steven Spielberg. El supuesto "extraterrestre" a mí me parece que es más terrestre que usted y yo juntos. Si durante tanto tiempo hubiera estado aterrizando un objeto extraño en su platanal, yo le aseguro que ya es hora de que alguien lo haya visto. Lo que tiene que hacer es llevar a su mujer al médico y verificar si de verdad está embarazada. Como su comportamiento ha cambiado tanto, puede que el embarazo sólo esté en su cabeza y no en su vientre, es decir, que

sea uno de esos embarazos imaginarios. Como se ve fea, el creer que un extraterrestre la posea la hace sentirse atractiva y deseada. O puede que en la oscuridad de la noche, venga un terrestre a visitarla y se esté divirtiendo de lo lindo. Lo de la ventolera en su platanal no me lo explico, pero creo que, en lugar de ver realmente un platillo volador, tal vez esa noche usted había tomado una copas de más. O su esposa le está tomando el pelo a usted ... o usted me lo está tomando a mí.

Todo Se Hizo "a Sus Espaldas"

QUERIDA MARÍA REGINA:

Tengo un grave problema. ¡Aconséjeme! Resulta que desde hace años yo tengo dos mujeres. Una es la legítima y la otra es la semilegítima. Uno de mis placeres es que mis mujeres, cuando llego a la casa, me froten la espalda con un pañito con alcohol y luego me rasquen. Eso me gusta mucho y ellas lo hacen a las mil maravillas. Pero ocurre que ahora me entero de que durante años estas dos condenadas mujeres han utilizado mi espalda como una pizarra para enviarse recados. Mientras yo me adormezco, ¡ellas escriben cosas en mi espalda con la pintura de labios! Se insultan, se desafían la una a la otra y se amenazan. Últimamente hasta se hanhecho amigas y me usan de correo involuntario. Es humillante, hasta se mandan recetas de cocina por medio de mi espalda. ¿Qué me aconseja? ¿Reunirnos los tres y resolvemos esta situación tan desagradable? ¿Mandarlas al diablo a las dos o asesinarlas por degradar mi espalda de esta manera? No me negará usted que esto es algo que, literalmente, se ha hecho "a espaldas mías" y que yo me he enterado muy tarde, demasiado tarde. ¡Ellas no saben que yo lo sé todo! Me gustaría que lo descubrieran escribiéndome una nota en mi espalda donde les revela la verdad, pero, claro, yo mismo no me puedo escribir allá atrás.

BERNARDO MARTÍNEZ

ESTIMADO SR. MARTÍNEZ:

En humillante en la forma que estas dos mujeres lo han usado a usted de "correo involuntario." Yo creo que el correo de los Estados Unidos debe tener un castigo para quienes usan un medio de cartearse de esa forma ¡y sin necesidad de comprar sellos! De la única forma en que usted va a poder resolver este problema es limitándose a tener una sóla mujer. ¡Lo felicito por su talento humorístico!

Yo Era Muy Feliz, Yo Vivía Muy Bien ...

QUERIDA MARÍA REGINA:

Yo era un hombre feliz y con suerte. La vida me lo había dado todo: felicidad, dinero y amor. Hasta ahora las mujeres no me han fallado y puedo decir sin modestia que hasta me han perseguido. Pero para evitar la calvicie empecé a tomar un producto con alto contenido de hormonas femeninas. El pelo me ha salido y no puedo quejarme porque tengo una espléndida cabellera, pero esto me ha traído dos tragedias a mi vida: ¡me he vuelto impotente y me han salido senos! Mi novia Gladys me abandonó, mis hijos me dicen que soy un transformista y las mujeres ya no me miran. Necesito un consejo pues soy un hombre joven, me gusta mucho el sexo y necesito practicarlo.

EL DESESPERADO DE HIALEAH

ESTIMADO DESESPERADO:

Usted tentó demasiado a su suerte. Lo tenia todo: felicidad, dinero y amor, pero eso no fue suficiente ... además, quería tener una espléndida cabellera. La vanidad acabó con su felicidad. Siento mucho lo ocurrido y el único consejo que le puedo dar es que visite a un endocrinólogo cuanto antes y que deje de tomar esas hormonas inmediatamente.

Historia de la Sonámbula Esposada

QUERIDA MARÍA REGINA:

Trabajo en la construcción, por lo que me levanto y me acuesto muy temprano. Quiero a mi señora y aunque llevamos cuatro años de casados, todavía no tenemos hijos. Ella trabaja en los quehaceres de la casa, pero como es sonámbula duerme de día y las noches se las pasa despierta. Algunas veces me he despertado y ella no está ni en la cama, ni en la casa. Cuando le pregunto, responde que estaba tomando el fresco en mi auto. Para no divorciarme he pensado que al acostarme le ponga unas esposas, que ya he comprado, y la amarre a la cabecera de la cama. ¿Cree que es correcto que un esposo trate por todos los medios de evitar que su esposo corra peligro deambulando sóla por la noche en medio de la ciudad? Por favor aconséjeme qué debo hacer para proteger a mi señora.

ESPOSO PREOCUPADO

ESTIMADO ESPOSO PREOCUPADO:

El sonambulismo es más común entre los hombres que entre las mujeres y también es común entre los niños. Lo más importante es la seguridad de la persona. Por eso se recomienda que las personas sonámbulas duerman en lugares que no sean peligrosos, preferible mente en plantas bajas, con las ventanas y las puertas bien cerradas. Lo de las esposas no me gusta mucho. ¿Por qué, en vez de eso, no prueba poniendo un candado a la puerta de la casa? A los adultos que padecen de sonambulismo se les recomienda que busquen ayuda médica ya que esto puede estar asociado a algún desorden neurótico. Pero el caso de sonambulismo de su señora resulta ser un poco complejo. Lo mejor que puede hacer es tratar de coordinar su horario con el de ella. Otra solución seria que su esposa trabajara y si fuera posible de taxista. De esta forma resolvería los dos problemas: el que se quitaran las ganas de manejar y el que estuviera junto a usted en la noche. ¡Si logra esto verá como podrá dormir mucho más tranquilo!

Uno para las Tres

QUERIDA MARÍA REGINA:

Hace apenas dos años llegué a Miami en una balsa, procedente de Cuba. A través del periódico, conseguí un puesto de chofer, en una residencia de Miami Beach. Soy un joven de treinta y dos años con cultura y preparación académica. Me coloqué en la casa de una viuda con tres hijas. Llamémoslas: Luisa, Ada y Ana. A partir de la fecha de mi nuevo empleo, noté que la "señorita" (que, en realidad, no lo es) Luisa se mostraba muy coqueta y salpicona conmigo. Esto paró en que empezamos a mantener relaciones íntimas. Ella iba todas las noches a la habitación de servicio donde duermo. Pero en cierta ocasión, Ada (que tampoco es señorita), quien tiene veintiún años, me pidió que la llevara de compras y terminamos en un motel, donde me enloqueció con sus encantos. Esta nueva situación me ha desquiciado y por las madrugadas ando saltando de cuarto en cuarto "prestando" mis humildes servicios eróticos. Pero ahora, y para colmo, la otra noche Ana se metió en mi pieza, completamente desnuda, y me pidió que deseaba ser mía, pues al parecer la hermana la motivó hablándole de nuestros encuentros. En Cuba, la enseñanzas comunistas de la escuela nos decían que la sociedad capitalista era corrupta y que todas estas barbaridades eran propias del sistema de depravación que existe aquí. Yo nunca les hice caso a esas ideas, pero con lo que me está pasando, estoy empezando a creerlo. Estoy anonadado y necesito urgentemente un consejo profesional. He bajado mucho de peso, pues por la noches no paro, entre una y otra hermana. Entre las tres terminaran matándome y temo largarme, pues gano tres ceintos dólares semanales con casa y comida. Además, como están los empleos, no creo que conseguiré algo con igual remuneración. Estoy desesperado. ¡No me demore su respuesta, por favor!

JAIME, EL BALSERO ATÓMICO

ESTIMADO JAIME:

Empiezo por decirle que la sociedad capitalista no es más corrupta que las otras, pues la corrupción existe en todos las sociedades y a todos los niveles sociales. Además, tan culpable es "el que mata la vaca como el que le amarra la pata," como dice ese refrán cubano que usted debe conocer tan bien. Usted se presenta como la víctima, pero en realidad es parte del juego. Si usted no hubiera querido, no sería el esclavo sexual de estas hermanitas. ¡Usted no sabe la lástima que le tengo! Tiene que ser "horrible" y además un "tremendo sacrificio" tener que darle servicio erótico a tantas mujeres al mismo tiempo. Si quiere mantener su trabajo, con la misma calidad, no le va a quedar otro remedio que aumentar la tarifa y comprar un buen suministro de vitaminas. ¡Ah, y le advierto! El día que vea a la señora de la casa mirarlo seductoramente ... ¡agarre su balsa y váyase lejos!

Un Mensaje del "Más Acá"

QUERIDA MARÍA REGINA:

Soy una mujer de cuarenta y seis años, felizmente casada y madre de tres hijos, dos varones y una señorita de dieciocho años, criada al estilo en que me criaron a mi. No crea que ha sido fácil, pero siempre he tratado de ser su mejor amiga y, por fortuna, me lo cuenta todo (al menos eso es lo que yo creo). Pero para fatalidad de toda la familia, hay un muchacho que vive a una cuadra de la casa y ha estado llamando e invitando a mi hija a salir. Se conocieron en casa de una amiga estas últimas Navidades. Ella salió con él dos veces y dice que la conversación de él la asustaba muchísimo porque le decía que "él hablaba con los muertos" y que estos le daban mensajes para ella. Uno de estos mensajes fue que él tenía que llevarla al mar a las doce de la noche y quitarle toda la ropa y hundirle la cabeza tres veces en el agua. Según "el muerto," si no lo hacía iba a tener un grave accidente. El caso es que mi hija se aterrorizó y no volvió a salir más con él, pero ya ha tenido dos accidentes. No han sido fatales, gracias a Dios, pero nos han dado un buen susto. Cuando mi hija tuvo el último accidente, él la llamó y le dijo que todavía estaba a tiempo. Ella me contó que era tanto el miedo que tenía que accedió a su petición, pero él la convenció de que no le había dado el mensaje completo y que tenía que tomar más sesiones con él. Ahora resulta que mi hija me dice que hace dos meses que le falta la regla. Me estoy volviendo loca con la situación. ¿Cómo es posible que este hombre le haya podido hacer creer a mi hija todo esto del mensaje de los muertos?

MADRE ATURDIDA

ESTIMADA MADRE ATURDIDA:

Me parece que no hay tal muerto, sino un "vivo" muy vivo, el cual logró tomarle el pelo a su hija. Creo que ahora el mensaje del "muerto" viene dentro de unos nueve meses, con una carita, dos brazos y dos piececitos … ¡y muy parecido al novio de su hija!

El Hombre del Bombillo Encendido

QUERIDA MARÍA REGINA:

Soy nicaragüense, tengo veintiocho años y llevo aproximadamente siete meses en este país. Desde hace un tiempo trabajo en un edificio de doctores y abogados dentro de lo que es mantenimiento del edificio. Un día tuve que cambiar unos bombillos de la consulta de una doctora del tercer piso y, al estar encaramado sobre el escritorio, la doctora comenzó a abrirme la portañuela y a hacerme cosas indebidas. Yo le dije que era casado y que de ninguna manera le iba a faltar el respeto a mi esposa. Pero ella me respondió que no era celosa, que nunca había estado con alguien tan bien dotado y que esta oportunidad no la iba a desperdiciar. Aquí no acaba la historia: ha hablado lo de mis "proporciones" con otras colegas y ahora me llaman a toda hora de varias oficinas. Me he visto obligado a acceder a los pedidos de estas mujeres, pues cada vez que me he negado, me han chantajeado con denunciarme a inmigración (yo no tengo papeles legales y me pueden deportar fácilmente). En resumen, todos los días me toca cambiar algún bombillo. ¿Qué me recomienda?

PANCHO MADRIGAL

ESTIMADO PANCHO:

No hay mucho trabajo por ahí, menos para una persona indocumentada, pero creo que es demasiado el precio que usted quiere pagar. No sé hasta que punto realmente esta situación le es intolerable, porque cuando a un hombre no le gusta una mujer, o simplemente no tiene el estado de animo requerido, no logra "quedar bien." Como consecuencia, si estas mujeres no hubieran quedado desde un inicio satisfechas con su "trabajo," esto no hubiera trascendido. Le aseguro que la propaganda entre estas fanáticas y desesperadas mujeres hubiera sido otra. Recuerde que estar "bien dotado" no lo es todo en una relación sexual. Además tal parece que su subconsciente le dice que no a esta situación, pero su conciencia parece disfrutarlo muchísimo. Si de verdad quiere acabar con esto, comience a hacer lo que por ahí llamarían un "mal papel." Quizás se lo perdonen las primeras veces, pero después se aburrirán y le darán de lado. Verá como de pronto los bombillos van a ser más resistentes en todas las oficinas ... ¡y usted no tendrá riesgo de "apagarse!"

Más Divertido por Docena

QUERIDA MARÍA REGINA:

Somos doce trabajadores de una misma oficina, siete hombres y cinco mujeres, que practicamos el sexo en grupo. Nos llevamos muy bien y hasta ahora no habíamos confrontado ningún problema. Todos estábamos satisfechos con nuestras reuniones. Pero hace dos semanas se incorporó al grupo una muchacha de veintiocho años, casada; ha participado en nuestras sesiones, pero que no quiere tener relaciones con las luces encendidas. Esto disgusta a todos, ya que estamos acostumbrados a no ocultarnos nada, como gente civilizadas que somos. Su actitud rompe con la armonía que habíamos logrado a través del tiempo. Además, ella quiere incorporar a su esposo que no trabaja en la oficina y para nosotros esto es una cuestión de trabajo. Para agravar las cosas, esta compañera está embarazada, pero no puede determinar si es del esposo o de algunos de nosotros. Todo esto nos tiene muy deprimidos. Por favor, aconséjenos. Somos asiduos lectores de su columna y apreciamos muchos sus sanos consejos.

EL GRUPO CONFUNDIDO

ESTIMADO GRUPO CONFUNDIDO:

Más deprimidos van a estar cuando se queden sin trabajo por estar inventando boberías, en vez de estar trabajando y produciendo. Si el jefe de ustedes se entera de las "actividades" en las que ustedes emplean su tiempo, la próxima vez que me escriban se van a firmar como "El Grupo Desempleado."

Retroceso a la Infancia

QUERIDA MARÍA REGINA:

No creo que esto sea parte de su columna, pero como usted da consejos para todos le voy a contar mi problema. Últimamente mi mujer, a la cual yo consideraba "normal," se ha comprado un tete de esos que usan los bebes, un chupete, como algunos le llaman. Cuando llega a casa se sienta a ver la televisión chupando el tete, lo cual a mí me tiene muy preocupado. Pero resulta que desde hace una semana la cosa se ha puesto peor, pues se lleva el tete para el trabajo y lo lleva en la boca chupándolo como una niñita todo el tiempo que va manejando. Le agradeceré que me aconseje lo que debo hacer, pues aunque no me han dicho nada, ya he visto que varios vecinos la miran con cara de asombro. Me imagino como serán las cosas cuando se cruza con los otros choferes en la carretera. No quiero ni pensarlo. El colmo fue hace tres días, cuando fuimos a un restaurante. Ella trató de sacar el tete, pero, gracias a Dios, logré evitarlo. Ella me reprochó diciendo que cual es la diferencia entre el tete y un cigarrillo. Espero su respuesta para ver si ella la lee, pues he tratado de llevarla a un siquíatra y está negada porque dice que no está loca.

EL MARIDO DE LA CHUPATETE

ESTIMADO MARIDO DE LA CHUPATETE:

Dígale a su esposa que, efectivamente, no hay diferencia entre un tete y un cigarro. Claro, me refiero a los adultos, por supuesto, pues a nadie se le ocurriría ofrecerle un cigarrillo a un bebe cuando tiene hambre o sueño. ¿Usted fuma? Si fuma, esta puede ser su forma de protestar. Es muy probable que su fumar le moleste a ella y con el chupete le está demostrando que si usted puede tener algo en la boca, ella también. Si, por lo contrario, usted no fuma, entonces su esposa está reflejando un estado de ansiedad incontrolable. A muchas personas les da por tener algo en la boca con lo cual "jugar" o más bien desahogar la ansiedad. Conozco exfumadores que dicen que lo más difícil de dejar de fumar fue controlar el hábito de tener el cigarrillo en la boca. Su esposa está descontrolada y necesita la ayuda de un sicólogo. Si ella lee esta carta, debería reaccionar y cambiar su opinión respecto a los siquíatras. Ellos estudian para ayudar a estabilizar los desajustes emocionales como los suyos. Es un error muy antiguo pensar que los siquíatras están reservados para los locos exclusivamente. Me imagino el bochorno que pasará usted cada vez que su esposa saca un chupete en público, pero insista en convencerla para que visite un profesional y, le repito,si fuma, deje de fumar. No pierda la paciencia, porque entonces los dos van a necesitar de un siquiatra ... o acabará usted también chupando un tete.

Amor de Arriba para Abajo

QUERIDA MARÍA REGINA:

Mi problema es que sólamente logro el clímax sexual cuando estoy en los elevadores. Cuando me encuentro sóla con un desconocido en un elevador pierdo la cabeza y la propongo hacer el amor ahí mismo. Así he tenido ya varias experiencias. Una de ellas fue con otra mujer. En otra ocasión se rompió el elevador y estuve seis horas atrapada con un extraño. Fue horrible. Lo peor de todo es que trabajo en un edificio muy elevado y necesito ascender y descender por el elevador a diario varias veces. No quisiera tener que dejar el trabajo por tener que hacerlo donde no existan los elevadores. María Regina, estoy desesperada.

LA SUBE Y BAJA

ESTIMADA SUBE Y BAJA:

Me parece que estás bastante influenciada por las escenas de algunas películas de Hollywood, pues últimamente ya no saben qué inventar para ganar audiencia. Pero lo peor no es tu obsesión con los elevadores, sino que en cualquier momento te vas a contagiar con una enfermedad de las tantas que abundan entre las personas promiscuas. Si piensas en las consecuencias de tus fantasías sexuales, te aseguro que podrás controlar tus impulsos. ¡Suerte!

Un Caso de Exceso de Ropa

QUERIDA MARÍA REGINA:

Tengo treinta y cinco años y un gran problema: no soporto ver mi cuerpo desnudo. Hasta cuando me baño, lo hago con ropa. Cuando hago mis necesidades, cierro los ojos para no ver nada. Cuando me cambio de ropas, igual. No sé lo que es andar en shorts o sin mangas largas, aun en pleno verano. Las pocas veces que he tenido sexo con alguien, lo he hecho totalmente a oscuras. Ya no puedo más. ¡Es muy difícil vivir así! Ayúdeme, he llegado al límite de mis fuerzas.

EL ABOTONADO DE PUERTO RICO

ESTIMADO ABOTONADO:

Usted está manifestando un rechazo muy fuerte hacia su propia persona. No sé si esto se deba a una inconformidad exagerada con su apariencia, ya sea por obesidad o delgadez, pues no me cuenta nada al respecto. Comprendo que tener ese problema y vivir en un lugar tropical son dos cosas que deben desesperar a cualquiera, pero estoy segura de que con la ayuda de un sicólogo encontrará la raíz de su problema y podrá vencer esa fobia. Si usted se crió en un ambiente de prejuicios y extremo recato, podría estar afectado desde su niñez y entonces tomaría más tiempo la terapia. Pero tiene que empezar por algo y lo más acertado es que se ponga en manos de un profesional. Le deseo suerte.

Padre por Encargo

QUERIDA MARÍA REGINA:

Hace como ocho meses un amigo, que es infértil, me propuso que tuviera relaciones sexuales con su esposa para que ellos pudieran tener un hijo (tengo cuatro de dos matrimonios). Acepté sin pensar las consecuencias y decidí ocultárselo a mi esposa. Mis amigos visitaron a un médico y se fijó el día y la hora para que la concepción fuera fácil. Todo se hizo de acuerdo a los deseos del esposo, el cual decidió que en esa fecha él estaría fuera de la ciudad. Ella estaría cubierta con una sábana, incluyendo la cabeza, sólo con un orificio en el lugar adecuado para realizar el acto. Todo se hizo con el propósito de resolver el problema. Cuando me disponía a retirarme, ella empezó a colar café y me pidió que no me fuera. Me dijo que se había sentido muy mal, que no había sentido nada. También yo me sentí frustrado. A medida que la conversación se fue extendiendo nos fuimos acercando más y sin saber cómo, empezamos a besarnos, como queriendo recuperar el tiempo que habíamos perdido. Nos pasamos las próximas tres horas haciendo el amor. Los dos disfrutamos el momento muchísimo. De esto ya han pasado varios meses. A ella ya se le nota el embarazo. Ellos están felices y yo, en cambio, me siento muy apenado con mi esposa. Me he dado cuenta de lo mucho que la quiero. Las relaciones sexuales están mejor que nunca. Hasta la oí comentar con una amiga que después de diez años de matrimonio todavía estábamos de luna de miel. ¿Cree que debo decirle a mi esposa lo que pasó? Ya ese matrimonio se mudó para otro estado.

NECESITADO DE SU ORIENTACIÓN

ESTIMADO AMIGO:

No espere que lo felicite por su función de "buen samaritano." Si quiere continuar feliz y contento al lado de su esposa, le recomiendo que no divulgue sus "obras caritativas."

Índice